高职高专新能源汽车专业"十三五"创新教材

新能源汽车概论

广州合赢教学设备有限公司　组　编

主　编　张　斌　蔡春华
副主编　朱德桥　彭　韬
主　审　冯　津

扫一扫

二维码总目录

机械工业出版社

本书介绍了混合动力电动汽车、纯电动汽车、燃料电池电动汽车和燃气汽车的类型、组成、原理及特点；重点讲解了电动汽车的动力电池及其管理系统、驱动电机及其控制器、充电技术等关键技术；列举了不同类型的新能源汽车车型，并详细讲解其基本结构与工作原理。

本书彩色印刷，附有二维码视频资源，配有PPT课件、习题答案。

书中采用了大量的图片及具体实例，通俗易懂，实用性强，可作为中高职业院校新能源汽车专业和汽车运用与维修专业、汽车服务专业学生的教材，也适合汽车修理人员和工程技术人员阅读参考。

教师服务微信号13070116286，课件下载网址：www.cmpedu.com。

图书在版编目（CIP）数据

新能源汽车概论 / 张斌，蔡春华主编 . — 北京：机械工业出版社，2018.11（2024.9 重印）

高职高专新能源汽车专业"十三五"规划教材

ISBN 978-7-111-61576-7

Ⅰ．①新… Ⅱ．①张… ②蔡… Ⅲ．①新能源-汽车-高等职业教育-教材 Ⅳ．① U469.7

中国版本图书馆 CIP 数据核字（2018）第 289992 号

机械工业出版社（北京市百万庄大街22号　邮政编码100037）
策划编辑：齐福江　　责任编辑：齐福江
责任校对：杜雨霏　　封面设计：鞠　杨
责任印制：李　昂
北京华联印刷有限公司印刷
2024年9月第1版第17次印刷
184mm×260mm · 11.25 印张 · 300 千字
标准书号：ISBN 978-7-111-61576-7
定价：49.00 元

电话服务　　　　　　　　网络服务
客服电话：010-88361066　　机　工　官　网：www.cmpbook.com
　　　　　010-88379833　　机　工　官　博：weibo.com/cmp1952
　　　　　010-68326294　　金　书　网：www.golden-book.com
封底无防伪标均为盗版　　机工教育服务网：www.cmpedu.com

高职高专新能源汽车专业"十三五"创新教材
编 委 会

主任委员：冯津　广东合赢教育科技股份有限公司
副主任委员：
　　吴荣辉　珠海笛威汽车学院
　　齐福江　机械工业出版社
　　许　云　襄阳汽车职业技术学院
　　陈文均　贵州 交通技师学院
　　王　毅　贵州交通职业技术学院
委员：
广东合赢教育科技股份有限公司	陈进标、罗永志
深圳技师学院	李清明
顺德职业技术学院	张斌、赵良红
贵州交通职业技术学院	王强
六盘水职业技术学院	朱德桥、朱博
广州城市职业学院	温炜坚
广州铁路职业技术学院	郑毅
东莞职业技术学院	巩航军、刘存山
襄阳汽车职业技术学院	包科杰
广东农工商职业技术学院	黄军辉
黔南民族职业技术学院	万东操
江西交通职业技术学院	官海兵
陕西交通职业技术学院	任春晖、彭小红
云南工业技师学院	彭韬、戴荣航
云南德宏州高等师范专科学校	段碧涛
安宁市职业高级中学	蔡春华
曲靖高级技工学校	栾增能
深圳市第二职业技术学校	李世川、孙兵凡
顺德中等专业学校	郭建英、赵鹏媛
深圳市龙岗职业技术学校	邱伟聪、易小彪
深圳泽然浩比亚迪新能源4S店	潘斌双

丛书主审：冯津

FOREWORD 前言

随着汽车保有量的不断增加，在全球已经引发了严重的环境问题和能源危机。日益严格的排放和燃料效率的标准促进了安全、清洁和高效车辆的迅猛发展，开发低污染或零污染的绿色汽车，特别是以混合动力电动汽车、纯电动汽车和燃料电池电动汽车为代表的新能源汽车已经成为当今汽车工业发展的重要课题和未来的发展方向。

新能源汽车已被国务院确定为我国七大战略性新兴产业之一，并在发布的《节能与新能源汽车产业发展规划（2012—2020年）》中明确"当前重点推进纯电动汽车和插电式混合动力汽车产业化，推广普及非插电式混合动力汽车"，并自"十五"以来连续启动重点专项支持新能源汽车的技术研发和产业化。截至2017年底，我国新能源汽车保有量达到153万辆。

在国家政策的引导下，新能源汽车正从技术研发、示范推广向产业化阶段快速推进，导致新能源汽车技术开发人员、产业服务人员短缺，亟须培养一批掌握新能源汽车原理、构造和应用的人才队伍。本教材从新能源汽车的原理与构造出发，车型安排上既包括混合动力电动汽车（含插电式和增程式）、纯电动汽车、燃料电池电动汽车这三种基本类型的电动汽车，也包括液压混合动力汽车、空气混合动力汽车和太阳能汽车等其他新能源汽车，立足于帮助读者建立基本概念，同时开阔视野，扩大知识面；另外，为了满足不同层次读者对内容深度的需求，本书还重点介绍了电池、电机、电控三大核心技术及充电技术内容，为读者深入学习打下基础。

本书由广州合赢教学设备有限公司组织编写，张斌、蔡春华担任主编，朱德桥、彭韬任副主编，参与编写的有罗永志、姚科业、朱芳武、顾惠烽、周迪培、刘春宁、李苏燕、丘会英、陈立辉、甘彩连、李建涛、张运宇、王怡、张弦、张峰、李海杰、肖壮飞、黄名锐、肖彦辉、惠志强，冯津主审。

在编写过程中，查阅了大量书籍、文献和资料，广泛参考借鉴了国内外新能源汽车方面的研究成果，也得到了有关新能源汽车生产厂家的支持。在此，对这些成果的研究人员表示衷心的感谢。

由于新能源汽车技术的飞速发展，以及编者水平有限，书中难免有疏漏之处，敬请广大专家和读者批评指正。

编 者

CONTENTS 目 录

前 言

项目一 新能源汽车的认知与发展趋势 ··················· 1

  任务一　环境、能源与新能源汽车 ··················· 1
    一、环境污染、温室效应与能源危机 ··················· 1
    二、新能源汽车的类型与性能对比 ··················· 2
    复习题 ··················· 4
  任务二　新能源汽车关键技术与发展趋势 ··················· 5
    一、新能源汽车关键技术 ··················· 5
    二、新能源汽车的发展趋势 ··················· 7
    复习题 ··················· 9

项目二 新能源汽车的构造与工作原理 ··················· 10

  任务一　混合动力汽车 ··················· 10
    一、混合动力汽车的定义与类型 ··················· 11
    二、混合动力系统主要部件 ··················· 18
    三、混合动力电动汽车的特点 ··················· 23
    四、混合动力电动汽车的技术难点 ··················· 24
    五、混合动力电动汽车车型举例 ··················· 25
    复习题 ··················· 48
  任务二　纯电动汽车 ··················· 49
    一、纯电动汽车的定义与类型 ··················· 49
    二、纯电动汽车动力系统的结构与工作原理 ··················· 52
    三、纯电动汽车驱动系统的布置形式 ··················· 54
    四、纯电动汽车车型举例 ··················· 56
    复习题 ··················· 60
  任务三　燃料电池电动汽车 ··················· 61
    一、燃料电池电动汽车的类型 ··················· 61
    二、燃料电池电动汽车的基本结构与工作原理 ··················· 63
    三、燃料电池电动汽车车型 ··················· 65
    复习题 ··················· 67
  任务四　其他新能源汽车 ··················· 68
    一、液压混合动力汽车 ··················· 68
    二、空气混合动力汽车 ··················· 71

　　三、太阳能汽车 73
　　复习题 75

项目三　动力电池与动力电池管理系统 76

　任务一　电池基础 76
　　一、电池的分类 76
　　二、电池的性能指标 77
　　三、电动汽车对动力电池的要求 79
　　复习题 79
　任务二　蓄电池 80
　　一、铅酸蓄电池 80
　　二、镍系电池 82
　　三、锂离子电池 86
　　四、金属空气电池 88
　　复习题 91
　任务三　燃料电池 92
　　一、燃料电池类型 92
　　二、碱性燃料电池（AFC） 95
　　三、质子交换膜燃料电池（PEMFC） 96
　　四、熔融碳酸盐燃料电池（MCFC） 97
　　五、固体氧化物燃料电池（SOFC） 98
　　六、直接甲烷燃料电池（DMFC） 100
　　复习题 101
　任务四　超级电容器 102
　　一、超级电容器的类型 102
　　二、超级电容器的结构 103
　　三、超级电容器的工作原理 103
　　四、超级电容器的特点 104
　　五、超级电容器在汽车上的应用 105
　　复习题 105
　任务五　动力电池管理系统 106
　　一、监测功能 106
　　二、状态计算功能 112
　　三、系统辅助功能 113
　　四、通信与故障诊断功能 115
　　复习题 115

项目四　新能源汽车电机驱动系统 117

　任务一　电动汽车电机驱动系统基础 117
　　一、电机驱动系统的组成 117
　　二、电机驱动系统电机的布置形式 119

三、电动驱动系统的要求 121
　　复习题 121

任务二　电机 122
　　一、电机的类型 122
　　二、电机的结构 122
　　三、新能源汽车常用电机类型 124
　　四、电机的技术指标 128
　　五、电动汽车对电机的要求 128
　　复习题 129

任务三　电机功率控制器 130
　　一、电机功率控制器的组成与原理 130
　　二、电机控制方式 135
　　复习题 136

项目五　电动汽车充电技术 137

任务一　电动汽车充电技术基础 137
　　一、充电系统的功能 137
　　二、电动汽车对充电设备的要求 137
　　三、电动汽车充换电技术 138
　　四、电动汽车充电方法 141
　　复习题 141

任务二　电动汽车充电系统组成与充电原理 142
　　一、充电系统的组成 142
　　二、充电系统工作原理 147
　　复习题 149

任务三　无线充电技术 150
　　一、无线充电技术 150
　　二、无线充电技术在汽车上的应用 151
　　复习题 154

项目六　新能源汽车高压安全与防护 156

任务一　新能源汽车高压电路 156
　　一、新能源汽车高压电的类型 156
　　二、新能源汽车高压电的标识 157
　　三、新能源汽车高压安全设计 158
　　四、新能源汽车的安全隐患 161
　　复习题 166

任务二　新能源汽车维修安全要求 167
　　一、新能源汽车维修人员要求 167
　　二、高压维修作业标准 168
　　复习题 171

参考文献 172

项目一 新能源汽车的认知与发展趋势

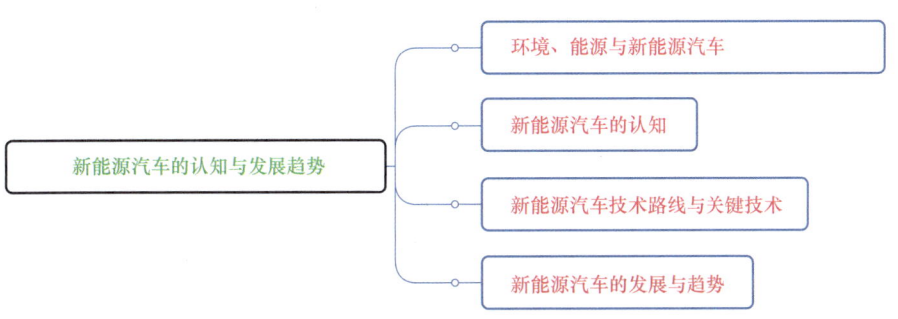

任务一 环境、能源与新能源汽车

学习目标

经过该任务学习后,将能做到:
- ◆ 了解汽车尾气中对人体有哪些有害物质。
- ◆ 知道什么是温室效应。
- ◆ 知道新能源汽车的定义、类型及性能。

一、环境污染、温室效应与能源危机

发展新能源汽车的三个原因:环境污染、温室效应和能源危机。

1. 环境污染

汽车作为现代化交通工具,给人们的生产与生活带来了方便。但与此同时,汽车对环境的污染也日益显现,是大气污染的一个重要污染源。

尽管纯电动汽车都是打着"零污染、零排放"旗号,但纯电动汽车并非真正意义上的零排放,而是在行驶过程中不会产生尾气排放而已,车辆在充电时和电池更换的时候依然会造成污染,只是相对于传统燃油汽车的尾气排放污染要小得多。

汽车尾气主要是指从排气管排出的废气。废气中含有150~200种不同的化合物,其中对人危害最大的有一氧化碳、碳氢化合物、氮氧化合物、硫化物、铅的化合物及颗粒物等。有害气体扩散到空气中会造成空气污染。

2. 温室效应

温室气体是指二氧化碳(CO_2)、甲烷(CH_4)、一氧化二氮(N_2O)、氟化合物。二氧化碳

是主要的温室气体之一。

当二氧化碳含量升高时，会增强大气对太阳光中红外线辐射的吸收，阻止地球表面的热量向外散发，使地球表面的平均气温上升，这就是温室效应。

纯电动汽车不直接排放 CO_2，但汽车的产生过程会产生 CO_2（例如，在煤炭发电厂中）。图 1-1-1 是汽车使用各种能源直接或间接产生的 CO_2 量的对比。

图 1-1-1　汽车使用各种能源直接或间接产生的 CO_2 量的对比

3. 能源危机

能源危机是指因为能源供应短缺或是价格上涨而影响经济，这通常涉及石油、电力或其他自然资源的短缺。能源危机通常会造成经济衰退。

20 世纪 50 年代以后，由于石油危机的爆发，对世界经济造成巨大影响，国际舆论开始关注起世界"能源危机"问题。许多人甚至预言：世界石油资源将要枯竭，能源危机将是不可避免的。如果不作出重大努力去利用和开发各种能源资源，那么人类在不久的未来将会面临能源短缺的严重问题。

解决能源危机的对策：

1）节约能源；

2）研究开发使用新能源。

二、新能源汽车的类型与性能对比

1. 新能源汽车的类型

工业和信息化部在《新能源汽车生产企业及产品准入管理规定（2017 年 7 月 1 日起施行）》中对新能源汽车做出了定义。

新能源汽车是指采用新型动力系统，完全或者主要依靠新型能源驱动的汽车，包括插电式混合动力（含增程式）汽车、纯电动汽车和燃料电池汽车等。

根据工业和信息化部对新能源车的定义，新能源汽车广义上包括电动汽车、燃气汽车、生物燃料汽车、新型燃油汽车、煤制醇醚燃料汽车、氢燃料汽车和空气（液压）混合动力汽车。

（1）电动汽车

油电混合动力电动汽车、纯电动汽车（BEV）、燃料电池电动汽车（FCEV）和太阳能电池电动汽车，如图 1-1-2 所示。

比亚迪"唐"插电式混合动力电动汽车

特斯拉纯电动汽车

奥迪"h-tron"燃料电池汽车

太阳能汽车

图 1-1-2　新能源汽车

当前，新能源汽车发展主要集中在纯电动汽车和油电混合动力电动汽车上，因这两种汽车在节能与环保方面的较高可行性。

（2）燃气汽车

燃气汽车包括天然气汽车、液化石油气汽车、两用燃料汽车和双燃料汽车。两用燃料汽车是指具有两套相对独立的供给系统：一套供给天然气或液化石油气；另一套供给天然气或液化石油气以外的燃料。两套燃料供给系统可分别但不可同时向气缸供给燃料的汽车，如图 1-1-3 所示。

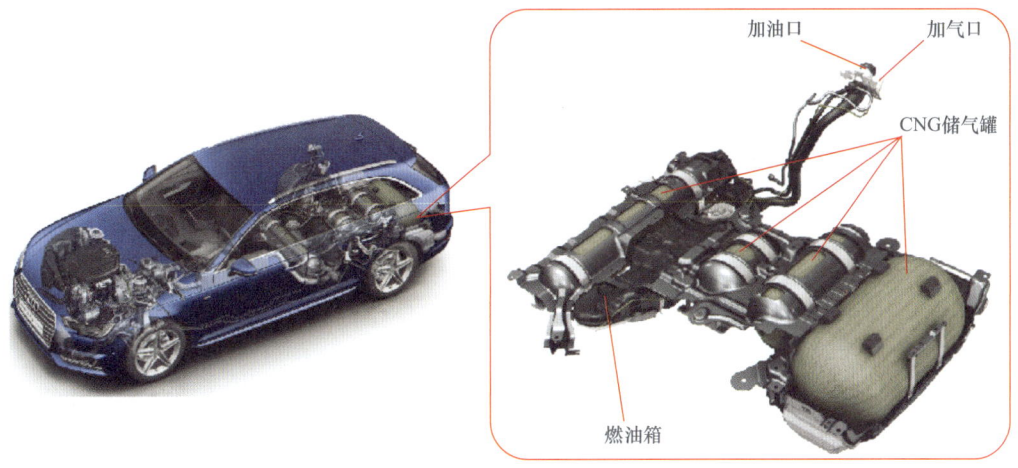

图 1-1-3　燃气汽车

（3）生物燃料汽车

生物燃料汽车指燃用生物燃料或燃用掺有生物燃料的燃油的汽车。与传统汽车相比，结构上无重大改动，排放总体上较低，包括乙醇燃料汽车和生物柴油汽车等。图 1-1-4 是萨博研发的一款生物燃料汽车。

图 1-1-4　生物燃料汽车

2. 新能源汽车的性能对比

表 1-1-1 是清洁柴油汽车、生物燃料汽车、煤制醇醚汽车、燃气汽车、混合动力汽车、纯电动汽车和燃料电池汽车的性能对比。

表 1-1-1　新能源汽车综合性能对比

汽车类型 性能	清洁柴油	生物燃料	煤制醇醚	燃气	混合动力	纯电动	燃料电池
车辆性能	较好	中	中	差	好	中	中
能量密度	好	中	中	差	较好	差	差
能量易储存性	好	中	中	差	中	差	差
排放质量	差	中	中	中	较好	好	好
能量转换效率	中	差	差	差	好	较好	好
资源丰富性	差	差	中	中	中	较好	好
购车成本	好	较好	较好	较好	中	中	差
燃料成本	中	中	较好	较好	较好	好	差
加油/电便利性	好	中	中	差	好	较好	差

复　习　题

一、判断题

1. 发展新能源汽车的主要有两个原因：环境污染、温室效应。(　　)
2. 甲烷（CH_4）是温室气体的一种。(　　)
3. 新能源汽车是指采用非常规的车用燃料作为动力来源，综合车辆的动力控制和驱动方面的先进技术，形成的技术原理先进、具有新技术、新结构的汽车。(　　)
4. 电动汽车包括油电混合动力电动汽车、纯电动汽车、燃料电池电动汽车和太阳能电池电动汽车，其中混合动力电动汽车、纯电动汽车是新能源汽车的主流。(　　)
5. 燃料电池汽车的资源缺乏，排放没有污染，成本高。目前不是新能源汽车的主流。(　　)

二、选择题

1. 发展新能源汽车的主要有（　　）个原因。
 A. 2　　　　　　　B. 3　　　　　　　C. 4　　　　　　　D. 5
2. （　　）是指因为能源供应短缺或是价格上涨而影响经济。
 A. 能源危机　　　B. 经济危机　　　C. 生态危机　　　D. 财政危机
3. 造成全球变暖的最主要的气体是（　　）
 A. 二氧化碳　　　B. 甲烷　　　　　C. 一氧化碳　　　D. 氮氧化物
4. "LNG"代表的含义是（　　）
 A. 燃料电池车　　B. 压缩天然气汽车　C. 纯电动汽车　D. 液化天然气汽车
5. 在以下新能源汽车中资源最丰富的是（　　）
 A. 燃料电池汽车　B. 纯电动汽车　　C. 混合动力汽车　D. 燃气汽车

任务二　新能源汽车关键技术与发展趋势

学习目标

经过该任务学习后，将能做到：
◆ 了解新能源汽车关键技术。
◆ 了解新能源汽车发展趋势。

一、新能源汽车关键技术

1. "三纵"的关键技术

（1）混合动力电动汽车

1）对中度混合动力方面，突破混合动力电动汽车关键技术，深化发动机控制技术研究，解决动力源工作状态切换和动态协调控制，以及能源优化管理，掌握整车故障诊断技术，进一步提高整车的可靠性、耐久性、性价比，开发出高性价比、具有市场竞争力、可大规模产业化的混合动力电动汽车系列产品。

2）对深度混合动力方面，突破混合动力系统构型技术，能量管理协调控制技术，开发深度混合动力新构型；开发出高性价比、可大规模批量生产的深度混合动力轿车和商用车产品。

3）对插电式混合动力电动汽车方面，掌握插电式混合动力构型及专用发动机系统研发技术；突破高效机电耦合技术、轻量化、热管理、故障诊断、容错控制与电磁兼容技术、电安全技术；开发出高性价比、可满足大规模商业化示范需求的插电式混合动力轿车和商用车系列产品。

（2）纯电动汽车

以小型纯电动汽车关键技术研发作为纯电动汽车产业化突破口，开发纯电动小型轿车系列产品（包括增程式），并实现大规模商业化示范；开发公共服务领域纯电动商用车并大规模商业化示范推广；加强插电式混合动力电动汽车研发力度，开发系列化插电式混合动力轿车和商用车系列产品。

小型纯电动汽车方面，针对大规模商业化示范需求，开发系列化特色纯电驱动车型及其能源供给系统，并探索新型商业化模式。实现小型纯电动汽车关键技术突破，重点掌握电气系统集成、动力系统匹配和整车热-电综合管理等技术。开发出舒适、安全、性价比高的小型纯电动轿车系列产品。

纯电动商用车方面，重点研究整车NVH、轻量化、热管理、故障诊断、容错控制与电磁兼容及电安全技术。

（3）燃料电池汽车

面向高端前沿技术突破需求，基于高功率密度、长寿命、高可靠性的燃料电池发动机突破新型氢-电-结构耦合安全性等关键技术，攻克适应氢能源供给的新型全电气化技术，底盘驱动系统平台技术，研制出达到国际先进水平的燃料电池电动轿车和客车，并进行示范考核；掌握车载供氢系统技术，实现关键部件的自主开发，掌握下一代燃料电池电动汽车动力系统平台技术，研制下一代燃料电池电动轿车和客车产品，并进行运行考核。

为了加速推进新能源汽车产业市场化进程，科技部已经启动了"十三五"电动汽车科技规划的制定。"十三五"电动汽车科技规划将紧跟电动汽车产业和新能源新材料等新型经济发展，把握关键重点，在下一代电机电控系统、新能源汽车的智能化技术和安全等重点领域开展技术攻关。

在动力电池方面，要加强新材料的研究与应用，如开展高电压材料、副离层材料、硅碳负极板等多元新材料的研究和电极、电解质的研究来提高电池性能；要研发高功率极片、芯结构的电池组，尽早实现专利布局；在正负极、锂离子生产方面提质量、降成本进行基础关键技术的研发。

2. "三横"的关键技术

（1）电机

面向混合动力大规模产业化需求，开发混合动力发动机/电机总成（发动机+ISG/BSG）和机电耦合传动总成（电机+变速器），形成系列化产品和市场竞争力，为混合动力电动汽车大规模产业化提供技术支撑。面向纯电驱动大规模商业化示范需求，开发纯电动汽车驱动电机及其传动系统系列，同步开发配套的发动机发电机组（APU）系列，为实现纯电动汽车大规模商业示范提供技术支撑。面向下一代纯电驱动系统技术攻关，从新材料/新结构/自传感电机、IGBT芯片封装和驱动系统混合集成、新型传动结构等方面着手，开发高效率、高材料利用率、高密度和适应极限环境条件的电力电子、电机与传动技术，探索下一代车用电机驱动及其传动系统解决方案，满足电动汽车可持续发展需求。

（2）电控系统

重点开发混合动力专用发动机先进控制算法（满足国Ⅳ以上排放法规）、混合动力系统先进实时控制网络协议、多部件间的转矩耦合和动态协调控制算法，研制高性能的混合动力系统（整车）控制器，满足混合动力电动汽车大规模产业化技术需求。重点开发先进的纯电驱动汽车分布式、高容错和强实时控制系统，高效、智能和低噪声的电动化总成控制系统（电动空调、电动转向、制动能量回馈控制系统），电动汽车的车载信息、智能充电及其远程监控技术，满足纯电动汽车大规模示范需要。重点开发基于新型电机集成驱动的一体化底盘动力学控制、高性能的下一代整车控制器及其专用芯片、电动汽车智能交通系统（ITS）与车网融合技术（V2X，包括V2G：汽车到电网的链接；V2H：汽车到家庭的链接；V2V：汽车到汽车的链接等网络通信技术），为下一代纯电驱动汽车开发提供技术支撑。

（3）动力电池

以动力电池模块为核心，实现我国以能量型锂离子动力电池为重点的车用动力电池大规模产业化突破。以车用能量型动力电池为主要发展方向，兼顾功率型动力电池和超级电容器的发展，全面提高动力电池输入输出特性、安全性、一致性、耐久性和性价比等综合性能；强化动力电池系统集成与热-电综合管理技术，促进动力电池模块化技术发展；实现车用动力电池模块标准化、系列化、通用化，为支撑纯电驱动电动汽车的商业化运营模式提供保障；瞄准国际前沿技术，深入开展下一代新型车用动力电池自主创新研发，为电动汽车产业中长期发展进行技术储备；重点研究新型锂离子动力电池；研究新型锂离子动力电池设计、性能预测、安全评价及安全性新技术。新体系动力电池方面，重点研究金属空气电池、多电子反应电池和自由基聚合物电池等，并通过实验技术验证，建立动力电池创新发展技术研发体系。只有这样，才能为我国车用动力电池产业提升市场竞争能力提供科技支撑。通过新型锂离子动力电池和新体系电池的探索，确立我国下一代车用动力电池的主导技术路线。

突破燃料电池关键技术和系统集成，推进工程实用化，为新一代燃料电池电动汽车研发与产业化奠定核心技术基础。重点推进燃料电池的工程实用化，建立小批量生产线，进一步提升燃料电池性能，降低成本，强化电堆与系统的寿命考核，改进提高燃料电池系统控制策略与关键部件性能，提升燃料电池系统可靠性与耐久性，为燃料电池电动汽车示范运行提供可靠的车用燃料电池系统。加强燃料电池基础材料和系统集成科技创新，研发高稳定性、高耐久性、低成本的关键材料和部件。保证电堆在高电流密度下的均一性，提高功率密度，进一步增强系统的环境适应能力，为下一代燃料电池电动汽车研发奠定核心技术基础。

二、新能源汽车的发展趋势

1. 国外新能源汽车的发展

由于气候变暖、环境污染、能源危机等原因，各国政府也相继发布新能源汽车发展战略和国家计划，加大政策支持力度，增加研发投入，全力推进新能源汽车产业化。新能源汽车的开发早已引起了全球汽车生产厂家的关注，大多数汽车公司转向研究和开发新能源汽车。

（1）国外混合动力汽车的状况

日本是最早研发混合动力汽车，并最先实现了产业化的国家。丰田普锐斯（Prius）于1997年10月底问世，是世界上最早实现批量生产的混合动力汽车，全球累计销量已超过200万辆。早期的普锐斯采用氢镍电池，串并联控制方式，百公里油耗3.4L。目前，普锐斯已推出第三代产品，采用锂电池作为动力电池，其性能得到大幅度改善，如图1-2-1所示。

a) 第一代普锐斯(1997)　　b) 第三代普锐斯(2017)

图1-2-1　丰田普锐斯混合动力汽车

自1997年丰田首推普锐斯混合动力汽车以来，其他各大汽车厂家也紧随其后，纷纷推出混合动力汽车产品，如本田 Insight、通用 SaturnVUE、福特 Escape 等。随着技术的成熟和生产规模的扩大，成本大幅下降。欧洲混合动力汽车技术起步较晚，采取与美国合作方式共享混合动力总成技术，主要应用于采用传统技术油耗较高的车型上。

国际上，混合动力商用车也取得了快速发展，已开发了混合动力公交车、市政用车和军用车等。尤其是美国在混合动力公交客车的开发和应用上取得了一定的成果，目前已有多个车型在运行。欧洲客车和卡车生产商已将目光聚焦在混合动力技术上。德国奔驰、瑞典沃尔沃和波兰索拉丽斯等相继开发了混合动力商用车。

混合动力技术是由单一发动机驱动向纯电动驱动转移的必经环节。合理采用混合动力技术可以较明显地节油减碳，并将成本控制在一定范围内，动力电池技术发展未十分成熟，因此混合动力汽车现已成为世界各国汽车公司产业化主要方向。在不久的将来，一旦动力电池技术发展足够成熟的时候，纯电动汽车将全面取代混合动力汽车和燃油汽车。

（2）国外纯电动汽车的状况

纯电动汽车的发展也已有100多年的历史，但由于传统铅酸电池的连续行驶里程等使用性能指标不能够满足纯电动汽车的要求，使纯电动汽车的研发处于停止不前的地步。随着高性能锂离子电池和一体化电力驱动系统等技术的发展应用，纯电动汽车再次受到各国政府和企业的重视。纯电动汽车已在续驶里程、动力性、快充等方面取得了可喜的进展，已经进入实用化阶段。

目前，纯电动汽车的技术攻关重点集中在提高动力电池性能、降低成本方面。与传统的汽车性能、成本比较，要满足产业化要求，纯电动汽车动力电池的质量能量密度需大幅度提高，成本也需大幅度下降。

2. 国内新能源汽车的发展

2012年7月9日，国务院正式发布了《节能与新能源汽车产业发展规划》（以下简称《规划》），明确以纯电动汽车为新能源汽车发展和汽车工业转型的主要战略取向，《规划》内容明确以纯电驱动为汽车产业未来的重要方向，也是解决汽车普及过程带来的能源与环境问题的根本性措施，具有战略性意义。

自2014年9月1日至2017年底，我国对获得许可在中国境内销售（包括进口）的纯电动以及符合条件的插电式（含增程式）混合动力、燃料电池三类新能源汽车，免征车辆购置税。2014年7月，国务院办公厅发布《关于加快新能源汽车推广应用的指导意见》，部署进一步加快新能源汽车推广应用。《指导意见》从总体要求、充电设施建设、积极引导企业创新商业模式、推动公共服务领域推广应用、进一步完善政策体系、坚决破除地方保护、加快创新能力建设、进一步加强组织领导等8个方面提出30条具体政策措施，促进新能源汽车产业转型升级。

"十一五"以来，我国提出"节能和新能源汽车"战略，政府高度关注新能源汽车的研发和产业化。在2012年底，北京、上海、深圳等25个试点城市共示范推广各类节能与新能源汽车2.74万辆。

2017年，我国新能源汽车销售77.7万辆，同比分别增长53.8%和53.3%。其中，纯电动乘用车46.8万辆，插电式混合动力乘用车11.1万辆。

复 习 题

一、选择题

1. 我国的纯电驱动技术路线是在（　　）年正式发布的。
   A. 2009　　　　B. 2010　　　　C. 2011　　　　D. 2012

2. 对（　　）混合动力方面，突破混合动力系统构型技术，能量管理协调控制技术，开发深度混合动力新构型；开发出高性价比、可大规模批量生产的深度混合动力轿车和商用车产品。
   A. 中度　　　　B. 插电式　　　　C. 深度　　　　D. 以上都不是

3. 不属于三纵战略布局的新能源汽车是（　　）。
   A. 混合动力汽车　　B. 纯电动汽车　　C. 燃料电池汽车　　D. 燃气汽车

4. 最早研发混合动力汽车的国家是（　　）。
   A、德国　　　　B、美国　　　　C、日本　　　　D、英国

5. （　　）是世界上最早实现批量生产的混合动力汽车。
   A. 丰田普锐斯　　B. 本田 Insight　　C. 通用 Saturn VUE　　D. 福特 Escape

二、判断题

1. 我国的纯电驱动技术路线是在 2009 年提出的。（　　）
2. 目前国内市场的新能源汽车与国外品牌的相比有一定的优势（　　）
3. 纯电动汽车方面，应重点研究动力电池、电机控制技术。（　　）
4. 本田 Insight 于 1995 年问世，是世界上最早实现批量生产的混合动力汽车。（　　）
5. 自 2014 年 9 月 1 日至 2017 年底，我国对获得许可在中国境内销售（包括进口）的纯电动以及符合条件的插电式（含增程式）混合动力、燃料电池三类新能源汽车，免征车辆购置税。（　　）

项目二 新能源汽车的构造与工作原理

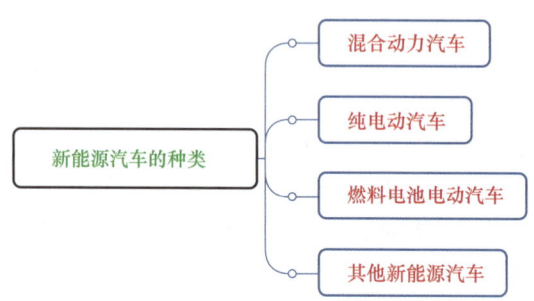

任务一 混合动力汽车

学习目标

经过该任务学习后，将能做到：
- ◆ 知道混合动力汽车的定义与类型。
- ◆ 知道混合动力汽车的混合动力系统主要部件。
- ◆ 了解混合动力汽车的特点、技术难点。
- ◆ 知道雪佛兰Volt、本田思域、丰田普锐斯、本田雅阁混合动力系统的组成与工作原理。

第一辆混合动力的车辆罗纳-保时捷（Lohner-Porsche）由斐迪南·保时捷在1899年制成，如图2-1-1所示。大量生产的混合动力车则在1990年才出现，分别为丰田Prius和本田Insight，如图2-1-2所示。这两款车都可由电机直接推动车轮提供动力。世上第一辆油电混合动力车是汽油电力混合动力，在1899年由皮帕（Pieper）研发。利用制动进行能量再生的设计直到1978年才由电机工程师David Arthurs发明。

图2-1-1 世界最早的混合动力车保时捷Lohner-Porsche

图 2-1-2　混合动力典型代表车型

一、混合动力汽车的定义与类型

1. 混合动力汽车的定义

从广义上说，混合动力汽车是指拥有至少两种动力源，使用其中一种或多种动力源提供部分或者全部动力的车辆，也叫复合动力汽车。

从狭义上说，混合动力汽车一般是指同时装备两种动力源——热动力源（由传统内燃机）与电动力源（电池与电机）的汽车，也就是混合动力汽车（HEV），如图 2-1-3 所示。通过在混合动力汽车上使用电机，使得动力系统可以按照整车的实际运行工况要求进行灵活调控，让发动机始终保持在综合性能最佳的区域内工作，从而降低油耗与排放。

混合动力汽车初步的认知

图 2-1-3　奥迪 A8 混合动力电动汽车

混合动力汽车指的是装备有两种或两种以上具有不同特点驱动装置的车辆。这两个驱动装置中有一个是车辆的主要动力来源，它能够提供稳定的动力输出，满足汽车稳定行驶的动力需求，由于内燃机在汽车上成功的应用，使之成为首选的驱动装置；另外还有一个辅助驱动装置，它具有良好的变工况特性，能够进行功率的平衡、能量的再生与存储，目前应用最多的是油电混合系统。

2. 混合动力系统的分类

（1）根据动力来源分类

混合动力根据动力来源进行分类，可分为油电混合动力、液压混合动力和多重燃料混合动力三种。

1）油电混合动力。油电混合动力主要是指使用内燃机＋动力电池及电机两种动力源，油电混合动力电动车（HEV）就属于此类型，如图 2-1-3 所示。

2）液压混合动力。液压混合动力的动力来源是内燃机推动而产生的高压气体及压缩机＋

压缩储存系统内的高压气体及压缩机两种，如图2-1-4所示。压缩空气储存系统与液压马达可取代电池和电机，以空气来取代电力，称为"空气混合动力系统"（Hybrid Air）。

图2-1-4　标致雪铁龙压缩空气混合动力汽车

空气混合动力有三种动力模式：空气驱动（Air Power）、发动机驱动（Gasoline Power）以及混合模式（Combine Power），另外也同样有动能回收系统（Brake Energy Regeneration）。

3）多重燃料混合动力。多重燃料混合动力是使用两种或两种以上不同燃料的发动机，其中一种作为主要动力来源，其他则作为起步补助或提高出力的备用动力。另外，有些发动机能适应多种燃料，称为复合燃料发动机或弹性燃料发动机。这类车只有一个油箱，可混合多种燃料使用，如汽油、生物燃油、甲醇、乙醇和氨等。另外，假设有储存气体燃料如天然气或石油气的装置，同一车可以使用液体燃料及气体燃料，也就是双燃料汽车，如图2-1-5所示。

图2-1-5　大众双燃料汽车

（2）根据混合程度分类

根据在混合动力系统中，电机的输出功率在整个系统输出功率中所占的比重，也就是混合度的不同，混合动力系统可以分为微混合动力系统、轻混合动力系统、中混合动力系统、完全混合动力系统和插电混合动力系统 5 种类型，它们的电力 / 燃油所占比例如图 2-1-6 所示。

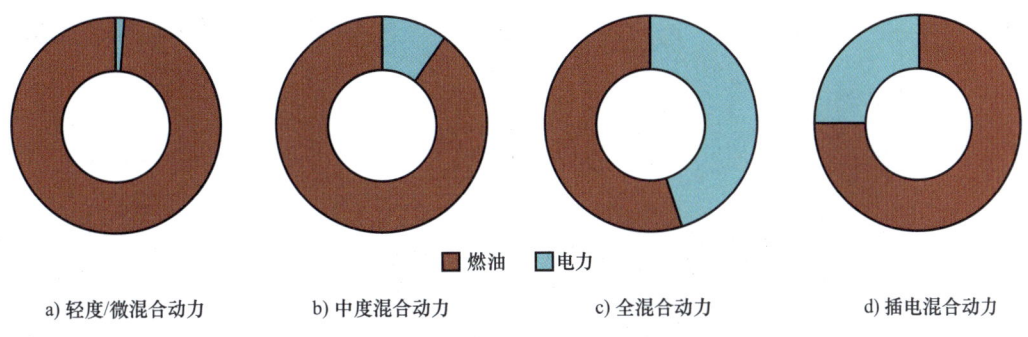

图 2-1-6　电力 / 燃油所占比例

1）微混合动力系统。微混合动力系统在传统发动机上的起动机（一般为 12V）上加装了胶带驱动起动电机（Belt-alternator Starter Generator，简称 BSG 系统）。该电机为发电起动（Stop-Start）一体式电机，用来控制发动机的起动和停止，从而取消了发动机的怠速，降低了油耗和排放。从严格意义上说，微混合动力系统的汽车不属于真正的混合动力汽车，因为它的电机并没有为汽车行驶提供持续的动力。在微混合动力系统里，电机的电压通常有两种：12V 和 42V，其中 42V 主要用于柴油混合动力系统。微混合动力系统的代表是标志雪铁龙的 e-HDi 混合动力系统，如图 2-1-7 所示。

图 2-1-7　标致雪铁龙 e-HDi 微型混合动力系统

2）轻混合动力系统。轻混合动力系统采用了集成起动机（Integrated Starter Generator，简称 ISG 系统）。与微混合动力系统相比，轻混合动力系统除了能够实现用发电机控制发动机的起动和停止，还能够实现：

① 在减速和制动工况下，对部分能量进行吸收。

② 在行驶过程中，发动机等速运转，发动机产生的能量可以在车轮的驱动需求和发电机的充电需求之间进行调节。轻混合动力系统的混合度一般在 20% 以下，代表车型有铃木 SHVS 混合动力系统和通用 BAS+（eAssist）混合动力系统，如图 2-1-8 所示。

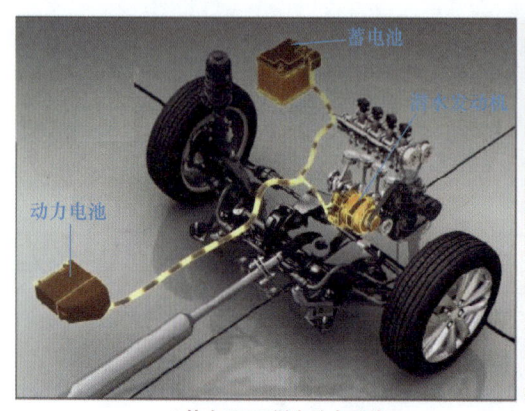
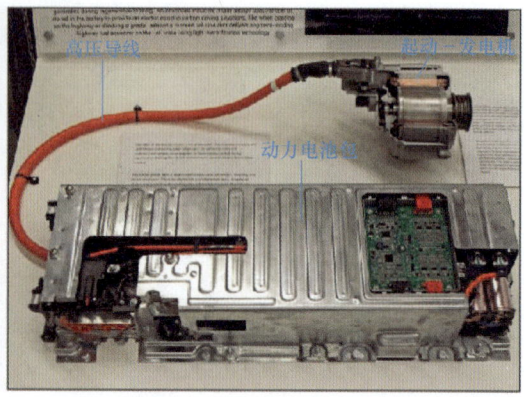

a) 铃木SHVS混合动力系统　　　　b) 通用BAS+(eAssist)混合动力系统

图 2-1-8　轻混合动力系统

3）中混合动力系统。中混合动力系统同样采用了 ISG 系统，但与轻度混合动力系统不同的是高压电机。此外，中度混合动力系统还增加了一个功能：在车辆处于加速或者大负荷工况时，电机能够辅助驱动车轮，从而补充发动机本身动力输出的不足，提高了整车的性能。这种系统的混合程度可以达到 30% 左右，技术已经成熟，应用比较广泛，代表有本田第一代 IMA 混合动力系统，如图 2-1-9 所示。

图 2-1-9　本田第一代 IMA 混合动力系统

4）重混合动力系统。重（强或全）混合动力电动汽车是以发动机和（或）电动机为动力源，且电动机可以独立驱动车辆行驶的汽车。与中混合动力系统相比，重混合动力系统的混合度更高，可以达到 50% 以上。技术的发展将使得完全混合动力系统逐渐成为混合动力技术的主要发展方向。重混合动力系统的代表主要有丰田 THS-I、THS-II、THS-C 混合动力系统（图 2-1-10）和本田第二代 SPORT HYBRID（i-DCD、i-MMD、SH-AWD）混合动力系统（图 2-1-11）。

项目二 新能源汽车的构造与工作原理 | 15

发动机
PCU
变速驱动桥
动力电池

a) THS-Ⅱ[普锐斯（NHW20）]

PCU
起动-发电机
空调压缩机
电动油泵
变速驱动桥
动力电池
后电机

b) THS C[Estima HV(NHW20)]

图 2-1-10　丰田 THS-Ⅱ/THS-C 混合动力系统

发动机
PCU
发动机接合离合器
双电机（驱动、发电）
电动伺服制动系统
IPU
锂离子动力电池

图 2-1-11　本田第二代 SPORT HYBRID（i-MMD）混合动力系统

5）插电式混合动力系统。插电式混合动力系统是一种将纯电动系统与现有混合动力系统相结合的产物。由于车辆带有外接插入式充电系统，车辆可以单独利用电机行驶较长的距离，将内燃机的工作比例进一步缩小，更好地节油和减少排放，但会消耗一定的电能。同时，又解决了目前纯电动汽车巡航里程短的问题，但随插电式混合动力仅仅是一种过渡方案。丰田普锐斯插电式混合动力系统如图 2-1-12 所示。

图 2-1-12　丰田普锐斯插电式混合动力系统

以上五种不同的混合方式，都能在一定程度上降低油耗和排放。各大汽车厂商经过多年研发、试验总结、商业应用，形成了各自特色的混合动力技术。

（3）根据结构分类

目前世界各国研究开发的混合动力汽车有不同的结构形式，根据其动力传动系统的配置和组合方式不同，分为串联式、并联式和混联式 3 种形式。

1）串联式混合动力系统。串联式混合动力系统也称为增程式混合动力系统，其结构示意图如图 2-1-13 所示。串联式混合动力系统的关键特征是在功率变换器中两个电功率被相加在一起。该功率变换器起电功率耦合器的作用，控制从蓄电池组和发电机到电机的功率流；或反向控制从电机到蓄电池组的功率流。发动机和发电机组成基本能源，而蓄电池组则起能量缓冲器的作用。

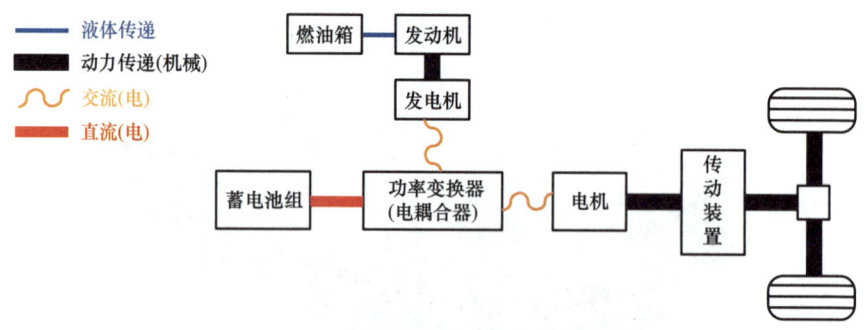

图 2-1-13　串联式混合动力系统示意图

2）并联式混合动力系统。并联式混合动力系统的结构如图 2-1-14 所示。它的关键特征是在机械耦合器中两个机械功率被相加在一起。发动机是基本能源设备，而蓄电池组和电机驱动装置则组成能量缓冲器。此时，功率流仅受动力装置——发动机和电机所控制。

3）混联式混合动力系统。混联式混合动力系统结构的示意图如图 2-1-15 所示，其明显特征是使用了两个功率耦合器——机械的和电气的耦合器。实际上，这一构造是串联式和并联式结构的组合，它具有两者的主要特性，并且相比于串联式或并联式的单一结构，拥有更多的运行模式。它的结构相对地更为复杂，且成本较高。

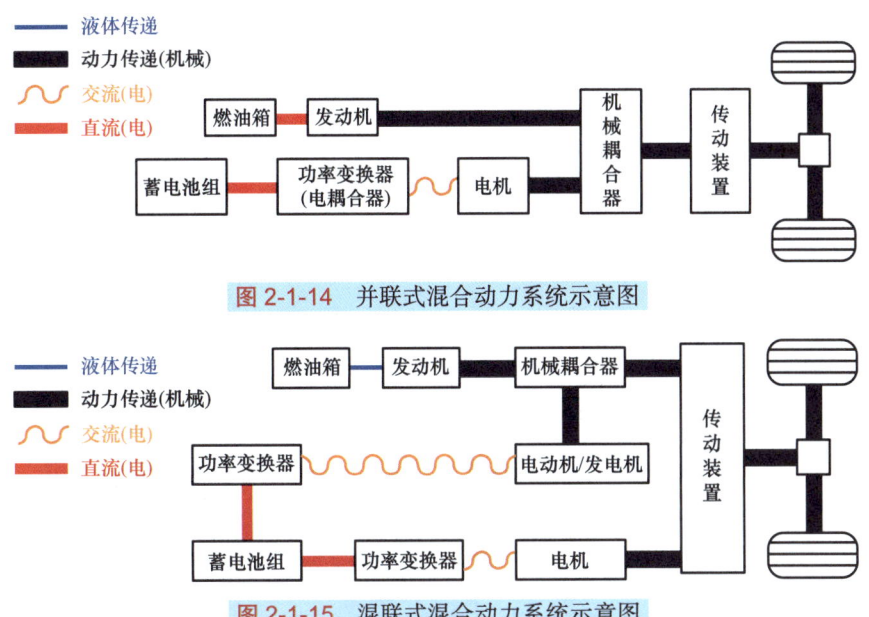

图 2-1-14 并联式混合动力系统示意图

图 2-1-15 混联式混合动力系统示意图

（4）根据形式模式的选择方式分类

若根据行驶模式的选择方式进行分类，混合动力系统可分为有手动选择功能的混合动力系统和无手动选择功能的混合动力系统。

（5）根据车辆用途分类

根据车辆用途进行分类，混合动力电动汽车可以分为混合动力电动乘用车、混合动力电动客车和混合动力电动货车 3 种。

（6）根据能源存储装置的不同分类

根据能量储存装置不同，混合动力电动汽车可以分为动力蓄电池式混合动力系统、超级电容器式混合动力系统、机电飞轮式混合动力系统和动力蓄电池＋超级电容器组合式混合动系统 4 种。马自达开发的 i-ELOOP 超级电容混合动力系统如图 2-1-16 所示。

图 2-1-16 马自达 i-ELOOP 超级电容混合动力系统

二、混合动力系统主要部件

典型的混合动力电动汽车的混合动力系统主要由发动机、变速器、电力控制单元（PCU）、车辆控制单元、电动机/发电机、动力电池、高压电缆、冷却系统、制动系统和空调系统等组成。博士公司开发的混合动力系统的组成如图2-1-17所示。

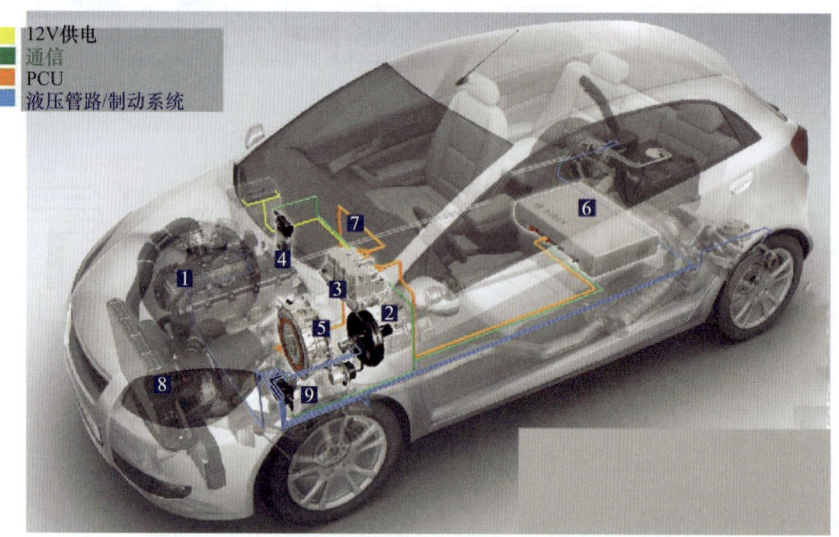

图 2-1-17　混合动力电动汽车的混合动力系统的组成

1—发动机　2—变速器　3—PCU　4—车辆控制单元　5—电动机-发电机
6—动力电池　7—高压电缆　8—冷却系统　9—制动系统

1. 发动机

内燃机是现今应用于汽车最主要的动力装置，在可预见的将来，它将仍是主要的汽车动力装置。在混合动力电动汽车中，内燃机也将是主要电源的第一选择。然而，混合动力电动汽车的工作与传统汽车有所不同，混合动力电动汽车中的发动机需较长时间内以高功率运转，而不需频繁改变功率输出。到目前为止，专为混合动力汽车设计的发动机还没有得到充分的开发。

混合动力汽车可以采用四冲程内燃机（包括汽油机和柴油机）、二冲程内燃机（包括汽油机和柴油机）、转子发动机、燃气轮机和斯特林发动机等。丰田和本田的混合动力系统一般都是配备阿特金森循环发动机，如图2-1-18所示。

2017丰田普锐斯发动机及动力总成　　2017本田雅阁发动机及动力总成

图 2-1-18　阿特金森循环发动机

2. 变速器/变速驱动桥

混合动力电动汽车的变速器/变速驱动桥主要有两种形式：一是在传统汽车变速器/变速驱动桥的基础上，即在发动机与变速器/变速驱动桥之间加入电机（电动机/发电机），如图 2-1-19 所示；在传统汽车变速器/变速驱动桥转矩输入端和发动机转矩输出端之间加入电机（电动机/发电机），与传统车辆上变速器/变速驱动桥的区别不大，如图 2-1-20 所示。

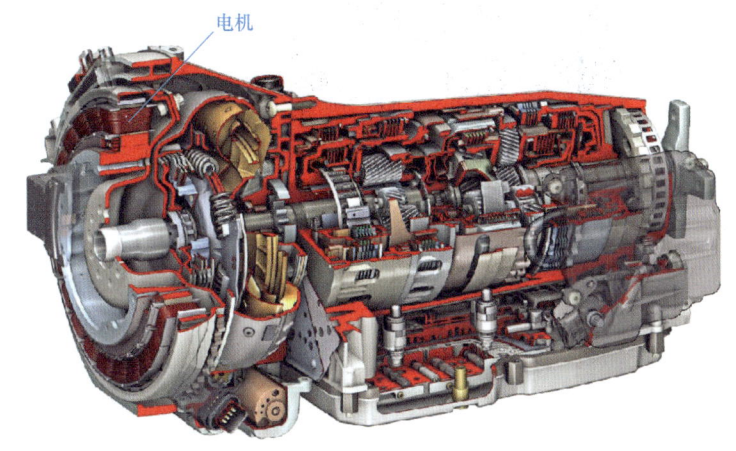

图 2-1-19　电机在变速器/变速驱动桥转矩输入端和发动机转矩输出端之间

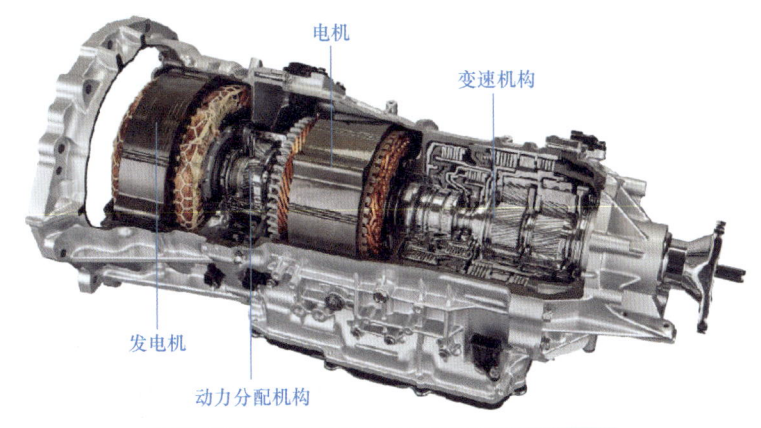

图 2-1-20　电机在变速器/变速驱动桥内部

3. 电力控制单元（PCU）

电力控制单元（PCU）主要集成了电压变换器和逆变器，内部有冷却液管路。它主要用于升降电压、直流交流转换等。

图 2-1-21 是丰田 THS-Ⅱ混合动力系统的 PCU（电力控制单元）主体，主要由集成电路控制面板、双面散热的功率半导体元件、层叠型冷却器及电容器等构成。PCU 内的功率半导体从两面进行冷却，过去采用的是单面冷却。

4. 车辆控制单元（HV ECU）

车辆控制单元负责混合动力系统的综合控制，主要包括发动机、电子控制无级变速器和高压蓄电池等。

例如丰田 THS-Ⅱ混合动力系统中的车辆控制单元 (HV ECU) 主要实现以下几个功能：

图 2-1-21 丰田 THS-Ⅱ 混合动力系统的 PCU

1）接收来自各传感器及 ECU（蓄电池电压传感器、防滑控制 ECU 和动力转向 ECU）的信息，并基于该信息，计算出所需转矩及输出功率。混合动力车辆控制 ECU 将计算结果发送到逆变器和防滑控制 ECU。

2）根据目标发动机转速和所需发动机原动力控制智能电子节气门控制系统。

3）监视动力电池的充电状态（SOC）。

4）控制动力电池的冷却风扇和 DC-DC 变换器的冷却风扇。

5）控制 DC-DC 变换器。

5. 电机（电动机/发电机）

电机（电动机/发电机）在混合动力系统中扮演着重要角色，如图 2-1-22 所示。当混合动力电动汽车需要利用电力辅助行驶时，电机（电动机/发电机）就充当电动机的角色，将电能转化

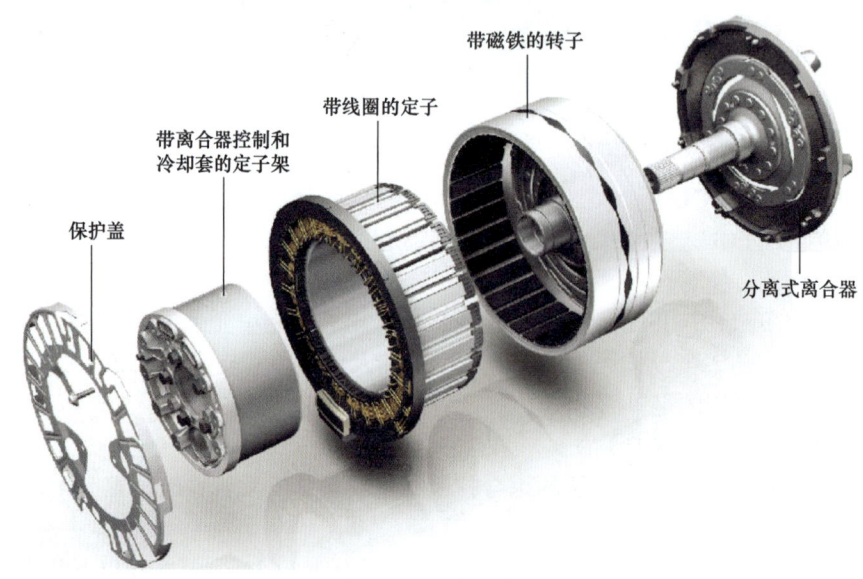

图 2-1-22 奥迪 Q7 e-tron 中的电机

为机械能。电机(电动机/发电机)驱动作为辅助动力,来降低燃料的消耗和实现"低污染",或在纯电动驱动模式时实现"零污染"。当混合动力电动汽车需要再生充电或作补充充电时,电机(电动机/发电机)就充当发电机的角色,将机械转化为电能储存起来或给其他电机补充供电。

混合动力汽车上电机系统的工作条件及工作模式与传统电动机相比有着很大的区别,这些区别使得工业电动机不适合在汽车上使用。混合动力汽车可以采用直流电机、交流感应电机、永磁电机和开关磁阻电机等。随着混合动力汽车的发展,直流电机已经很少采用,多数采用了感应电机和永磁电机,开关磁阻电机应用也得到重视,还可以采用特种电机为混合动力汽车的驱动电机。

6. 动力电池

混合动力电动汽车具有两个蓄电池:一个是12V蓄电池,也称为辅助蓄电池,它主要是为车上常规的用电器提供电压;另一个是高电压蓄电池,也称为动力电池(图2-1-23),它存储发电机所产生的电能,向电机供电,同时经过DC/DC降压变换器降压后向车辆12V蓄电池和车身电器等供电。混合动力汽车的高压蓄电池从36V到600V以上不等,所有混合动力设计都采用串联连接的蓄电池以获取所需的直流电源电压。

图 2-1-23 通用雪弗兰 Volt 车辆上的动力电池

7. 高压电缆

高压电缆主要用混合动力电动汽车高压电路的连接,它的横截面积较大。高压电缆的颜色为橙色,如图2-1-24所示。

8. 冷却系统

混合动力电动汽车一般有动力电池冷却系统和发动机冷却系统相互独立的冷却系统,起动发电机由发动机冷却系统进行冷却。奥迪A3 e-tron混合动力冷却系统如图2-1-25所示。

9. 制动系统

混合动力电动汽车的制动系统除了执行制动控制外,还有另一重要任务就是能量再生制动回收。图2-1-26是奥迪Q5 hybrid车型采用的电动液压组合制动器(EHCB)系统图。

图 2-1-24 高压电缆

图 2-1-25　奥迪 A3 e-tron 混合动力冷却系统

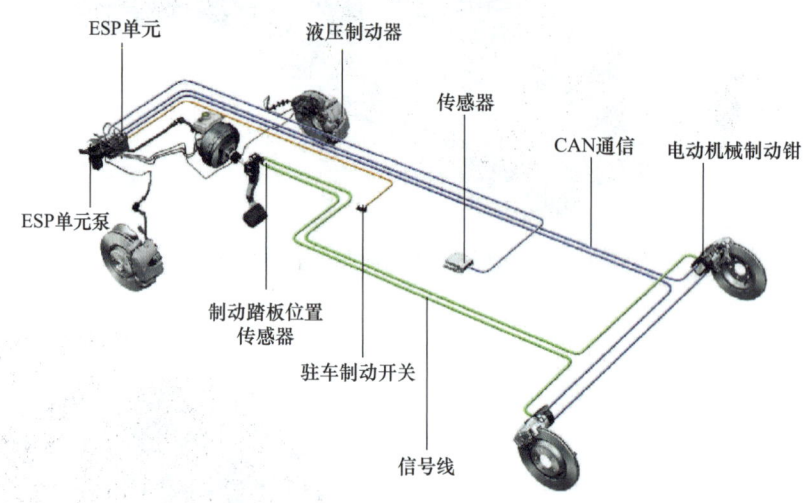

图 2-1-26　奥迪 Q5 hybrid 电动液压组合制动器系统

10. 空调系统

　　混合动力电动汽车暖风系统主要采用 PTC 加热，冷风系统的压缩机一般采用电动压缩机，PTC 和压缩机都由高压系统直接供电。图 2-1-27 是奥迪 Q7 e-tron 的空调系统图。

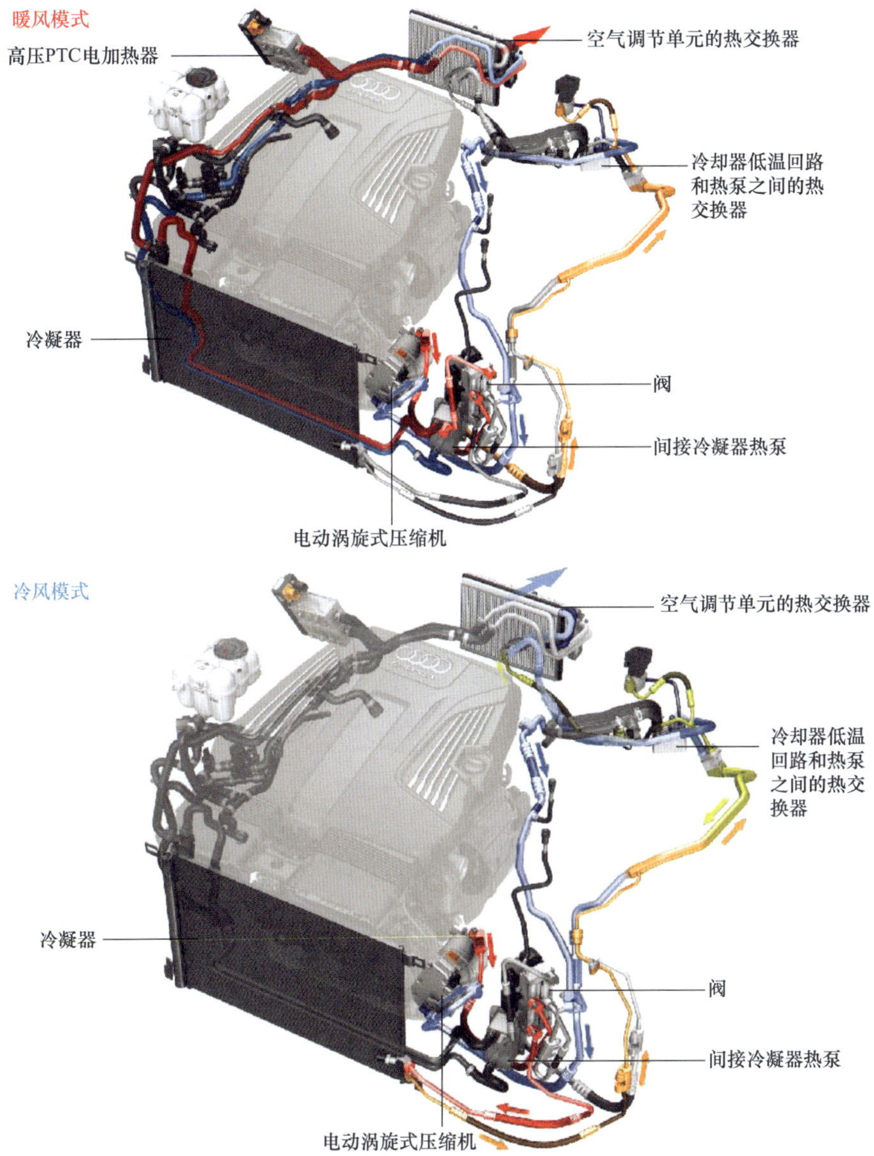

暖风模式
- 高压PTC电加热器
- 空气调节单元的热交换器
- 冷却器低温回路和热泵之间的热交换器
- 冷凝器
- 阀
- 间接冷凝器热泵
- 电动涡旋式压缩机

冷风模式
- 空气调节单元的热交换器
- 冷却器低温回路和热泵之间的热交换器
- 冷凝器
- 阀
- 间接冷凝器热泵
- 电动涡旋式压缩机

图 2-1-27 奥迪 Q7 e-tron 混合动力空调系统

三、混合动力电动汽车的特点

混合动力电动汽车是将内燃机、电机、能量存储装置（蓄电池）等组合在一起，它们之间的良好匹配和优化控制，可充分发挥内燃机汽车和纯电动汽车的优点，避免各自的不足。

1. 与传统汽车相比，混合动力电动汽车的优点

1）可使发动机机在最佳的工况区域稳定运行，避免或减少了发动机变工况下的不良运行，使发动机的尾气排放和油耗大大降低。

2）在人口密集的商圈和居民区等地可用纯电动模式驱动车辆，实现零排放。

3）可配备功率较小的发动机。因为车辆可通过电动机/发电机提供动力，并且可通过电动机/发电机回收汽车减速和制动时的能量，进一步降低了车辆的能耗和尾气排放。

2. 与纯电汽车相比，混合动力电动汽车的优点

1）因为混合动力电动汽车配备了两种动力系统，动力电池的数量和重量可减少，因此汽车重量可以减小。

2）车辆的续航里程和动力性可达到传统汽车的水平。

3）借助发动机的动力，可驱动附属设备（如空调、真空助力、转向助力等），不用消耗动力电池有限的电能，从而保证了驾驶和乘坐的舒适性。

四、混合动力电动汽车的技术难点

混合动力电动汽车是传统燃油内燃机汽车与纯电动汽车的一种过渡性车型，其技术涵盖车辆工程、汽车电子、机电工程、电力电子、电化学、控制工程等多个学科，如图2-1-28所示。混合动力电动汽车的难点技术主要包括先进车辆控制技术、电机及驱动控制技术、动力传动系统匹配、动力电池及其管理系统、整车能量管理控制系统、再生制动能量回收系统等。

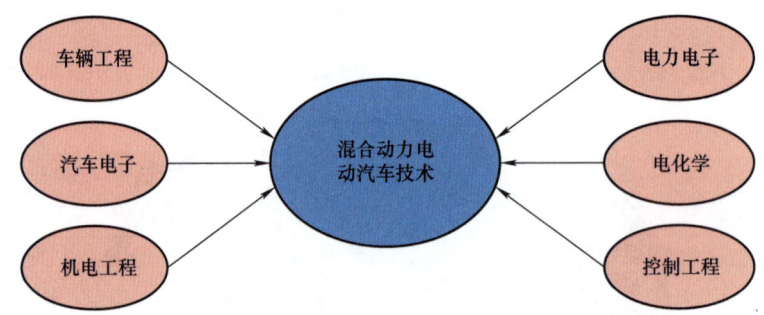

图2-1-28 混合动力电动汽车技术涉及的技术领域

1. 先进车辆控制技术

传统汽车的动力学控制系统与混合动力系统控制及制动能量回收控制的结合，已成为混合动力电动汽车控制技术研究热点之一。随着混合动力电动汽车研究的深入，传统汽车的驱动控制系统、车辆稳定性控制系统等如何与混合动力电动汽车的能量管理及动力系统控制相结合，将越来越凸显其必要性与重要性。传统汽车的控制技术与现代电动汽车控制技术的相结合，将使未来的混合动力电动汽车更加节能、环保、舒适和安全。

2. 电机及驱动控制技术

电机是电动汽车的核心部件之一。混合动力电动汽车对驱动电机的要求是能量密度高、体积小、重量轻、效率高。从发展趋势来看，电机驱动系统的研发主要集中在交流感应电机和永磁同步电机上。对于高速、匀速行驶工况，采用感应电机驱动较为合适；而对于经常起动、停车、低速运行的城市工况，永磁同步电机驱动效率较高。

驱动电机的控制技术包括大功率电子器件、变换器、微处理器及电机控制算法等。高性能的电力电子器件仍在研发阶段，并且向微电子技术与电力电子技术集成的第四代功率集成电路方向发展。变换器技术随着功率器件的发展而发展，可分为DC/DC直流斩波器和DC/AC逆变器，分别用于直流和交流电机。电机控制微处理器主要有单片机和DSP芯片，目前电机控制专用DSP芯片已被广泛采用，将微处理器与功率器件集成到一块芯片上（即PTC芯片）是当前的研究热点之一。

在常规电机驱动领域常见的控制方法有矢量控制、变压变频控制、模型参考自适应控制、直接转矩控制、自调整控制等。这些控制方法也已被用到电动汽车的驱动控制中，但电动汽车控制有自身特点，要求在恒转矩、恒功率区都保持效率高、调速范围大、动态响应快等性能。在各种类型的电机之中，感应电机和永磁同步电机的矢量控制比较适合在电动车上应用。最近几年兴起的变结构控制、模糊控制、神经网络控制及专家系统控制等新兴控制方法也不断应用于电动汽车，达到了较理想的效果。

3. 动力传动系统匹配

混合动力电动汽车动力传动系统的参数匹配是混合动力电动汽车设计的一个重要方面，将直接影响混合动力电动汽车的排放和燃油经济性能。动力传动系统匹配包括合理地选择和匹配发动机功率、动力电池容量和电机的功率等，以确定车辆的混合度，组成性能最佳的混合驱动系统。

4. 动力电池及其管理系统

动力电池是混合动力电动汽车的电能供应和存储装置，其性能的优劣直接影响到驱动电机的性能，从而影响车辆的燃油经济性和排放。混合动力电动汽车使用的动力电池工作负荷大，对功率密度要求较高，但体积和容量小，而且动力电池的 SOC 工作区间较窄，对充放电循环寿命要求高。混合动力电动汽车的专用动力电池好坏是直接决定混合动力电动汽车能否大量推广使用的重要因素之一。如何全面、准确地对动力电池进行管理，是决定动力电池能否发挥最佳效能的重要因素。

5. 整车能量管理控制系统

混合动力电动汽车的整车能量控制系统主要是为了实现进行整车功率控制和工作模式切换的控制。整车能量控制系统控制各个子系统的协调工作，以达到效率、排放和动力性的最佳，同时兼顾车辆行驶的平顺性。

整车能量控制系统根据驾驶人的操作（如加速踏板、制动踏板、变速杆的操作等）判断驾驶人的意图，在满足驾驶人需求的前提下，分配电机、发动机、动力电池等动力部件的功率输出，实现能量利用率的最优管理，使有限的燃油发挥最大的功效。能量管理策略的目标就是使燃油能量转换效率尽可能高。

整车能量控制必须通过有效地控制混合动力系统的工作才能实现，此外，能量控制还需考虑其他车载电气附件和机械附件的能量消耗（如空调、动力转向、制动助力等），以综合考虑整车的能量使用情况。

6. 再生制动能量回收系统

再生制动能量回收是混合动力电动汽车提高燃油经济性的又一重要途径。因为制动关系到行车安全，如何在最大限度回收制动时的车辆动能与保证安全的制动距离和行驶稳定性之间取得平衡，是再生制动系统需要解决的难题之一，所以再生制动系统与车辆防抱死制动系统（ABS）的结合可以完美地解决这一难题。

五、混合动力电动汽车车型举例

这里将列举一些典型的混合动力电动汽车，简单介绍混合动力电动汽车的组成及工作模式。

1. 雪佛兰 Volt

雪佛兰 Volt 串联插电式混合动力电动汽车，通用汽车公司称为增程式电动车，如图 2-1-29 所示。2010 年年底 Volt 在美国批量生产并上市，在 2011 年正式进入我国。

图 2-1-29　2011 雪佛兰 Volt 串联插电式混合动力电动汽车外观

（1）系统组成

雪佛兰 Volt 串联插电式混合动力系统的组成如图 2-1-30 所示。

图 2-1-30　2011 雪佛兰 Volt 串联插电式混合动力系统组成

雪佛兰 Volt 串联插电式混合动力系统采用超过 220 个锂离子电池单元组成动力电池单元，其能量为 16kW·h。Volt 电动系统可产生 110kW 功率、370N·m 输出转矩，最高车速 161km/h，0~96km/h 加速时间为 9s，纯电动模式下续驶里程可达 64km。当行驶里程小于 64km 时，它可完全只依靠一个车载的 16kW·h 锂离子电池所储备的电力来驱动。当电池的电力耗尽时，Volt 则可以通过一个车载的发电机发电来为车辆提供动力，继续行驶数百千米。与传统的电池电动汽车不同的是，Volt 增程型电动车彻底消除了人们对行驶距离的顾虑，它可以使驾驶人完全不用担心由于电池电量耗尽而进退两难的尴尬。

1）发动机。Volt 采用 1.4L 小排量高效发动机，可采用汽油或 E85 乙醇燃料，如图 2-1-31 所示。

图 2-1-31 Volt 1.4L 小排量发动机

2）变速驱动桥。4ET50 变速器由 1 个扭转减振器、1 个液压泵总成、3 个离合器、2 个驱动电机总成（驱动电机功率为 70kW，发电机功率为 53kW）、1 个行星齿轮排、1 个传动小齿轮总成和 1 个差速器支座总成组成，如图 2-1-32 所示。

图 2-1-32 4ET50 变速驱动桥

① 发电机。发电机 A 是交流永磁同步电机，既可用于起动发动机，也可以由发动机驱动产生电能，在某些工作模式下，还可以驱动车辆行驶。

② 驱动电机。驱动电机是交流永磁同步电机，主要用于车辆行驶。在再生制动过程中，驱动电机作为发电机，为车辆进行充电。

③ 行星齿轮组。行星齿轮组的驱动元件为太阳轮，太阳轮由驱动电机驱动。行星架将动力输出至差速器总成，行星架总成安装在差速器传动齿轮上。齿圈根据不同的工作模式，有时固定不动，有时由发动机或发电机驱动。

3）动力电池单元。动力电池单元包括高压接触器、电池包、管理系统等，如图2-1-33所示。

图 2-1-33　通用雪弗兰 Volt 动力电池结构

4）电力控制单元（PCU）。电力控制单元（PCU）控制高压电池组与电机之间的电能传输，将高压直流电转变为三相交流电，为变速器内的三相交流电机提供电能。在再生制动及增程模式下，将交流电转变为直流电，如图2-1-34所示。

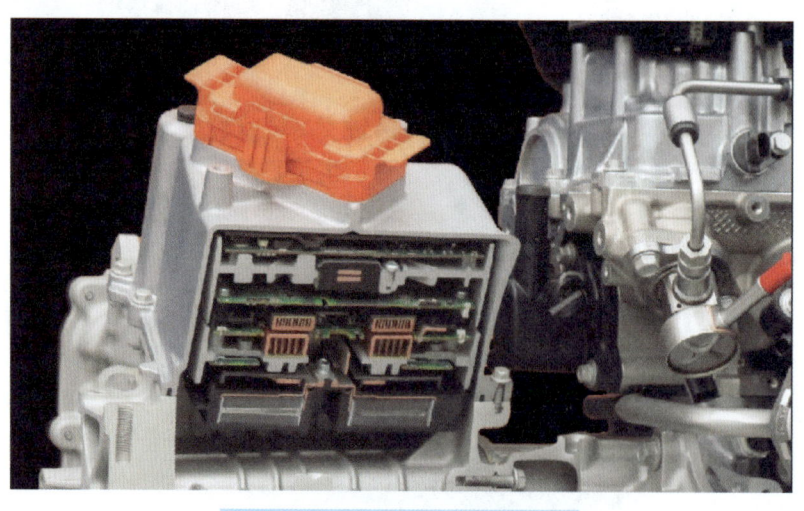

图 2-1-34　电力控制单元（PCU）

（2）系统工作模式

第一代 Volt 混合动力系统的基本组成结构示意图如图2-1-35所示，4ET50 变速器有4种主工作模式和3种附加工作模式。

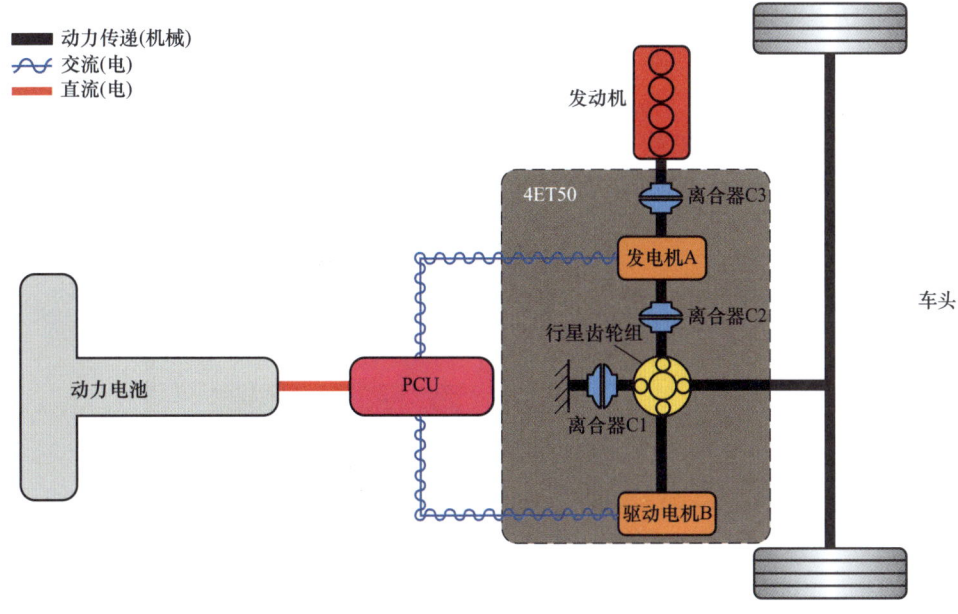

图 2-1-35　通用雪弗兰 Volt 混合动力系统结构示意图

4 种主工作模式：E1（单电机运行）纯电动工作模式、E2（双电机运行）纯电动工作模式、S（串联运行）混动工作模式、LS（输出端动力分配模式）混动工作模式。

3 种附加工作模式：倒档工作模式、再生制动模式和发动机起动模式。

1）E1（单电机运行）纯电动工作模式。汽车电源接通后，变速器辅助液压泵开始工作，为变速器提供工作油液。释放制动踏板并踩下加速踏板后，汽车将会进入 E1 工作模式，如图 2-1-36 所示。

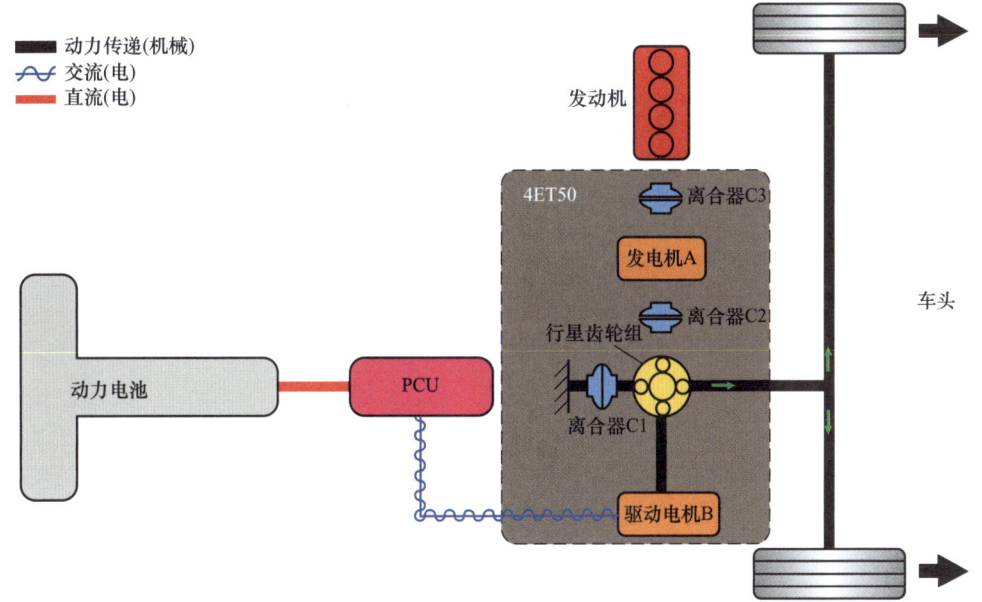

图 2-1-36　E1（单电机运行）纯电动工作模式

在 E1 工作模式下，车辆运行所需的电能来自于高压电池组，由驱动电机 B 提供动力。C1 离合器接合，以保持行星齿轮组的齿圈处于静止状态。

来自高压电池组的直流电逆变为三相交流电，为驱动电机 B 供电，驱动电机 B 驱动太阳轮。由于齿圈保持静止状态，因此旋转转矩则通过行星架减速输出，输送到差速器，并最终传输到驱动轮上。

2）E2（双电机运行）纯电动工作模式。当动力电池电量较高且条件满足时，汽车可能会进入 E2（双电机运行）纯电动工作模式，如图 2-1-37 所示。

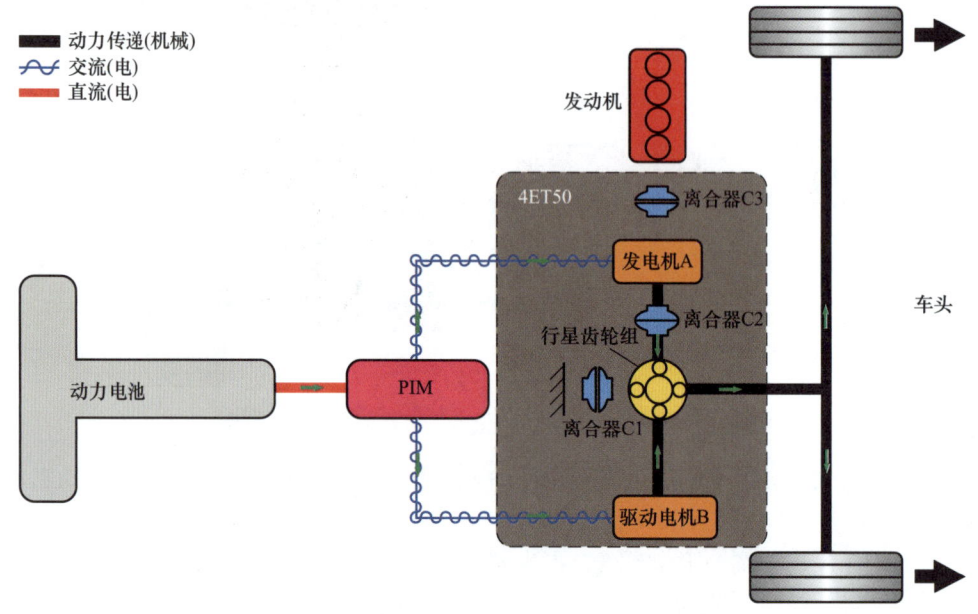

图 2-1-37　E2（双电机运行）纯电动工作模式

① C2 离合器。在 E2 工作模式下，C2 离合器接合后，发电机 A 和驱动电机 B 将会提供输出转矩。

② 直流电从动力电池中流向 PIM，PIM 将直流电转变为三相交流电，并最终根据需要将电流输送到驱动电机 B/ 发电机 A。

③ 发电机 A。发电机 A 驱动齿圈，转矩通过行星架输送到差速器齿轮，并通过差速器传递至驱动轮。

④ 驱动电机 B。驱动电机 B 驱动太阳轮，太阳轮驱动行星架上的行星轮。转矩通过行星架输送到差速器齿轮，并通过差速器传递至驱动轮。

3）S（串联运行）混动工作模式。当 HPCM 确定条件满足时，就会起动发动机，汽车将进入 S 工作模式，如图 2-1-38 所示。

① C1 离合器。C1 离合器运行时将保持行星齿轮组的齿圈处于静止状态。

② C3 离合器。C3 离合器将发电机 A 与扭转减振器相连。

③ 发电机 A。发电机 A 用于产生三相交流电，最终电流将输送到驱动电机 B 和高压电池组。

④ 驱动电机 B。动力电池提供的直流电被转换为三相交流电并输送到驱动电机 B 中。驱动电机 B 的转子旋转进而驱动太阳轮。由于齿圈保持静止状态，因此旋转转矩则通过行星架传输到差速器，并通过差速器传输到驱动轮上。

4）LS（输出端动力分配模式）混动工作模式。当 HPCM 确定条件满足时，就会起动发动机，汽车将进入 S 工作模式，如图 2-1-39 所示。

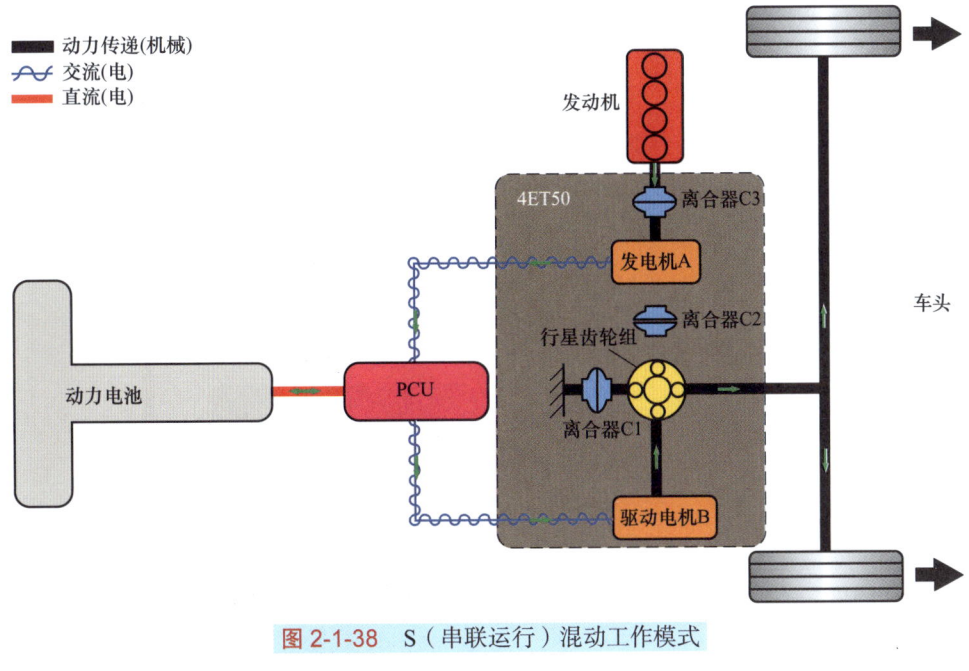

图 2-1-38 S（串联运行）混动工作模式

图 2-1-39 LS（输出端动力分配模式）混动工作模式

① C1 离合器。C1 离合器运行时将保持行星齿轮组的齿圈处于静止状态。
② C3 离合器。C3 离合器将发电机 A 与扭转减振器相连。
③ 发电机 A。发电机 A 用于产生三相交流电，最终电流将输送到驱动电机 B 和动力电池。
④ 驱动电机 B。动力电池提供的直流电被转变为三相交流电并输送到驱动电机 B 中。驱动电机 B 的转子旋转进而驱动太阳轮。由于齿圈保持静止状态，因此旋转转矩则通过行星架传输到差速器，并通过差速器传输到驱动轮上。

来自高压电池组的直流电逆变为三相交流电，为驱动电机 B 供电，驱动电机 B 驱动太阳轮。

由于齿圈保持静止状态,因此旋转转矩则通过行星架减速输出,输送到差速器,并最终传输到驱动轮上。

5)附加工作模式

① 倒档工作模式。当变速杆切换到倒档位 S 时,C1 离合器接合以保持齿圈处于静止状态。驱动电机 B 反向旋转,实现倒档,如图 2-1-40 所示。

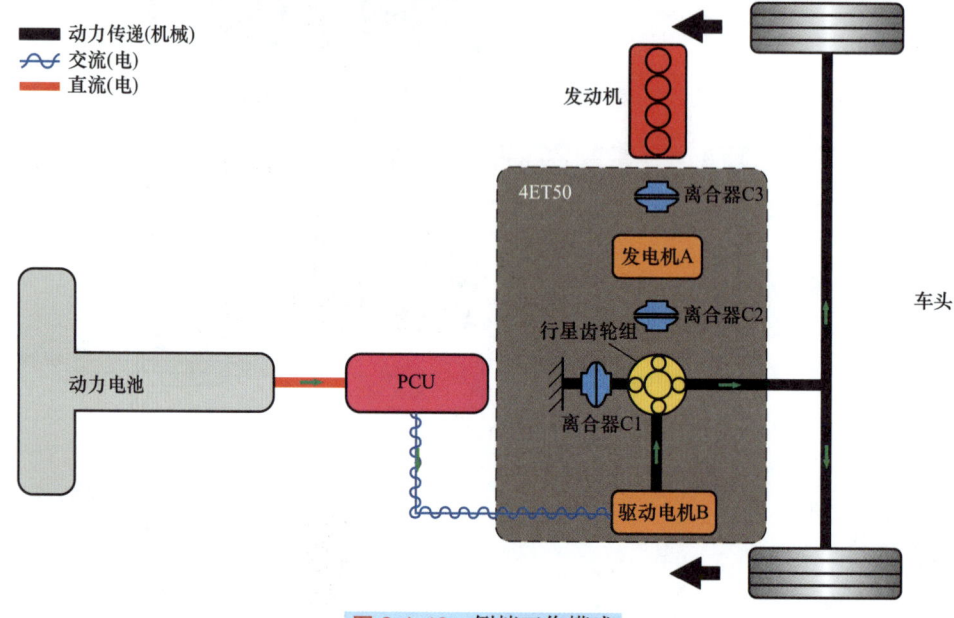

图 2-1-40 倒档工作模式

② 再生制动模式。释放加速踏板或者踩下制动踏板后,再生制动系统首先使汽车减速,汽车的惯性将会使驱动电机 B/ 发电机 A 运行。驱动电机 B/ 发电机 A 在驱动轮上施加反向转矩,从而产生电势,并将所产生的电势输送到动力电池中,如图 2-1-41 所示。

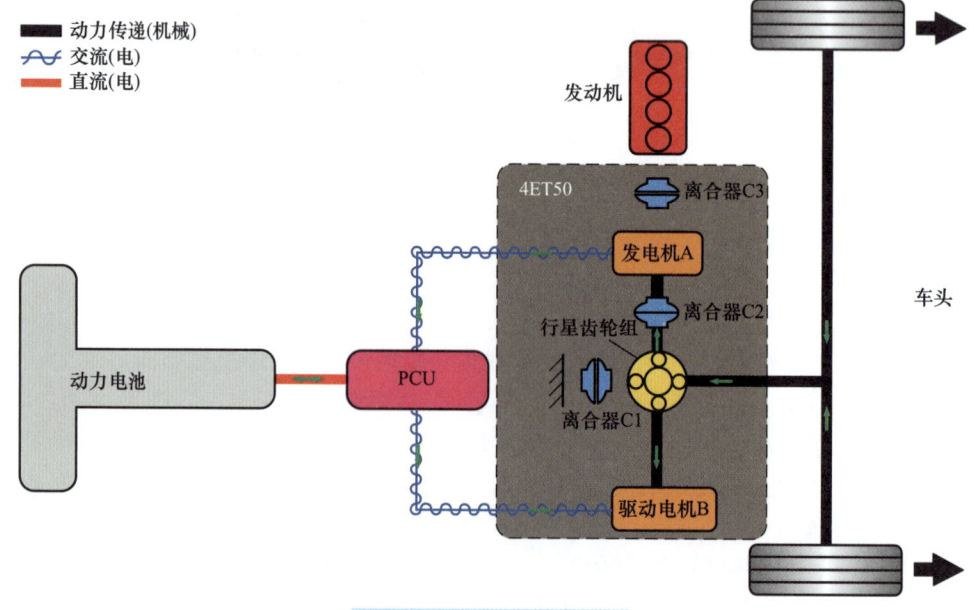

图 2-1-41 再生制动模式

③ 发动机起动模式

a. 发动机起动。当动力电池的电压处于较低水平时，HPCM 向变速器控制模块发出激活扭转减振器离合器的指令。

随后变速器控制模块将会使压力控制电磁阀通电，推动减振器旁通离合器阀来激活扭转减振器液压离合器。当动力电池电压低于预设水平时，HPCM 将会利用发电机 A 来起动发动机。

发动机仅在 S 和 LS 工作模式下才会运行。当发动机处于运行状态后，发电机 A 为驱动电机 B 提供运行所需的电能，并为高压电池组充电。

C3 离合器接合后，将连接扭转减振器与发电机 A 的转子。扭转减振器内部的液压离合器用于发动机的起动控制。发动机起动后，扭转减振器内部的液压离合器即进入释放状态。

b. 发动机停止。根据动力电池实际的电量以及汽车的运行工况，HPCM 可能会向发动机发出停机指令。

比如在怠速以及减速过程中，发动机将会停机以改善燃油经济性能。

当 HPCM 确定发动机需要停机时，就会向变速器控制模块发送起动扭转减振器内部液压离合器的指令。

2. 本田思域

本田 IMA（Integrated Motor Assist 的缩写）系统是典型的并联式混合动力系统，至今已发展到第六代并应用在本田最新的 CR-Z、思域、飞度等车型上。下面以本田思域 IMA 系统为例来说明并联式混合动力系统的基本构成及工作模式。

（1）系统构成

IMA 系统由 4 个主要部件构成，包括发动机、电机、CVT 变速器以及 IPU 智能动力电池单元，如图 2-1-42 所示。电机取代了传统的飞轮用于保持曲轴的运转惯性，整套系统的结构非常紧凑，与传统汽车相比仅是 IPU 模块占用了额外的空间。

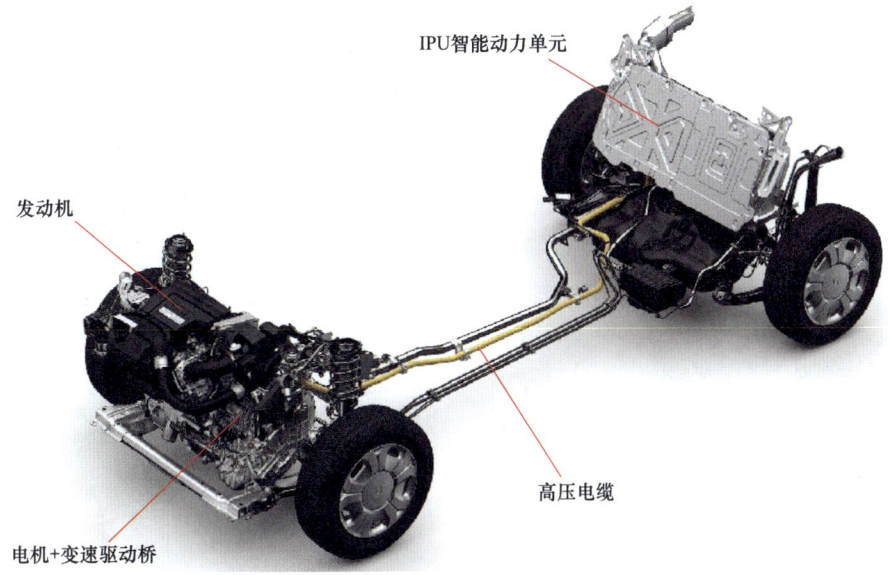

图 2-1-42 本田 Hybrid IMA 混合动力系统

1）发动机。本田思域 IMA 系统的发动机（图 2-1-43）通过搭载本田的 i-VTEC（气门正时及生成可变技术）、i-DSI（双火花塞顺序点火技术）以及 VCM（可变气缸技术）来实现降低油耗的目的。IMA 系统中的发动机和传统车型中的发动机并没有太大区别，只是在调校上更偏向于节省燃料。

图 2-1-43　本田思域 IMA 系统发动机

2）电机。本田思域 IMA 系统的电机安装在发动机与变速器之间，由于电机较薄且结构紧凑，业内俗称"薄片电机"，如图 2-1-44 所示。IMA 系统的电机只起到辅助的作用。由于 IMA 系统能够在特定情况下（如低速巡航）可单独驱动汽车，而被划分到中型混合动力汽车行列。

3）变速驱动桥。IMA 系统的变速器采用的是普通变速器。本田思域采用的是 CVT 变速器，以获得平顺的换档体验及较高的换档效率，如图 2-1-45 所示。

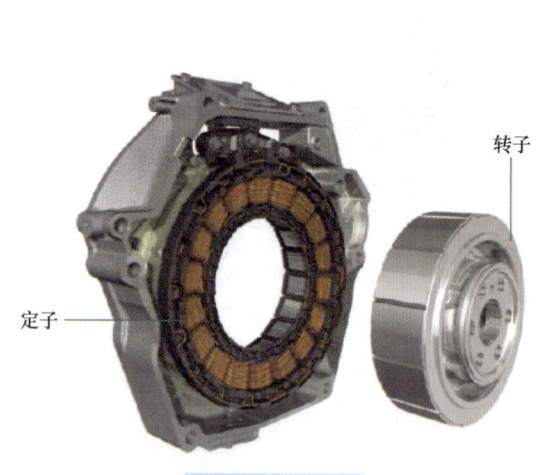

图 2-1-44　电机

图 2-1-45　CVT 变速驱动桥

4）IPU 智能动力电池单元。IMA 系统的 IPU 智能动力电池单元是由 PCU 动力控制单元和电池组成，如图 2-1-46 所示。其中 PCU 由 BCM 电池监控模块、MCM 电机控制模块以及 MDM 电机驱动模块组成。

图 2-1-46 IPU 智能动力电池单元

（2）系统工作模式

这里以 2006 年本田思域为例介绍 IMA 混合动力系的工作模式，如图 2-1-47 所示，详见表 2-1-1。

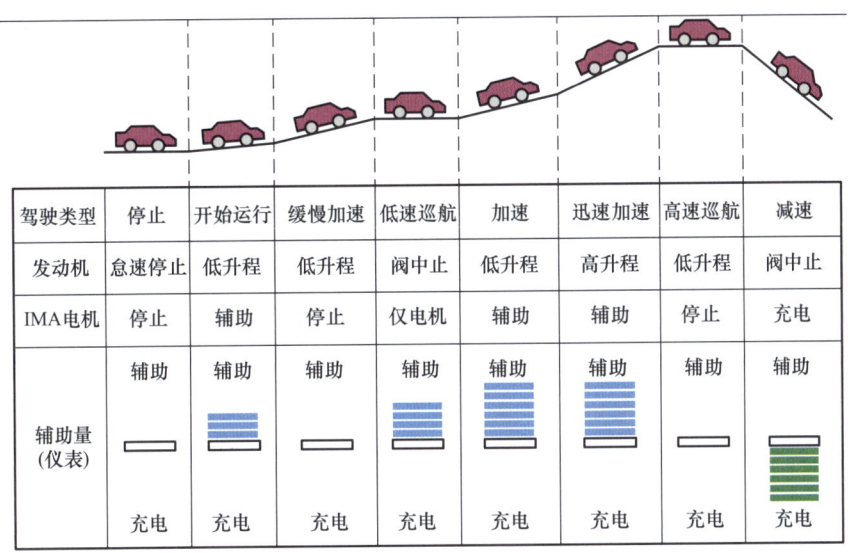

图 2-1-47 IMA 系统工作模式

表 2-1-1 IMA 混合动力系的工作模式

运行模式	说明
车辆停止模式（怠速停止）	如果 IMA 蓄电池充电充足，则发动机停止怠速
起动运行模式（发动机与 IMA 电机）	发动机在低升程凸轮上运行。IMA 电机增加转矩
缓慢加速模式（仅发动机）	发动机在低升程凸轮上运行。IMA 电机未增加转矩
低速巡航模式（仅 IMA 电机）	如果 IMA 蓄电池充电充足，IMA 电机自行起动车辆 进气与排气阀中止减少阀门弹簧压缩与泵送损失
低速模式下加速（发动机与 IMA 电机）	发动机在高升程凸轮上运行。IMA 电机未增加转矩

运行模式	说明
低速模式下高加速（发动机与IMA电机）	发动机在高升程凸轮上运行。IMA电机未增加转矩
高速巡航模式（仅发动机）	发动机在低升程凸轮上运行。IMA电机未增加转矩
减速模式（IMA蓄电池充电）	进气与排气阀中止与减少发动机制动力 IMA电机通过IMA蓄电池充电刺激发动机制动力

1）发动机起动。IMA系统驱动IMA电机，正常起动发动机并在自动停止之后重新起动发动机。IMA电机与发动机曲轴直接相连，所以其比12V起动机更加安静。如果IMA系统发生故障，如动力电池模块充电状态低（SOS）、低温、IMA系统故障等。PCM接收MCM的信号并使用12V起动机起动发动机，如图2-1-48所示。

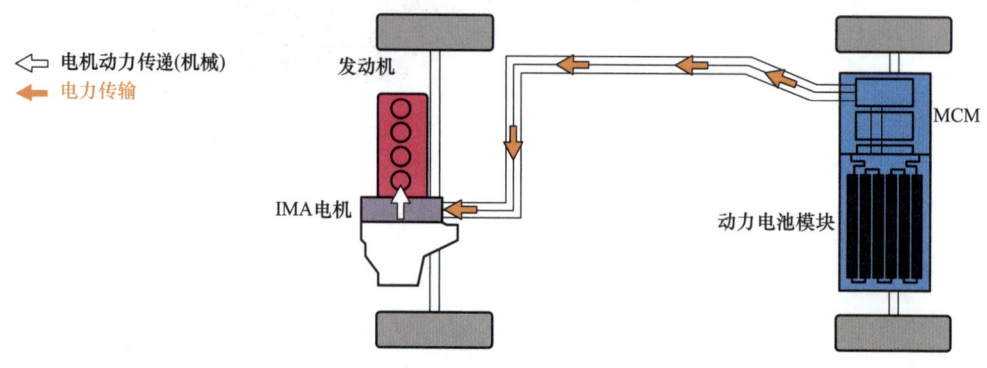

图2-1-48　用起动机起动发动机

2）车辆加速。在加速过程中，动力电池模块为IMA电机供电，电机产生103N·m的最大转矩以辅助发动机。PCM与MCM通信以控制动力电池模块SOC在规定的范围内。当动力电池模块SOC低于规定范围时，MCM停止辅助功能并防止放电过量或损坏动力电池。发动机过冷或过热时，辅助功能失效。这样可以允许使用较小排量的发动机，从而提高燃油经济性，加速工况，如图2-1-49所示。

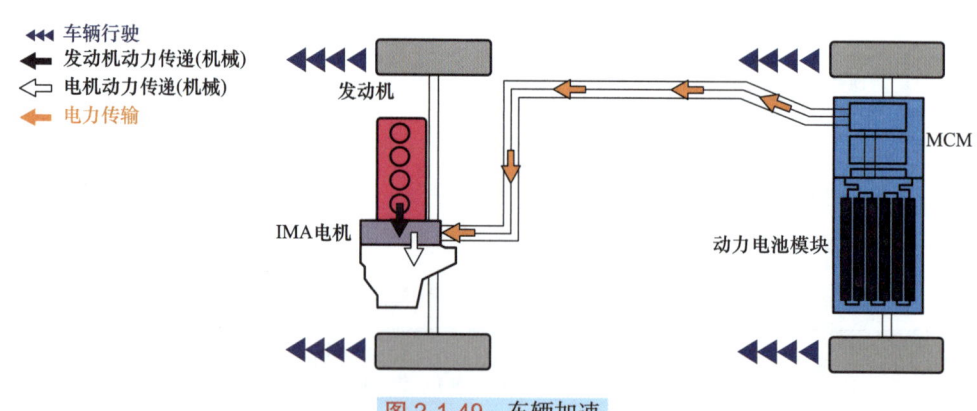

图2-1-49　车辆加速

3）低速巡航状态。在低速巡航状态时，汽油发动机"滑行"，车辆仅由IMA电机提供动力，如图2-1-50所示。车辆行驶速度必须在10~50km/h之间且发动机转速小于1000~1300r/min时才能够进入此模式，进入或退出此模式时，乘客不会觉察出变化，指示灯也不点亮。

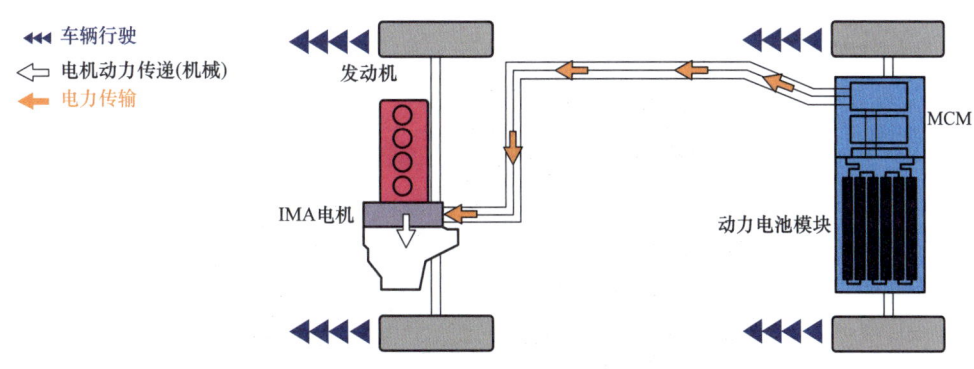

图 2-1-50　低速巡航状态

4）减速状态。在减速过程中，IMA 电机由车轮驱动，并具备发电功能，如图 2-1-51 所示，通过产生电能对动力电池进行充电。在制动过程中，将动能转换成电能并存储在 IMA 动力电池中。当动力电池模块电量充足时再停止发电，以防止动力电池充电过量。

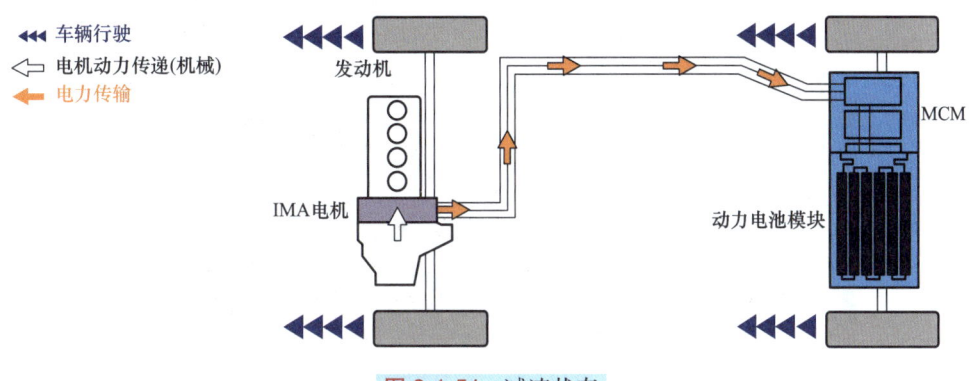

图 2-1-51　减速状态

5）停止状态。当车辆停止时，发动机会进入怠速停止模式，并完成关闭从而达到节油目的，如图 2-1-52 所示。在怠速停止时，IMA 动力电池会继续向空调压缩机和车辆 12V 电气系统提供电能。

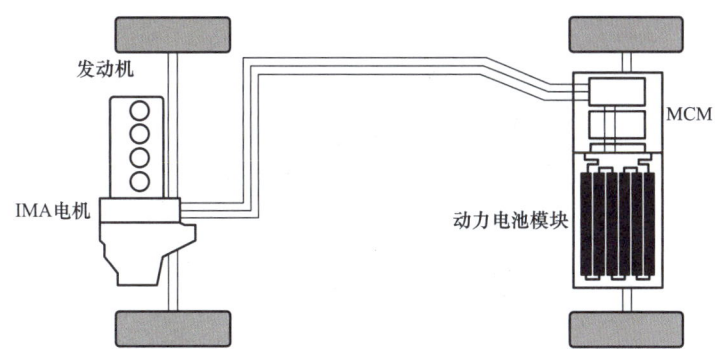

图 2-1-52　停止状态

3. 丰田普锐斯

丰田的 THS（Toyota Hybrid System 的缩写）系统是典型的混联式混合动力系统，属于混联式强（全）混合动力系统。THS 混合动力系统从最初的 THS-Ⅰ发展更新至最新的 THS-Ⅲ。目前在国内国产的主要 THS 混合动力车型有普锐斯（图 2-1-53）、凯美瑞、卡罗拉双擎和雷凌双擎。

图 2-1-53　普锐斯混合动力车型

（1）混合动力系统的组成（图 2-1-54）

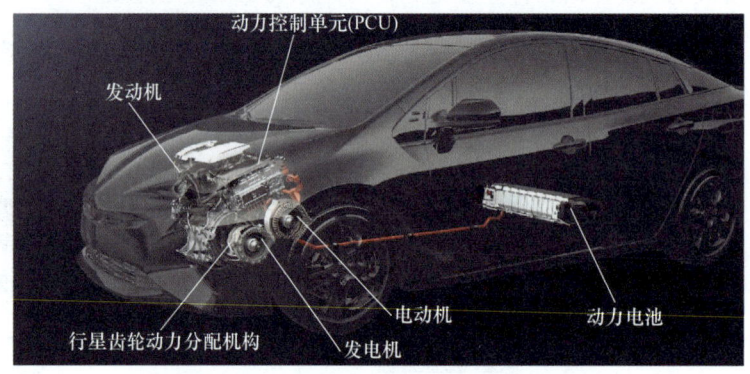

图 2-1-54　丰田普锐斯混合动力系统的组成

1）阿特金森发动机（图 2-1-55）。混合动力系统所采用的发动机追求效率化，力争不浪费一滴油，因此采用了各种新技术。阿特金森循环就是为提高燃油效率而采用的一项技术。

图 2-1-55　阿特金森发动机

2)动力电池。丰田的 HEV 上搭载的高输出功率镍氢蓄电池输出输入功率密度(单位质量的输出功率)高,如图 2-1-56 所示,并且,无须像插电式混合动力汽车(PHEV)和电动汽车(EV)那样由外部电源进行充电,也不需要定期更换。

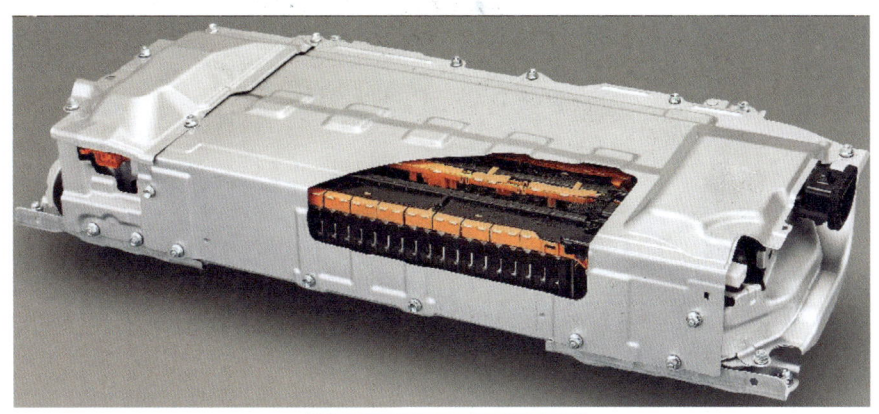

图 2-1-56　镍氢动力电池

3)HEV 变速驱动桥。丰田混合动力系统为了产生动力和进行发电,在 HEV 变速驱动桥内安装了电动机和发电机,如图 2-1-57 所示。

图 2-1-57　混合动力驱动桥

4)动力控制装置(PCU)。利用电动机行驶的丰田 HEV 搭载了由逆变器、可变电压系统、DC/DC 变换器组成的动力控制装置(PCU),如图 2-1-58 所示。这一装置变换直流与交流,对电源电压进行恰当的调整。PCU 不仅由于高输出功率电机发挥了最高的性能,而且还提高了车辆整体的效率。

图 2-1-58 动力控制装置（PCU）

（2）系统工作模式

下面介绍一些典型行驶状况的系统动作。

1）停车（发动机、电动机、动力系统全部停止）。停车时，发动机、电动机、发电机自动停止，不会因怠速无谓地消耗能量，如图 2-1-59 所示。

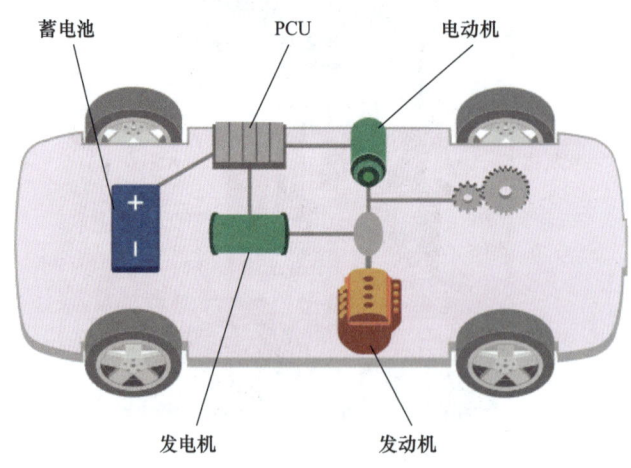

图 2-1-59 停车时的工作模式

2）起步/低速行驶（仅凭减速区间效率高的电动机行驶，停止发动机）。低速区间对发动机来说不是高效率的区间，而电动机在低速区间效率高。因此，起步/低速区间的行驶利用混合动力的电力，依靠电动机的动力行驶，如图 2-1-60 所示。

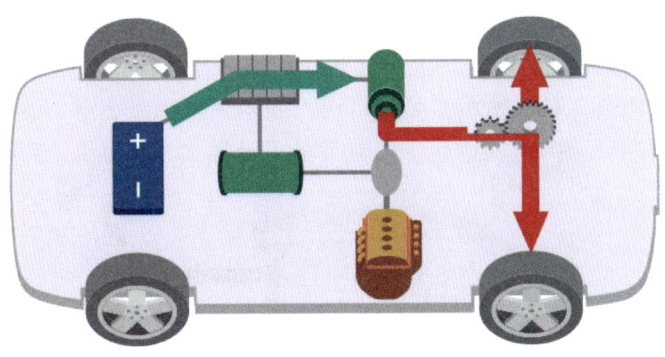

图 2-1-60　起步/低速行驶

3）正常行驶

① 以发动机为主动力的低油耗行驶。在发动机的高效率区间，主要使用发动机的动力行驶。发动机的动力直接驱动轮胎的同时，根据行驶状况，向发电机分配动力。

发电机发出的电驱动电动机，辅助发动机的驱动力。

由于使用了发动机和电动机 2 个动力，因此能够将发动机产生的能量高效地传到路面，如图 2-1-61 所示。

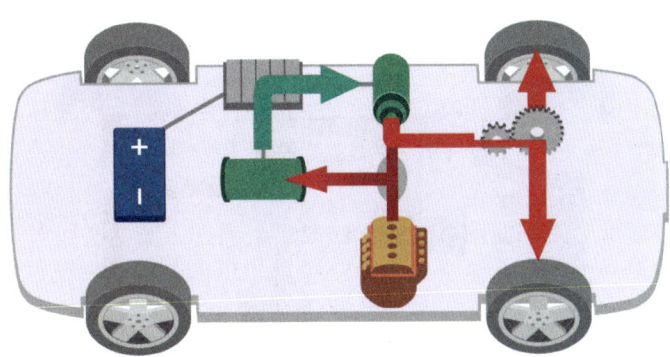

图 2-1-61　以发动机为主动力的低油耗行驶

② 剩余的能量储存于动力电池中。由于优先运转发动机，因此发动机产生的动力有时候使用不完。当发动机产生剩余动力时，发动机将其转变为电力储存于动力电池中，如图 2-1-62 所示。

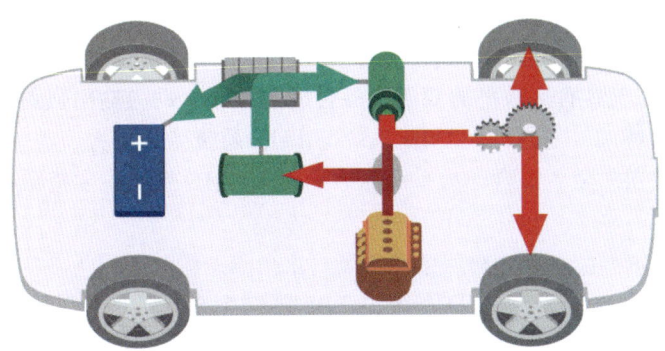

图 2-1-62　剩余的能量储存于动力电池中

4）加速（使用发动机和电动机 2 个动力，使加速上一个档次）。动力电池也提供电力，增加电动机的输出功率。2 个动力合在一起，实现了与高一个等级的汽油发动机车具有相同的动力和平顺的加速性，如图 2-1-63 所示。

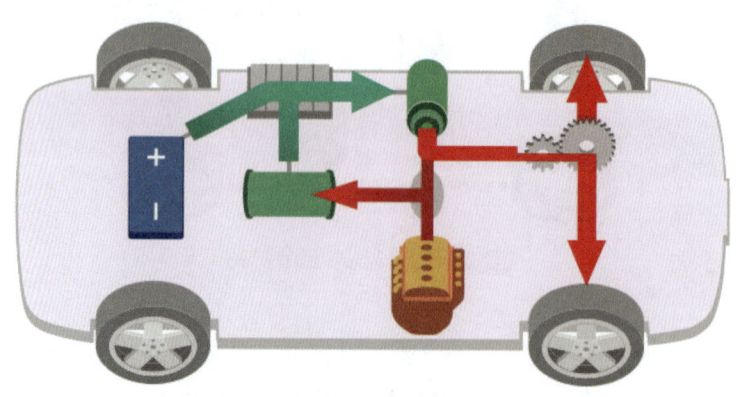

图 2-1-63　加速

5）减速（再生制动，把减速时的能量回收到混合动力蓄电池中）。踩制动踏板或松开加速踏板时，依靠轮胎的旋转驱动电机，将其作为发电机使用。把通常作为热能浪费的减速能量变为电能，有效地回收到动力电池中，如图 2-1-64 所示。

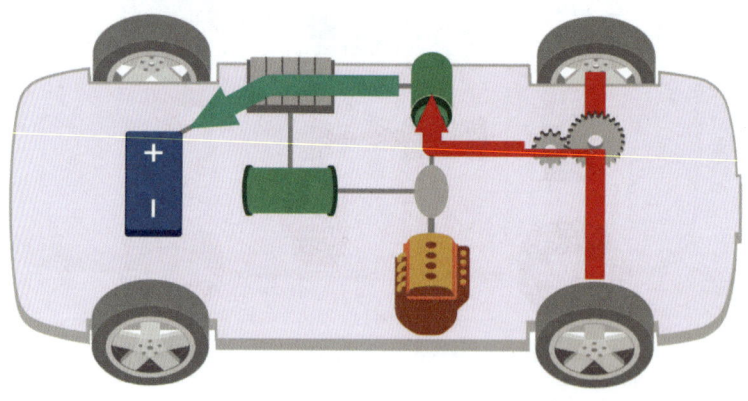

图 2-1-64　减速

4. 本田雅阁

本田公司 2017 年生产的雅阁混合动力车型（图 2-1-65）搭载的是本田最新研发的 Sport Hybrid i-MMD 系统，i-MMD 为 intelligent Multi-Mode Drive 的简称，中文名叫双电机混合动力系统。这套 i-MMD 系统具有高效率的双电机混合动力系统，动力输出强劲且稳定，能提供强劲的动力输出和优异的燃油经济性。i-MMD 系统与 IAM 系统差异较大，与丰田的 THS 系统大体相似，也属于混联式强（全）混合动力系统。本田的 i-MMD 系统主要搭载在雅阁和讴歌的某些车型上。

（1）系统构成

本田雅阁混合动力车型的 i-MMD 系统由 2.0L 阿特金森循环的汽油发动机、发电机、驱动电机和动力分离装置的 e-CVT、PCU（Power Control Unit，动力控制单元）、锂电池组和电动伺服制动系统等部分组成，如图 2-1-66 所示。

图 2-1-65 本田雅阁混合动力车型

图 2-1-66 i-MMD 系统的组成

1）发动机。i-MMD 系统的 2.0L 阿特金森循环的汽油发动机如图 2-1-67 所示。在 iMM 系统中，混合模式下起动汽油机为的只是给电池充电，再让电机驱动车轮。

图 2-1-67　本田 2.0L 阿特金森循环汽油发动机

2）变速驱动桥（e-CVT）。i-MMD 系统搭载的是双电机 e-CVT。e-CVT 主要由离合器、发电机、驱动电机和齿轮机构组成，如图 2-1-68 所示。

图 2-1-68　双电机 e-CVT

3）动力电池。i-MMD 系统配备的动力电池单元内主要由 DC/DC 变换器、电池控制单元、大容量锂离子电池等组成，如图 2-1-69 所示。

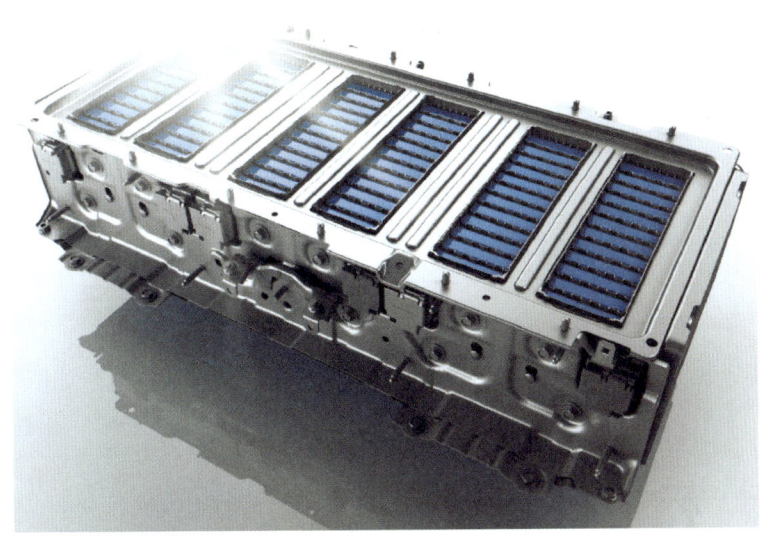

图 2-1-69　动力电池单元

4）动力控制单元（PCU）。i-MMD 系统配备的动力控制单元（PCU）内主要由逆变器、电压控制单元、电机控制单元等组成，如图 2-1-70 所示。

图 2-1-70　动力电池单元

（2）系统工作模式

i-MMD 系统结构是汽油发动机 + 离合器 + 驱动电机 + 发电机 + 动力控制单元（PCU）+ 动力电池组成的，如图 2-1-71 所示。该系统有三种运行模式，纯电动驱动模式（EV Drive Mode）、混合动力驱动模式（Hybrid Drive Mode）和发动机驱动模式（Engine Drive Mode）。

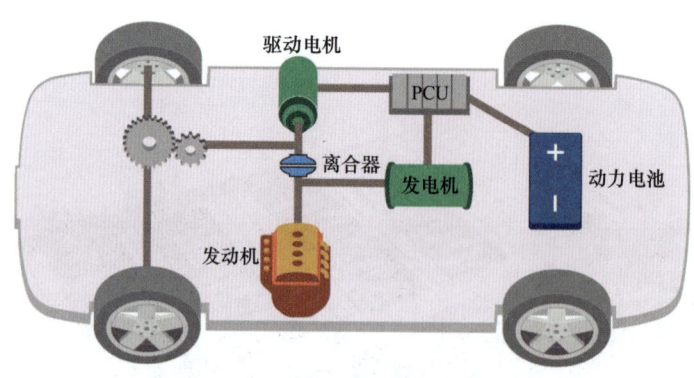

图 2-1-71　i-MMD 系统结构

1）纯电动驱动模式。纯电动驱动模式：动力电池 +PCU+ 驱动电机，如图 2-1-72 所示。

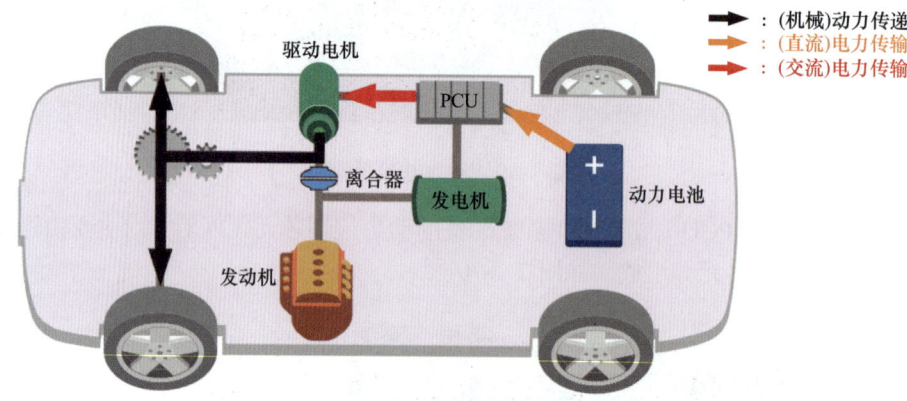

图 2-1-72　纯电动驱动模式

纯电动驱动模式适合城市堵车和低速行驶。这个模式下车辆行驶全靠电机驱动，汽油发动机不起动，动力分离装置断开，驱动车辆行驶的能源来源于动力电池。动力电池内储存的电能经由 PCU 提供给驱动电机，驱动两个前轮转动。如果电池电能不足，汽油发动机才会起动带动发电机发电，提供电能给驱动电机。

当车辆制动时，i-MMD 系统为动力电池充电，这一情况也属于纯电动驱动模式，如图 2-1-73 所示。

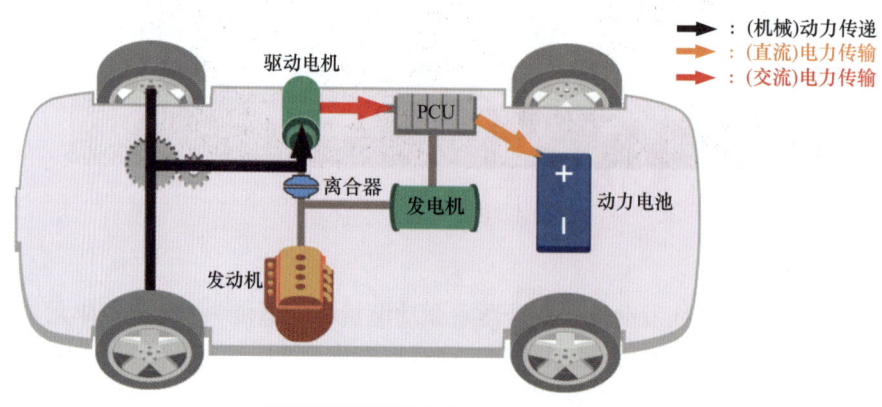

图 2-1-73　纯电动驱动模式充电

2）混合动力驱动模式。混合动力驱动模式：汽油发动机+电动机+PCU+驱动电机，如图 2-1-74 所示。

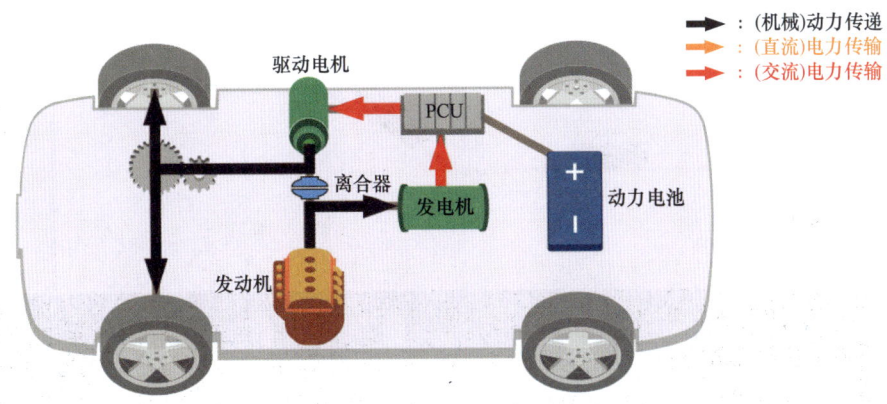

图 2-1-74　混合动力驱动模式

混合动力驱动模式是在加速时使用。该模式是 i-MMD 系统的一大亮点，类似串联（增程）式电动车，车辆并非由电机与汽油发动机合力推进，而是由汽油发动机全力带动发电机，再由发电机给驱动电机供电。汽油发动机做功为驱动电机提供动力，驱动电机提供汽油发动机无法提供的低转速高转矩的特性，让车辆的加速性能更强大。当车辆需要急加速时，动力电池可以提供额外电能，让驱动电机瞬时产生最大转矩输出。

3）发动机驱动模式。发动机驱动模式：汽油发动机+离合器，如图 2-1-75 所示。

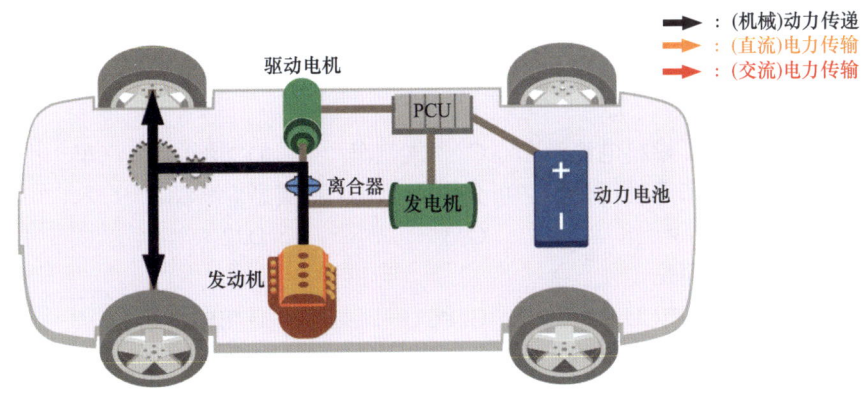

图 2-1-75　发动机驱动模式

发动机驱动模式下，发动机起动，同时，动力分离装置正常联结，发动机转速由驾驶人踏加速踏板深浅控制，通过 e-CVT 电气式无级变速器将机械能直接传递给车轮。为了在加速时候提供更大的动力，其动力电池同时也处于待机状态，在需要时可提供电能给驱动电机，让驱动电机和发动机共同工作。

i-MMD 系统将不同路况和驾驶人的意图综合分析后执行不同的工作模式，如图 2-1-76 所示。

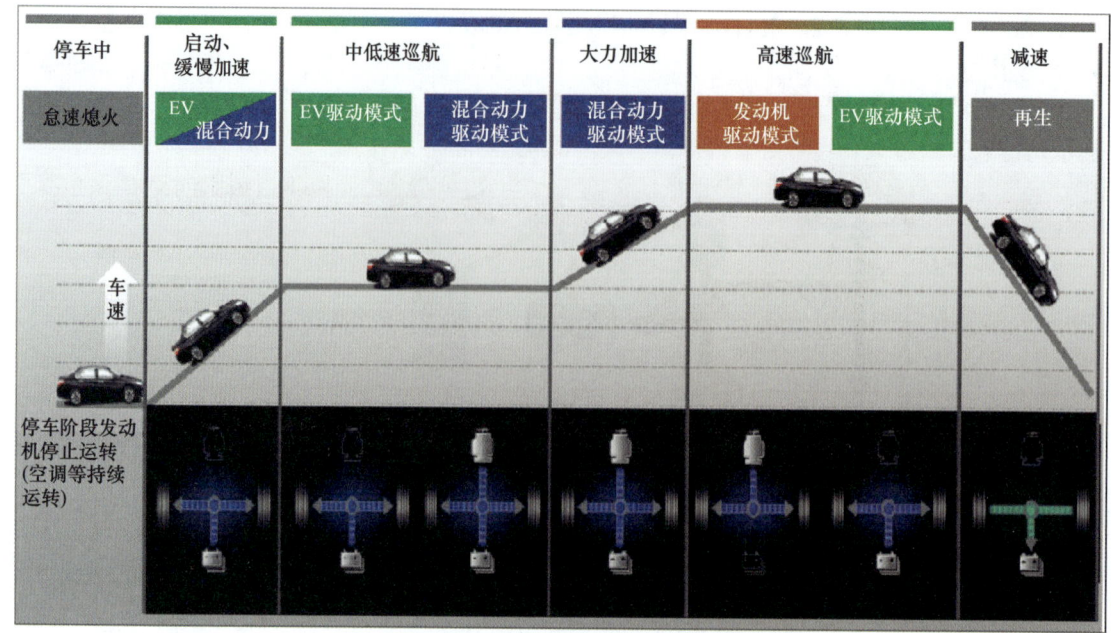

图 2-1-76　i-MMD 系统工作模式

复 习 题

一、选择题

1. 第一辆混合动力的车辆罗纳 – 保时捷（Lohner-Porsche）由（　　）在 1899 年制成。
A. 斐迪南·保时捷　　B. 卡尔·本茨　　C. 丰田喜一郎　　D. 吉斯坦·奥托

2. 大量生产的混合动力车在（　　）年代才出现，分别为丰田 Prius 和本田 Insight。
A. 1970　　　　　　B. 1980　　　　　　C. 1990　　　　　　D. 2000

3. "HEV" 的含义是（　　）。
A. 纯电动汽车　　B. 燃料电池汽车　　C. 燃气汽车　　D. 混合动力汽车

4. 混合动力根据动力来源进行分类，可分为（　　）种类型。
A. 5　　　　　　　B. 4　　　　　　　C. 3　　　　　　　D. 2

5. 动力控制单元的缩写是（　　）。
A. ABS　　　　　　B. ECU　　　　　　C. PCU　　　　　　D. EBD

二、判断题

1. 第一辆混合动力的车辆罗纳 – 保时捷（Lohner-Porsche）由吉斯坦·奥托在 1899 年制成。（　　）

2. 混合动力根据混合程度分类，可分为 3 种类型。（　　）

3. 混合动力根据结构分类，分为串联式、并联式和混联式等 3 种形式。（　　）

4. 动力控制单元主要集成了电压转换器和逆变器，内部有冷却液管路。它主要用于升降电压、直流交流转换等。（　　）

任务二　纯电动汽车

学习目标

经过该任务学习后，将能做到：
- ◆了解纯电动汽车的定义与分类。
- ◆知道纯电动汽车动力系统的结构与工作原理。
- ◆知道纯电动汽车驱动系统的布置形式。
- ◆了解纯电动汽车的特点与关键技术。
- ◆了解一些纯电动汽车车型。

纯电动汽车初步的认知

一、纯电动汽车的定义与类型

1. 纯电动汽车的定义

纯电动汽车是指以车载电源为动力，用电机驱动车轮行驶，符合道路交通、安全法规各项要求的车辆，如图 2-2-1 所示。纯电动汽车上的车载电源一般为动力电池，相当于传统汽车中的燃油箱，电机相当于传统汽车中的内燃机。

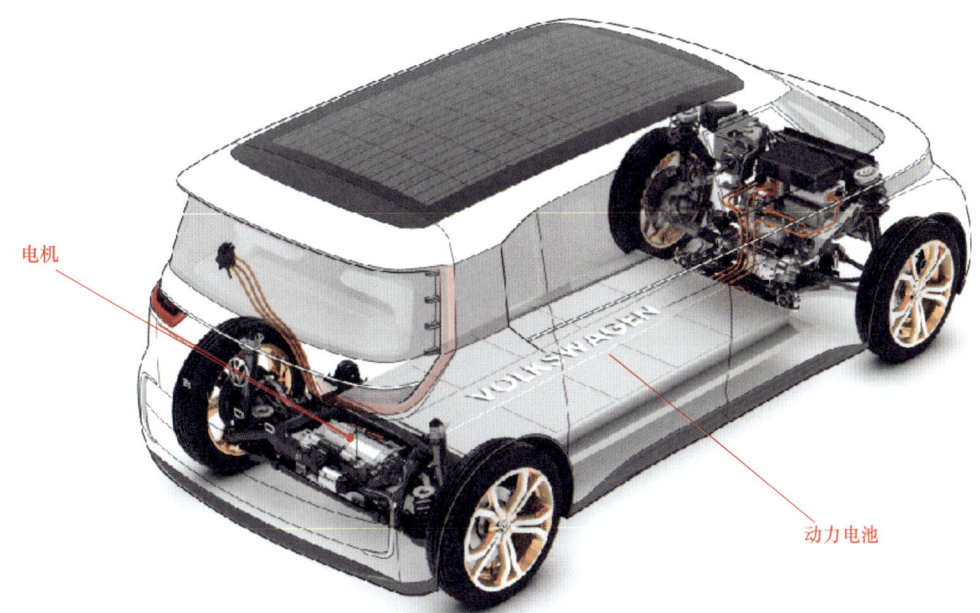

图 2-2-1　大众纯电动概念车

2. 纯电动汽车的类型

纯电动汽车的类型很多，目前主要有两种分类方法：一是根据纯电动车的动力源来进行分类；二是根据动力的布置形式进行分类。

（1）根据动力源进行分类

纯电动汽车根据动力源分类可分为两种类型，即：用动力电池单独作为动力源的纯电动汽车和装有辅助动力源的纯电动汽车。

1)用动力电池单独作为动力源的纯电动汽车。用动力电池单独作为动力源的纯电动汽车,只装置了动力电池,它的电力和动力传输系统如图 2-2-2 所示。

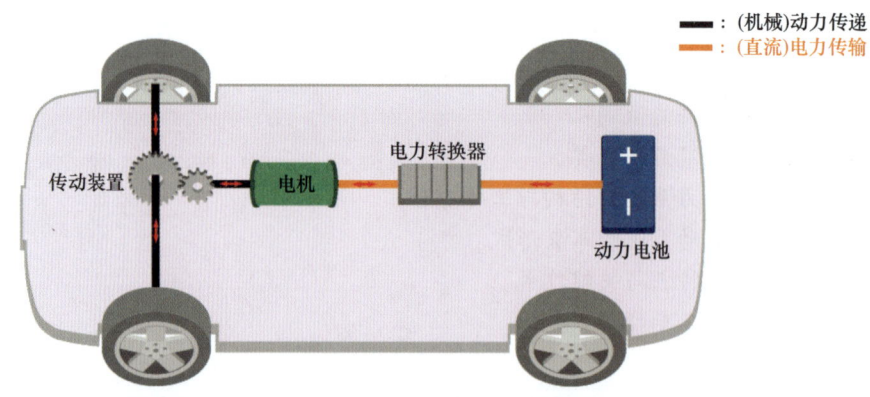

图 2-2-2　动力电池单独作为动力源的纯电动汽车电力和动力传输系统

2)装有辅助动力源的纯电动汽车。动力电池的比能量和比功率较低,动力电池的质量和体积较大。因此,在某些纯电动汽车上增加辅助动力源,如超级电容器、太阳能等,由此改善纯电动汽车的起动性能和增加续驶里程。装有辅助动力源的纯电动汽车的电力和动力传输系统如图 2-2-3 所示。

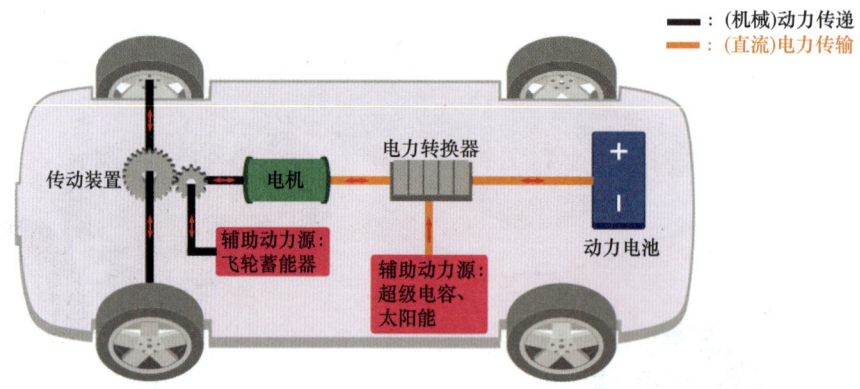

图 2-2-3　装有辅助动力源的纯电动汽车电力和动力传输系统

(2)根据动力的布置形式进行分类

1)车轮(轮毂)电机驱动。搭载车轮(轮毂)电机的不同驱动系配置见表 2-2-1。

表 2-2-1　车轮(轮毂)电机的不同驱动系配置

驱动形式	图示	配置
前桥驱动		2 个车轮(轮毂)电机
后桥驱动		2 个车轮(轮毂)电机
四轮驱动		4 个车轮(轮毂)电机

① 结构。车轮直接连接至车轮电机。现在，内轮驱动概念已被用于电动汽车、电动自行车和电动轮椅。

② 特征

a. 无须驱动轴。

b. 无须差速变速器。

③ 优势

a. 可实现四轮驱动。

b. 车轮电机的输出轴直接位于车轮上，机械损失低，驱动效率高。

c. 可以再生性制动。

④ 劣势

a. 车轮的非簧载质量较传统车高。

b. 驱动部件质量大（影响整辆车的惯性和转矩）。

c. 需要依据独立的车辆概念。

d. 控制复杂。两个电机需要同步运转。

e. 目前仍需要与液压摩擦制动器搭配使用。

f. 车轮上存在空间限制。

2）中央传动系电机驱动。搭载一个中央电机车辆的不同驱动系配置见表 2-2-2。

表 2-2-2 搭载一个中央电机车辆的不同驱动系配置

驱动形式	图　　示	配　　置
前桥驱动		一个中央电机和两根驱动轴
后桥驱动		
四轮驱动		一个中央电机和五根驱动轴，带分动器
四轮驱动		两个中央电机和四根驱动轴

① 结构。电机/发电机驱动变速器、驱动轴，至车轮。在纯电动车中，只需配备减速器。四轮驱动车则只需配备一根前桥驱动驱动轴，或者使用第二台电机。

② 特征

a. 每根驱动桥上有两根驱动轴。

b. 每根驱动桥上有一个差速器。

c. 需要驱动轴。

③ 优势

a. 易于实现单桥驱动。

b. 可以实现四轮驱动。

c. 非常易于组合成混合动力驱动（HEV/PHEV/RXHEV）。

d. 可集成在现有车辆概念中。

④ 劣势
a. 电机/发电机输出轴不在驱动桥上。
b. 需要差速器。
c. 需要减速器。

二、纯电动汽车动力系统的结构与工作原理

下面以比亚迪纯电动汽车 e6 为例,简单介绍纯电动汽车动力系统的基本结构与工作原理。

1. 比亚迪 e6 纯电动汽车的基本结构

比亚迪 e6 纯电动汽车动力系统结构及原理如图 2-2-4 所示,其主要由电动车控制模块、动力模块、高压辅助模块三大模块组成。

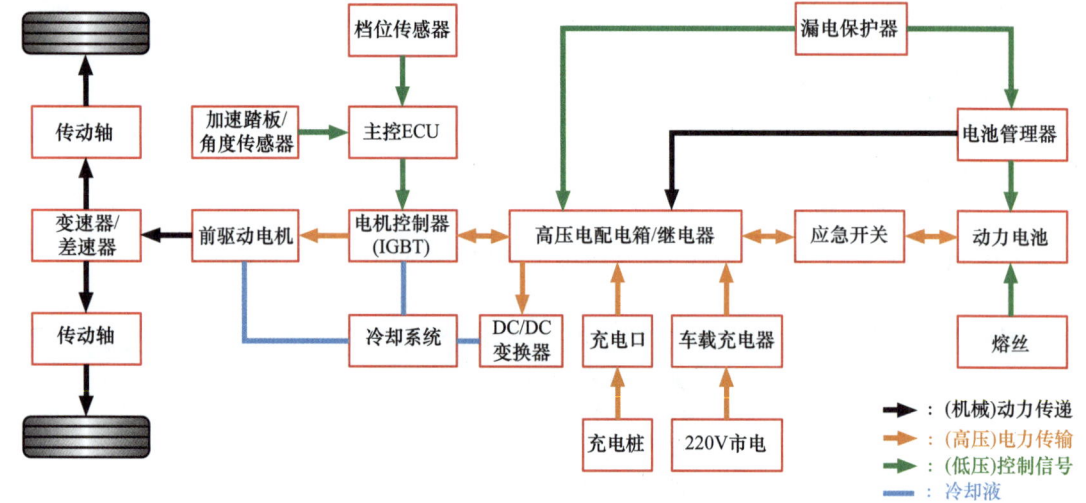

图 2-2-4　比亚迪 e6 纯电动汽车系统结构与工作原理

(1) 控制模块

电动车的控制模块包含电机控制器、DC/DC 变换器、动力配电箱、主控 ECU、档位控制器、加速踏板、电池管理单元等。

1) 电机控制器 (IGBT)。电机控制器负责控制电机的前进、倒退,维持电动车的正常运转。IGBT 用于控制电流,保证能够按照驾驶人的意愿输出合适的电流参数。

2) DC/DC 变换器。DC/DC 变换器负责将 330V 高压直流转低压提供给车载低压用电设备,如蓄电池、电动助力转向系统 (EPS) 等。

3) 高压电配电箱。高压电配电箱对电池包体中巨大的能量进行控制,相当于一个大型的电闸,通过继电器的吸合来控制电流通断,将电流进行分配等。其关键零部件为继电器,为了控制大电流,需要几个继电器的并联工作,这也为继电器工作一致性和可靠性提出了苛刻的要求。

4) 电池管理单元。电池管理单元也称为电源管理器系统 (Battery Management System,简称 BMS),是电动汽车电池系统的参数测试及控制装置,具有安全预警与控制、剩余电量估算与指示、充放电能量管理与过程控制、信息处理与通信等功能。

5) 档位控制器。档位控制器用来控制电动车前进、后退、停车等动作,档位控制类似自动档汽车。

6）主控ECU。主控ECU接受各高压监控系统发出的信号并加以判断，控制冷却系统、制动系统、车速里程等。

7）加速踏板。通过加速踏板控制电流大小，从而控制电机转速。

（2）动力模块

电动车的动力模块包含驱动电机总成、动力电池总成。

1）驱动电机。e6使用的电机为交流无刷电机，通过采集电机旋变信号进行工作。驱动电机根据冷却形式分风冷和水冷，根据结构分为直流有刷电机和直流无刷电机以及交流电机。

2）动力电池总成。动力电池总成是提供整车动力能源的设备，根据电池种类的不同可分为锂电池、镍氢电池和铅酸类电池。

（3）高压辅助模块

电动车高压辅助模块包含车载充电器、漏电保护器、车载充电口和应急开关。

1）车载充电器（AC/DC变换器）。车载充电器主要功用是将220V交流市电转换成直流电后向动力电池充电。需要注意的是：使用家用插座为电动车充电时，也需要考虑插座及线路的承受能力，需要额定电流10A的单项220V插座。如果采用一些伪劣产品的插座，可能导致充电插座烧毁、线路烧熔等安全事故。

2）漏电保护器。漏电保护器通过将一端和负极相连，一端对车身连接，以检测电流和电压值，一旦发现有超出限制的电流和电压，则发出报警，并切断控制模块，保证用电安全。动力蓄电池系统泄漏电流量不超过2mA，整车绝缘电阻值应大于1000/V。

3）充电接口（图2-2-5）。车载充电可分为快充和慢充。为了保证充电迅速高效，使用特定的充电口进行充电，充电时需要保证整车防水密封性要求，并且保证车载充电口能够承受瞬时大电流。

图2-2-5　e6充电接口

4）应急开关。应急开关通常设计为人工操作的安全开关，一般设计在动力电池的正负极近端，以保证通过人工操作应急开关能够在紧急情况下将电池电压封闭。

2. 比亚迪e6纯电动汽车的基本原理

（1）e6上电过程（图2-2-6）

（2）充电过程

充电桩的 380V 高压充电桩通过车辆上的充电口，或者 220V 市用电源通过车载充电器升压后输电给车上的配电箱，配电箱经应急开关后对动力电池进行充电。在充电过程中，电池管理器一直监控着动力电池的温度和电压，如果发现动力电池内部某单体温度或电压过高，就会切断配电箱给动力电池的供电。

（3）放电过程

动力电池在电池管理器和漏电保护器的监控下，通过应急开关输电给配电箱，配电箱根据车辆的实际用电情况分配电量。一部分电量流向电机控制器，主控 ECU 根据驾驶人操作信息（接收加速踏板角度传感器和档位控制器的信号）控制电机控制器的工作。电机控制器主要控制流向电机的电量大小，以及控制电机正反转来驱动车辆前进或后退。另一部分从配电箱流向 DC/DC 变换器的电量，经过 DC/DC 变换器将高压直流电转化为低压直流电，为车辆电动液压助力转向系统提供 42V 的电源，同时还为整车用电设备提供 12V 的电源。

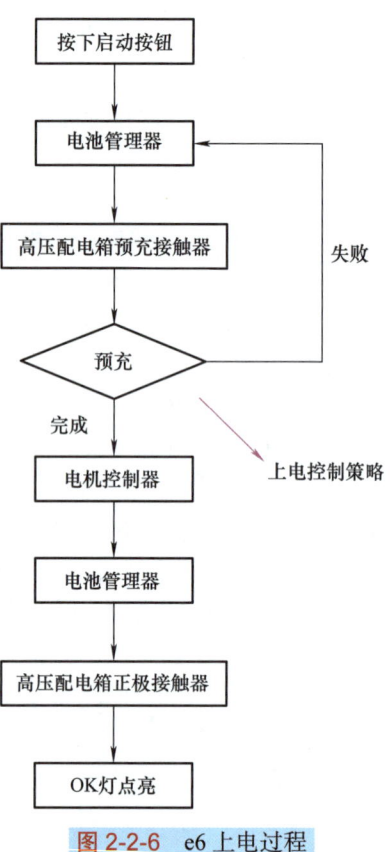

图 2-2-6　e6 上电过程

三、纯电动汽车驱动系统的布置形式

电动汽车的驱动系统是电动汽车的核心部分，其性能决定了电动汽车运行性能的好坏。电动汽车的驱动系统布置取决于电机驱动系统的方式。

常见的驱动系统布置形式有传统驱动模式、电机-驱动桥组合式驱动模式、电机-驱动桥整体式驱动模式和轮毂电机驱动模式等几种。

1. 传统驱动模式

图 2-2-7 所示与传统汽车驱动系统的布置方式一样，带有离合器和变速器，只是将发动机换成驱动电机，属于改造型电动汽车。这种布置形式特点是电机轴与驱动轴相互垂直，这样可以提高电动汽车的起动转矩，增加低速时电动汽车的后备功率。

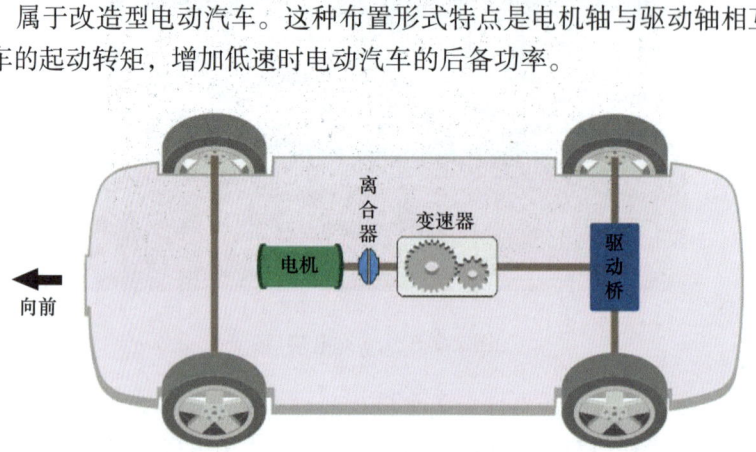

图 2-2-7　传统驱动模式

2. 电机-驱动桥组合式驱动模式

如图 2-2-8 所示，电机-驱动桥组合式驱动模式取消了离合器和变速器，主要是由电机和减差速器组成，分为前驱型和后驱型。这种模式的优点是可以继续沿用传统汽车中的动力传动装置，只需要一组电机和逆变器。这种模式对电机的要求较高，不仅要求电机具有较高的起动转矩，而且要求具有较大的后备功率，以保证电动汽车的起动、爬坡、加速超车等动力性。

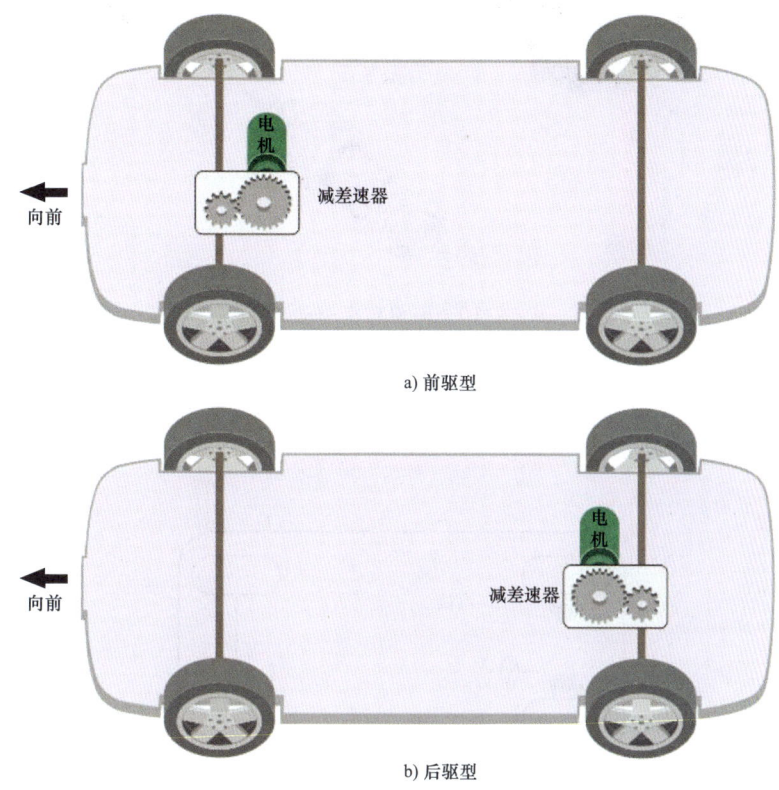

a) 前驱型

b) 后驱型

图 2-2-8 电机-驱动桥组合式驱动模式

3. 电机-驱动桥整体式驱动模式

图 2-2-9 为电机-驱动桥整体式驱动模式。该模式是将电机装到驱动轴上，直接由电机实现变速和差速转，如图 2-2-10 所示。这种传动方式同样对电机有较高的要求，要求有大的起动转矩和后备功率，同时不仅要求控制系统有较高的控制稍度，而且要具备良好的可靠性，从而保证电动汽车行驶的安全、平稳。

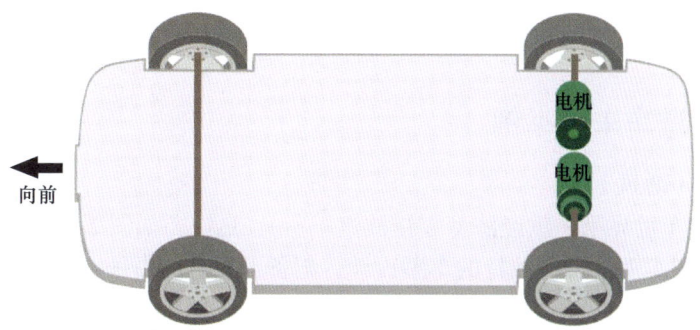

图 2-2-9 电机-驱动桥组合式驱动模式

图 2-2-10　电机直接驱动车轮

4. 轮毂电机驱动模式

图 2-2-11 是轮毂电机驱动模式,与图 2-2-9 比较接近,这种布置方式是将电机直接装到了驱动轮上,由电机直接驱动车轮行驶。

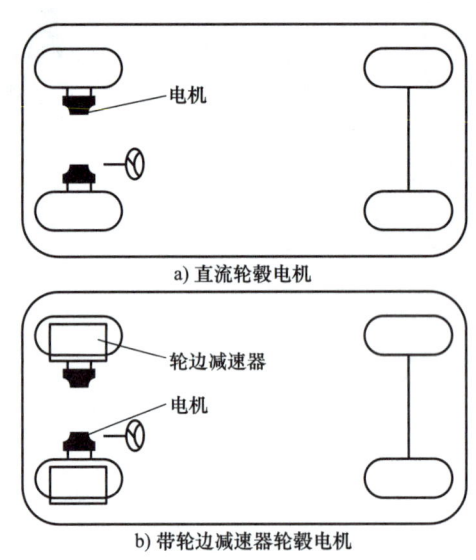

a) 直流轮毂电机

b) 带轮边减速器轮毂电机

图 2-2-11　轮毂电机驱动模式

四、纯电动汽车车型举例

1. 日产 LEAF(聆风)

2009 年日产发布世界第一款经济型零排放汽车——LEAF,如图 2-2-12a 所示,真正做到了零排放的动力总成和车型平台,独特的车型设计,配备了先进的由锂离子电池驱动的车辆底盘,全球领先的巡航里程为 160km。2017 年日产发布了全新一代 LEAF,巡航里程提高到 400km,如图 2-2-12b。

项目二 新能源汽车的构造与工作原理 | 57

a) 旧一代LEAF(聆风)

b) 新一代LEAF(聆风)

图 2-2-12 日产 LEAF(聆风)纯电动汽车

日产 LEAF 的充电方式也非常便捷（图 2-2-13），通过快速充电，只需 30min 即可充至 80% 的电量，通过 10min 的快速充电就可行驶 50km。在家充电时，使用家用交流电，大约需要 8h 可以使车辆充满。日产 LEAF 的主要部件如图 2-2-14 所示。

图 2-2-13 LEAF 快充

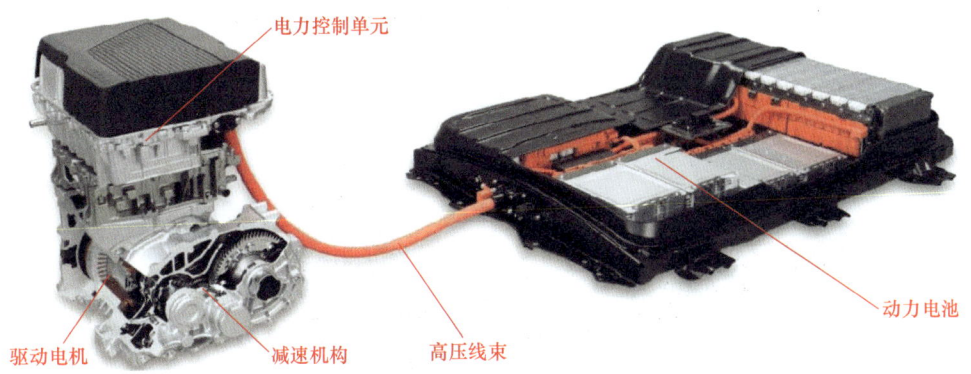

图 2-2-14 日产 LEAF(聆风)主要部件

2. 荣威 E50

荣威 E50 是一辆纯电动的轿车，由上汽集团历时 3 年自主研发，汇集众多国际先进技术，合力打造出的一款通过电池和电机有机结合，实现零排放、纯电驱动的新能源车，如图 2-2-15 所示。

图 2-2-15 荣威 E50 纯电动汽车

荣威 E50 搭载了高性能的电驱动力系统，其中包括具有高技术含量的核心部件，真正实现零排放。镍钴锰酸锂电池，最大续驶里程达到 170km，0~50km/h 加速时间 5.6s，百千米加速时间为 14.6s，该电池总能量为 18kW·h；具有快充和慢充两种充电模式，一次充电后，在匀速下续航里程在 220km 以上。

3. 江淮 iEV6S

iEV6S 是江淮旗下新能源 SUV 车型，该车于 2016 年 4 月 25 日第十四届北京车展正式发布上市，如图 2-2-16 所示。它是江淮汽车历经 9 年技术积累，6 代产品研发的品质产品。

图 2-2-16 江淮 iEV6S 纯电动汽车

江淮 iEV6s 搭载峰值功率为 85kW、峰值转矩 270N·m 的永磁同步电机（图 2-2-17），最高时速为 130km/h，0~50km 加速时间为 3.9 s。动力电池为三元材料，长程充电综合工况续驶里程 251km，60km/h 等速行驶续航高达 300km。

图 2-2-17　江淮 iEV6S 的基本组成

4. 奥迪 R8 e-tron

奥迪 R8 是一款超跑车型，虽然最高时速刚刚摸到超跑俱乐部的边，但奥迪独特的科技以及魅力还是很能打动人的。奥迪根据 R8 车型衍生出来的 R8 e-tron 车型是一款纯电动概念车，如图 2-2-18 所示。

图 2-2-18　奥迪 R8 e-tron 电动超跑概念车

R8 e-tron 电动超跑概念车使用两台异步电机驱动（图 2-2-19）。锂离子电池组重 550kg，53kW·h 的容量可提供 250km 的续航里程。0~100km/h 仅需 4.8s，若电量耗尽，使用标准家用电源需要 6~8h 才能补足，但使用快充功能则只需 2.5h。锂离子电池组被安放在驾驶舱之后，使用液冷系统控制温度，轴荷分配 42∶58，如图 2-2-20 所示。

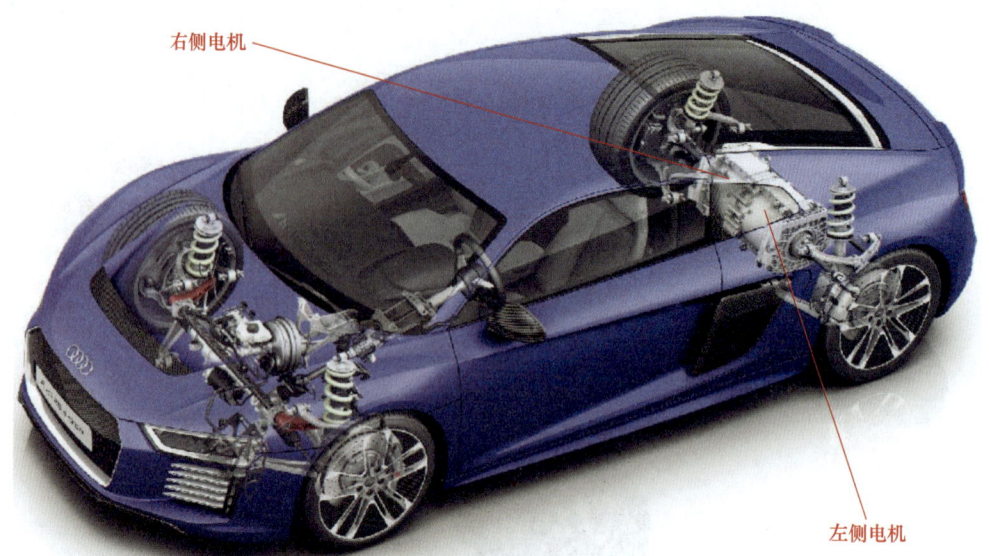

图 2-2-19　奥迪 R8 e-tron 的电机

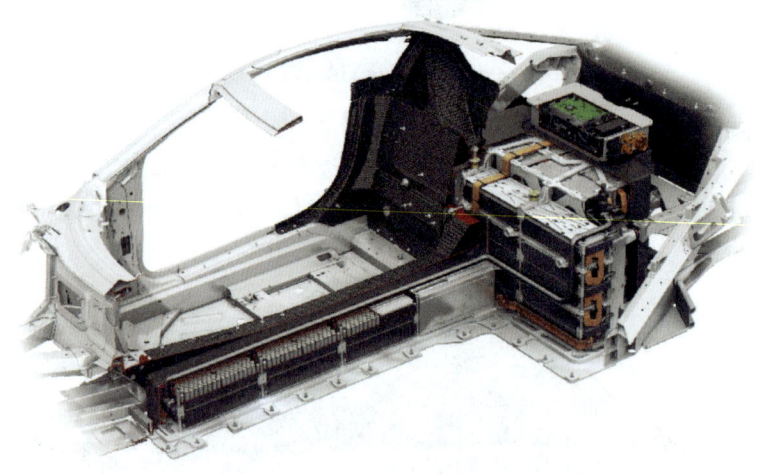

图 2-2-20　奥迪 R8 e-tron 的动力电池

复 习 题

一、选择题

1. 纯电动汽车上的车载电源一般为动力电池，相当于传统汽车中的（　　）。
   A. 发动机　　　　　B. 燃油箱　　　　　C. 变速器　　　　　D. 蓄电池
2. 纯电动汽车的（　　）相当于传统汽车中的内燃机。
   A. 动力电池　　　　B.DC/DC　　　　　C. 电机　　　　　　D. 辅助蓄电池
3. 纯电动汽车的类型很多，目前主要有（　　）种分类方法。
   A.2　　　　　　　　B.3　　　　　　　　C.4　　　　　　　　D.5
4. 纯电动汽车根据动力的布置形式进行分类，可分为（　　）种类型。
   A.5　　　　　　　　B.4　　　　　　　　C.3　　　　　　　　D.2

5. 下面说法有误的一项是（   ）。

A. 比亚迪 e6 纯电动汽车主要由电动车的控制模块、动力模块、高压辅助模块三大模块组成

B. 电机控制器负责控制电机的前进、倒退，维持电动车的正常运转

C. DC/DC 变换器负责将高压交流转低压直流提供给车载低压用电设备

D. 电池管理单元也称为电源管理器系统（BMS），是电动汽车电池系统的参数测试及控制装置。

二、判断题

1. 纯电动汽车是指以车载电源为动力，用电机驱动车轮行驶，符合道路交通、安全法规各项要求的车辆。（   ）

2. 纯电动汽车根据动力源进行分类可分为两种类型，即：用纯蓄电池作为动力源的纯电动汽车和装有辅助动力源的纯电动汽车。（   ）

3. 装有辅助动力源纯电动汽车电力和动力传输系统的结构要比动力电池单独作为动力源的纯电动汽车的结构简单。（   ）

4. 电动车高压辅助模块包含有车载充电器、漏电保护器、车载充电口、应急开关。（   ）

5. 电动汽车的 DC/DC 变换器是电动汽车的核心部分，其性能决定电动汽车运行性能的好坏。（   ）

任务三　燃料电池电动汽车

学习目标

经过该任务学习后，将能做到：

◆ 知道燃料电池电动汽车的类型。

◆ 知道燃料电池电动汽车的基本结构与工作原理。

◆ 知道丰田 Mirai 和本田 Clarity 燃料电池电动汽车的基本结构。

燃料电池电动汽车初步的认知

燃料电池电动汽车（Fuel Cell Electric Vehicle，FCEV）是采用燃料电池作为电源的电动汽车。

一、燃料电池电动汽车的类型

1. 按燃料特点分类

燃料电池电动汽车按燃料特点可分为直接燃料电池电动汽车和重整燃料电池电动汽车两种。

（1）直接燃料电池电动汽车

直接燃料电池电动汽车的燃料主要是氢气。直接燃料电池电动汽车排放无污染，被认为是最理想的汽车，但存在氢的制取和存储困难等缺点。

（2）重整燃料电池电动汽车

重整燃料电池电动汽车的燃料主要有汽油、天然气、甲醇、甲烷、液化石油气等。重整燃料电池电动汽车的结构比氢燃料电池电动汽车复杂得多。

2. 按燃料氢的存储方式分类

燃料电池电动汽车按燃料氢的存储方式可分为压缩氢燃料电池电动汽车、液氢燃料电池电动汽车和合金（碳纳米管）吸附氢燃料电池电动汽车三种。

3. 按供电配置不同分类

燃料电池电动汽车按供电配置不同，可分为纯燃料电池驱动（PFC）式、燃料电池与辅助蓄电池联合驱动（FC+B）式、燃料电池与超级电容联合驱动（FC+C）式、燃料电池与辅助蓄电池和超级电容联合驱动（FC+B+C）式四种。

（1）纯燃料电池驱动（PFC）式电动汽车

纯燃料电池驱动的电动汽车只有燃料电池一个动力源，汽车的所有功率负荷都由燃料电池承担。纯燃料电池驱动的电动汽车的动力系统结构如图 2-3-1 所示。

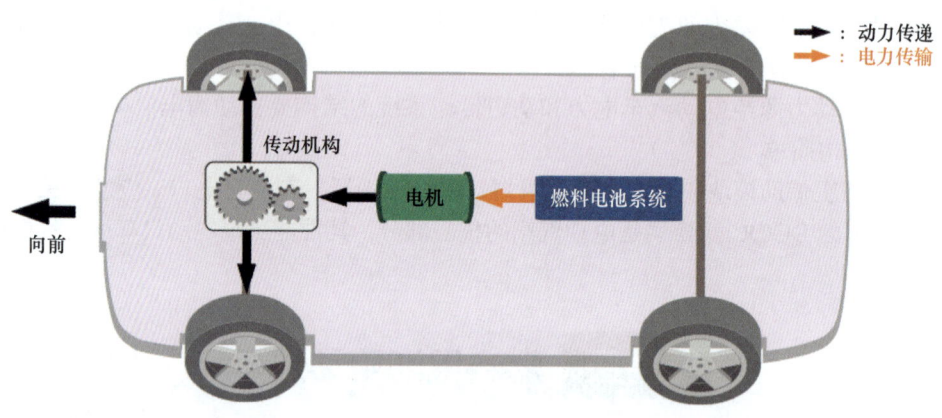

图 2-3-1　纯燃料电池驱动的电动汽车的动力系统结构

（2）燃料电池与辅助蓄电池联合驱动（FC+B）式电动汽车

燃料电池与辅助蓄电池联合驱动的燃料电池电动汽车的动力系统结构如图 2-3-2 所示。该结构是典型的串联式混合动力结构。在该动力系统结构中，燃料电池和蓄电池一起为电机提供能量，电机将电能转化成机械能传给传动系统，从而驱动汽车行驶；在汽车制动时，电机变成发电机，蓄电池将储存回馈的能量。

在燃料电池和蓄电池电池联合供能时，燃料电池的能量输出变化较为平缓，随时间变化波动较小，而能量需求变化的高频部分由蓄电池分担。

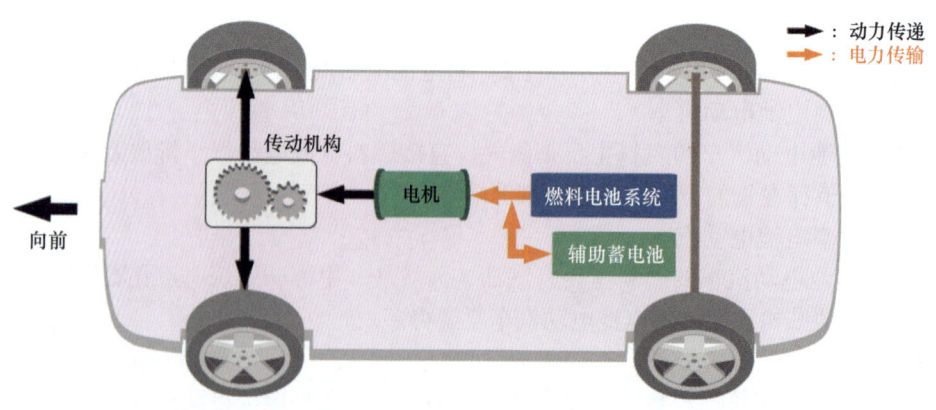

图 2-3-2　纯燃料电池驱动的电动汽车的动力系统结构

（3）燃料电池与超级电容联合驱动（FC+C）式电动汽车

燃料电池+超级电容的结构和燃料电池+蓄电池结构相似，只是把辅助蓄电池换成超级电容，如图2-3-3所示。相对于辅助蓄电池，超级电容充放电效率高，能量损失小，功率密度大，回收制动能量方面比辅助蓄电池有优势，循环寿命长，但是超级电容的能量密度较小，随着超级电容技术的不断发展，这种结构将成为一种新的重要研究方向。

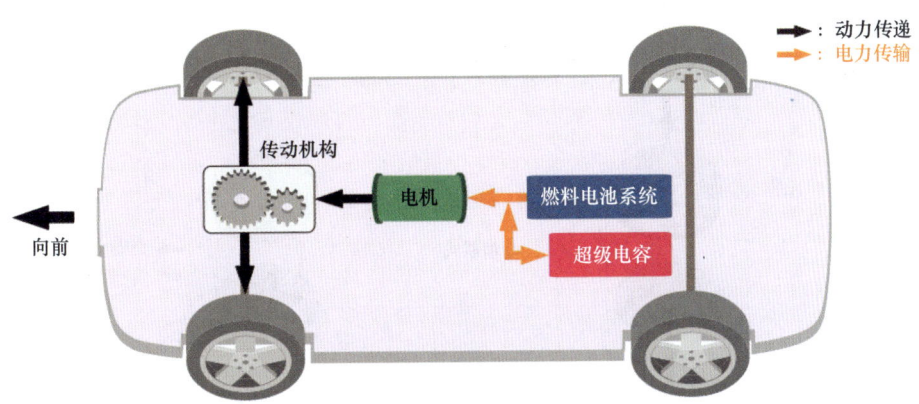

图2-3-3　燃料电池+超级电容结构的动力系统

（4）燃料电池与辅助蓄电池和超级电容联合驱动（FC+B+C）式电动汽车

燃料电池+辅助蓄电池+超级电容联合驱动的电动汽车的动力系统结构如图2-3-4所示，该结构也为并联式混合动力结构。在该动力系统结构中，燃料电池、辅助蓄电池和超级电容一起为电机提供电能，电机将电能转化成机械能经传动系统传给车轮，从而驱动汽车行驶；在汽车制动时，进入能量回收模式，驱动电机变成发电机，发电产生的电能回馈储存到辅助蓄电池和超级电容中。在燃料电池、辅助蓄电池和超级电容联合供电时，燃料电池的电能输出较为平缓，随时间变化波动较小，而电能需求变化的低频部分由辅助蓄电池承担，能量需求变化的高频部分由超级电容承担。在这种结构中，各动力源的分工更加明细，使它们发挥各自的优势。

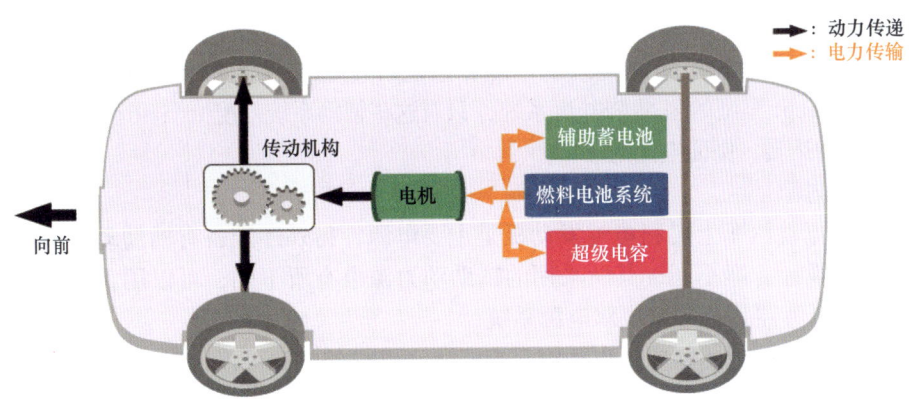

图2-3-4　燃料电池与辅助蓄电池和超级电容联合驱动（FC+B+C）式电动汽车

二、燃料电池电动汽车的基本结构与工作原理

1. 基本结构

现在的燃料电池电动汽绝大多数采用的是混合式燃料电池驱动系统，将燃料电池与辅助动

力源相结合,燃料电池可以只满足持续功率需求,借助辅助动力源提供加速、爬坡等工况所需的峰值功率,而且在制动时可以将回馈的能量储存在辅助动力源中。混合式燃料电池驱动系统有并联式和串联式两种,如图2-3-5所示。

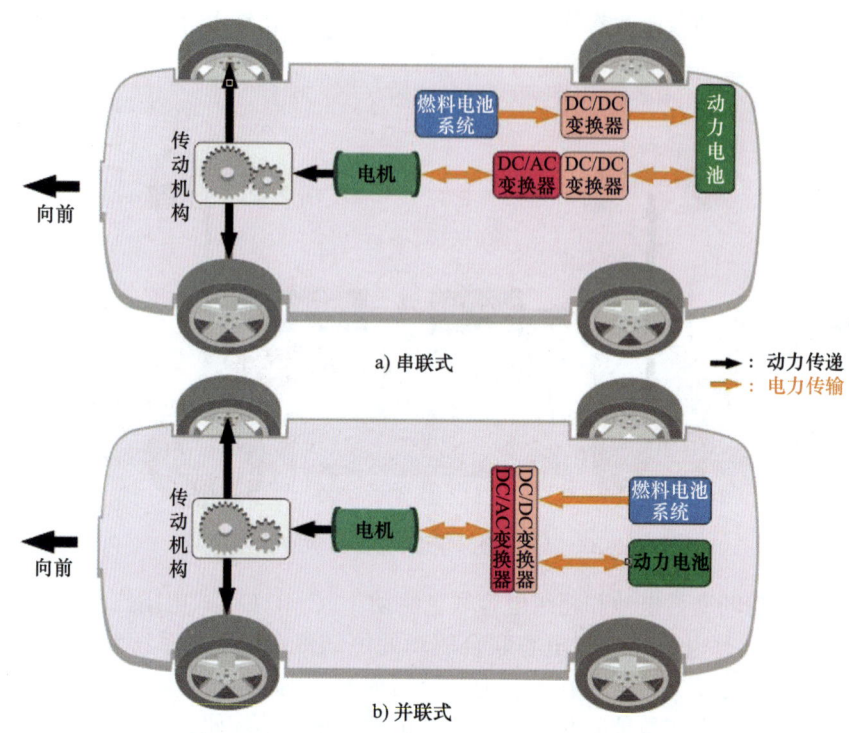

图2-3-5 混合式燃料电池电动汽车驱动系统结构框图

混合式燃料电池电动汽车的动力系统主要由燃料电池系统、辅助动力源、DC/DC变换器、DC/AC逆变器、电机和动力电控系统等组成。

(1)燃料电池系统

燃料电池电动汽车中的燃料电池系统主要由燃料电池组、氢气供给系统、氧气供给系统、气体加湿系统、反应生成物的处理系统、冷却系统和电能转换系统等组成。图2-3-6是奥迪h-tron quattro concept车型的氢燃料电池系统,只有这些辅助系统匹配恰当和运转正常,才能保证燃料电池系统正常运转,保证电能的输出。

(2)辅助动力源

在燃料电池电动汽车上燃料电池发动机是主要电源,另外还配备有辅助动力源。根据燃料电池电动汽车的设计方案不同,其所采用的辅助动力源也有所不同,可以用蓄电池组、飞轮储能器或超大容量电容器等共同组成双电源系统。

在具有双电源系统的燃料电池电动汽车上,驱动电机的电源可以出现以下几种驱动模式:

1)车辆起动时,驱动电机的电源由辅助动力源提供。

2)车辆行驶时,由燃料电池系统提供驱动所需全部电能,多余的电能储存到辅助动力源中。

3)在车辆加速和爬坡时,若燃料电池系统提供的电能还不足以满足燃料电池电动汽车驱动功率要求,则由辅助动力源提供额外的电能,增大驱动电机的功率或转速,满足车辆的动力要求。此时,形成燃料电池系统与辅助动力源同时供电的双电源的供电模式。

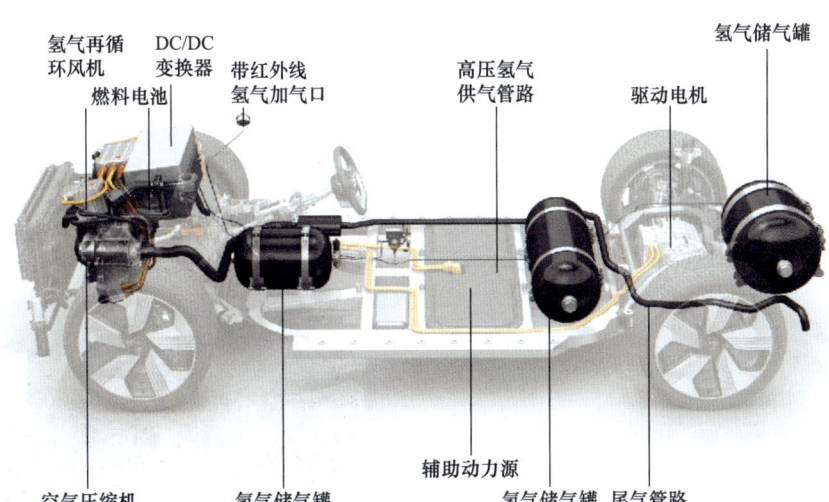

图 2-3-6 奥迪 h-tron quattro concept 车型的氢燃料电池系统

4）储存制动时反馈的电能，以及向车辆的各种电子、电器设备提供所需要的电能。

（3）DC/DC 变换器

燃料电池电动汽车采用的电源有各自的特性，燃料电池仅提供直流电，电压和电流随输出电流的变化而变化。燃料电池没有接受外电源的充电，电流的方向只是单向流动。

燃料电池电动汽车中的 DC/DC 变换器的主要实现以下三个功能：

1）调节燃料电池的输出电压；

2）调节整车能量分配；

3）稳定整车直流母线电压。

（4）电机

燃料电池电动汽车驱动用的电机主要有直流电机、交流电机、永磁电机和开关磁阻电机等。电机的选型必须结合整车开发目标，综合考虑电机的特性。

2. 工作原理

燃料电池汽车的工作原理是，作为燃料的氢在汽车搭载的燃料电池中，与大气中的氧气发生氧化还原化学反应，产生出电能来带动电机工作，再由电机带动汽车中的机械传动结构，进而带动汽车的前桥（或后桥）等行走机构工作，从而驱动电动汽车前进。

燃料电池汽车的核心部件燃料电池，通过氢气和氧气的化学作用，而不是经过燃烧，直接变成电能动力。燃料电池的反应结果会产生极少的二氧化碳和氮氧化物，副产品主要产生水，因此被称为绿色新型环保汽车。

三、燃料电池电动汽车车型

1. 丰田 Mirai

丰田 Mirai 是一款氢燃料电池电动汽车，于 2014 年 12 月 15 日在日本正式上市，其结构如图 2-3-7 所示。

电力控制单元

各种操作条件下，最优地控制燃料电池的输出和储能电池的充电及放电。

电机

由氢燃料电池产生的电力驱动电机和或由蓄能电池提供的电力驱动电机。
- 最大输出功率：113kW
- 最大转矩：335Nm

升压变换器

丰田新开发的紧凑型高效率大容量升压变换器可将燃料电池或蓄能电池的电压提升至650V。升压变换器用于获得比输入电压更高的电压。
- 相数：4相

氢燃料电池

它是丰田首款大规模生产燃料电池。体积小巧，输出功率密度高。
- 类型：聚合物电解质燃料电池
- 体积密度：3.1kW/L
- 最大输出功率：114kW
- 加湿系数：内部循环系统

储氢罐

作为储存氢气燃料气罐，他的额定工作压力为70MPa的高压。
- 额定工作压力：70MPa
- 储罐密度：5.7%
- 罐内容积：122.4L（前罐：60.0L/后罐：62.4L）
- 储氢量：约5.0kg

储能电池

蓄能电池是一种镍氢电池，用于存储从减速回收的能量，并补充燃料电池在低负载行驶条件下产生能量的不足，以辅助加速期间的输出。

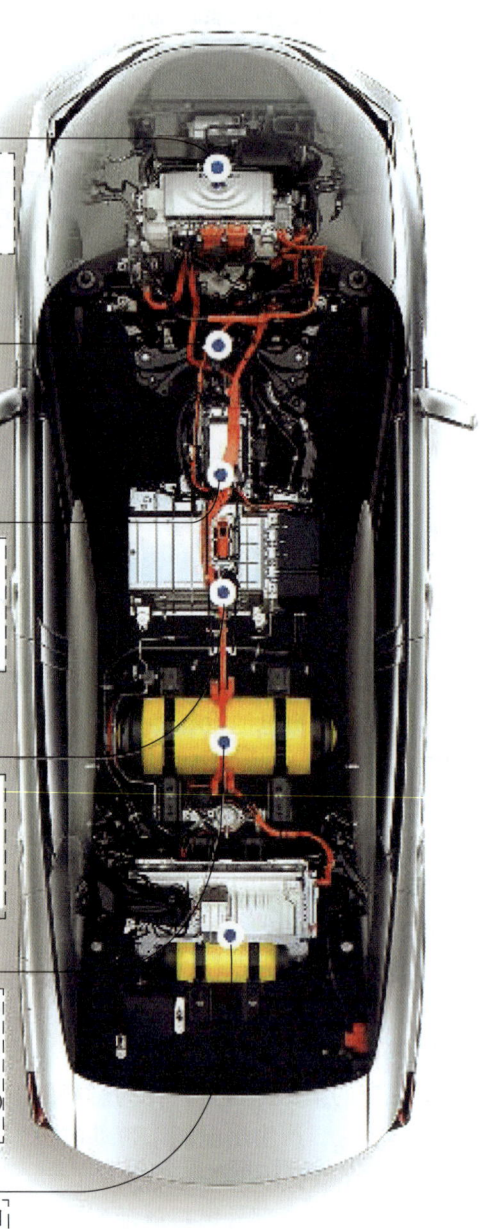

图 2-3-7　丰田 Mirai 氢燃料电池电动汽车的基本组成

2. 本田 Clarity

在 2015 年东京国际车展上，本田正式发布了旗下氢燃料电池车型 FCV 的量产版车型，并公布了其正式的名字——Clarity，如图 2-3-8 所示。该款车采用氢燃料电池动力系统，最大续航里程可达 700km，在燃料耗尽后 3min 即可充满燃料。

项目二 新能源汽车的构造与工作原理 | 67

图 2-3-8 本田 Clarity 氢燃料电池电动汽车

2017 款 Clarity 上用了一套最新的燃料电池电力控制单元（Fuel Cell Voltage Control Unit, FCVCU），如图 2-3-9 所示。根据官方发布的信息，FCVCU 使用了新的四相位驱动（Four-phase Drive）技术，基于四相位的碳化硅集成模块（SiC-IPM），但是将其错开 90°，将消除电流转换产生的电流波动时引起的波纹电流最小化，减小了原本为了缓和纹波电流所需要的电容量，也就可以使用更小的电容。

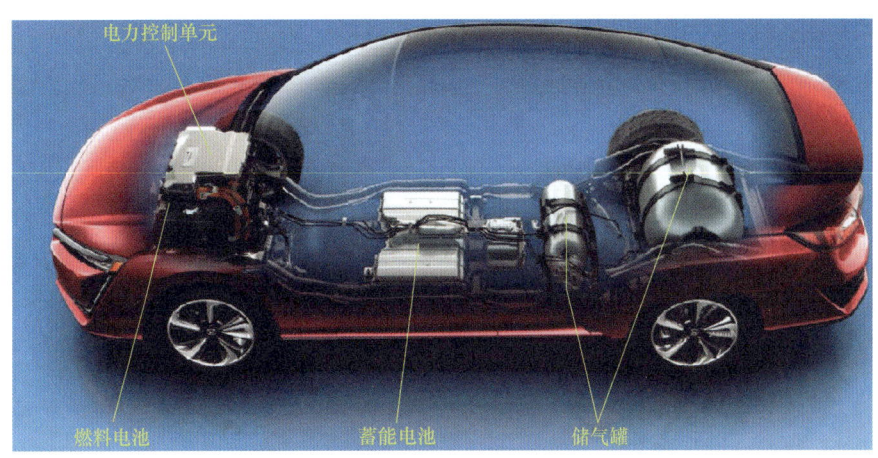

图 2-3-9 本田 Clarity 燃料电池系统结构

复 习 题

一、选择题

1. 燃料电池电动汽车按燃料特点可分为（　　）种。
A. 2　　　　　　B. 3　　　　　　C. 4　　　　　　D. 5

2. 直接燃料电池电动汽车的燃料主要是（　　）。直接燃料电池电动汽车排放无污染，被认为是最理想的汽车，但存在氢的制取和存储困难等缺点。
A. 水　　　　　　B. 氧气　　　　　C. 氢气　　　　　D. 太阳能

3. 燃料电池电动汽车按燃料氢的存储方式可分为（　　）种。

A. 2　　　　　　B. 3　　　　　　C. 4　　　　　　D. 5

4. 下面说法有误的是（　　）。

A. 燃料电池电动汽车按燃料氢的存储方式可分为压缩氢燃料电池电动汽车、液氢燃料电池电动汽车和合金（碳纳米管）吸附氢燃料电池电动汽车三种。

B. 纯燃料电池驱动的电动汽车只有燃料电池一个动力源，汽车的所有功率负荷都由燃料电池承担。

C. 现在的燃料电池电动汽车绝大多数采用的是混合式燃料电池驱动系统，将燃料电池与辅助动力源相结合。

D. 燃料电池汽车是燃气汽车的一种。

5. 属于燃料电池汽车的是（　　）。

A. 丰田 Mirai　　　B. 宝马 i3　　　C. 丰田普锐斯　　　D. 比亚迪 - 秦

二、判断题

1. 燃料电池电动汽车就是采用燃料电池作为电源的电动汽车。（　　）
2. 重整燃料电池电动汽车的结构比氢燃料电池电动汽车简单。（　　）
3. 燃料电池电动汽车按供电配置不同，可分为四种。（　　）
4. 燃料电池汽车是电动汽车的一种，其核心部件燃料电池，通过氢气和氧气的化学作用，而不是经过燃烧，直接变成电能动力。（　　）
5. 纯燃料电池驱动式电动汽车的动力系统结构最复杂。（　　）

任务四　其他新能源汽车

学习目标

经过该任务学习后，将能做到：
◆ 知道液压混合动力汽车组成与工作原理。
◆ 知道空气混合动力汽车组成与工作原理。
◆ 了解太阳能汽车。

一、液压混合动力汽车

液压混合动力汽车充分利用了液压储能器功率密度大的优势以及能量再生系统的特点，使得汽车在减少污染、提高车辆性能方面有着突出的表现。

液压混合动力车辆技术目前主要应用在三类车辆上：

1）公路运输车辆，如大型卡车、皮卡、大型军用卡车；
2）大型城市公共交通车辆；
3）城市垃圾回收车辆。

1. 液压混合动力汽车的类型

按照动力驱动方式不同，液压混合动力车辆有三种动力传动方式，即串联、并联和混联。

（1）串联式液压混合动力汽车

串联式液压混合动力车的动力传动系中有两种或两种以上的动力源可同时或单独提供动力，

但仅有 1 种执行元件驱动负载工作。串联液压混合动力车动力传动系主要由发动机、主减速器、液压蓄能器和两个液压泵/马达组成,其结构原理如图 2-4-1 所示。

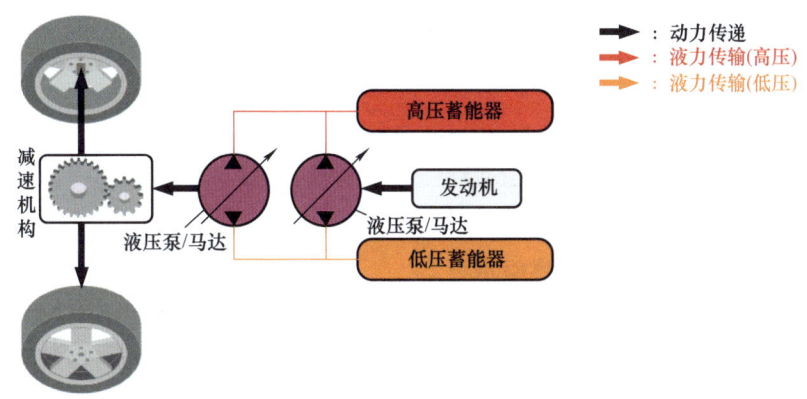

图 2-4-1　串联式液压混合动力汽车的结构与原理

由图可知,发动机和高压蓄能器为两个动力源,两个液压泵/马达具有双向可逆特性,与主减速器连接的液压泵/马达主要作为驱动车轮的执行元件使用,与发动机联接的液压泵/马达主要作为动力元件使用。

(2) 并联式液压混合动力汽车

并联式液压混合动力车的动力传动系中有两种或两种以上的动力源可同时或单独提供动力,有两个或两个以上相应的执行元件可同时驱动负载,该动力传动系主要由发动机、变速器、主减速器、液压蓄能器和液压泵/马达组成,其结构原理如图 2-4-2 所示。

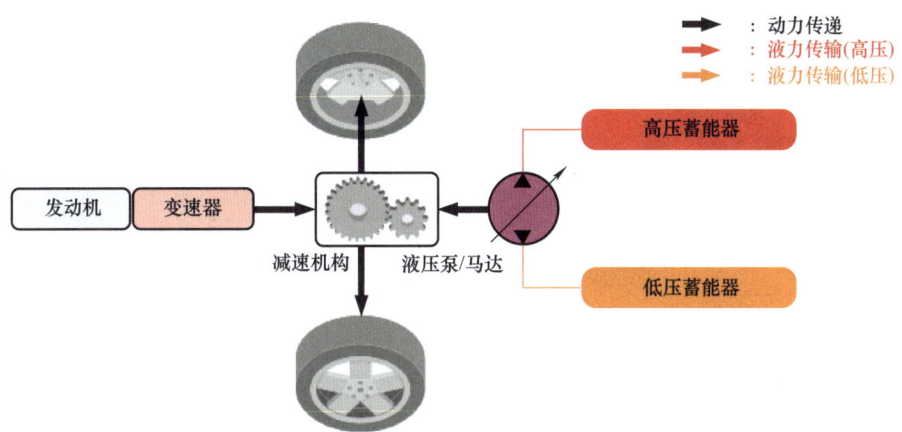

图 2-4-2　并联式液压混合动力汽车的结构与原理

并联式液压混合动力汽车只是在传统汽车的传动系统增加了由液压泵/马达和液压蓄能器组成的能量再生系统,从而形成双动力驱动。

(3) 混联式液压混合动力汽车

混联式液压混合动力车的动力传动系是由并联系统、串联系统和机械传动装置组成,它体现了并联和串联系统的优点,在大功率工况下,可以获得高工作效率,其结构原理如图 2-4-3 所示。

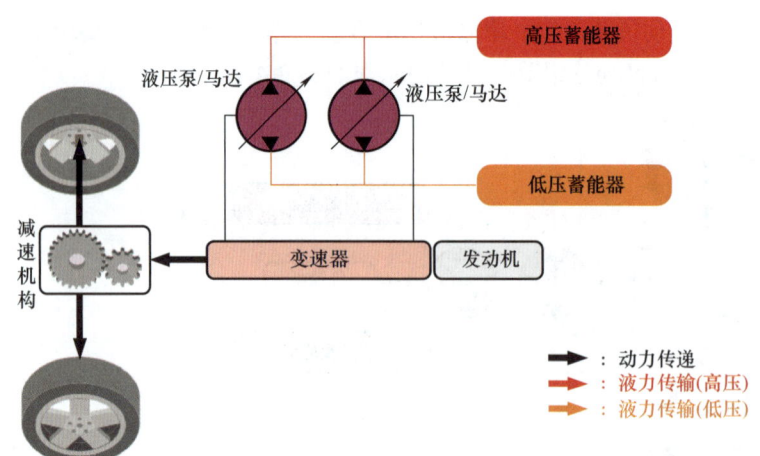

图 2-4-3 混联式液压混合动力汽车的结构与原理

2. 液压混合动力汽车的工作原理

在上述 3 种驱动方式中,并联车型技术难度低,结构简单,制造成本低,液压混合动力车首先是从并联车型开始发展起来的,为此,以并联式液压混合动力汽车的工作原理为代表进行介绍。

液压能量再生系统由一双向且可逆的变量液压泵/马达和高、低压蓄能器组成,液压泵/马达完成高、低压蓄能器之间的能量交换,低压蓄能器的功能相当于有一定低压的封闭油箱(也称压力油箱),高压蓄能器存储和释放制动动能,如图 2-4-4 所示。并联式液压混合动力车有一个车辆控制器 ECU,它将负责管理发动机和蓄能器之间的动力切换、信号输出以及回收制动能量。并联式液压混合动力车与传统车工作过程的不同表现在制动减速和起动加速两个方面。

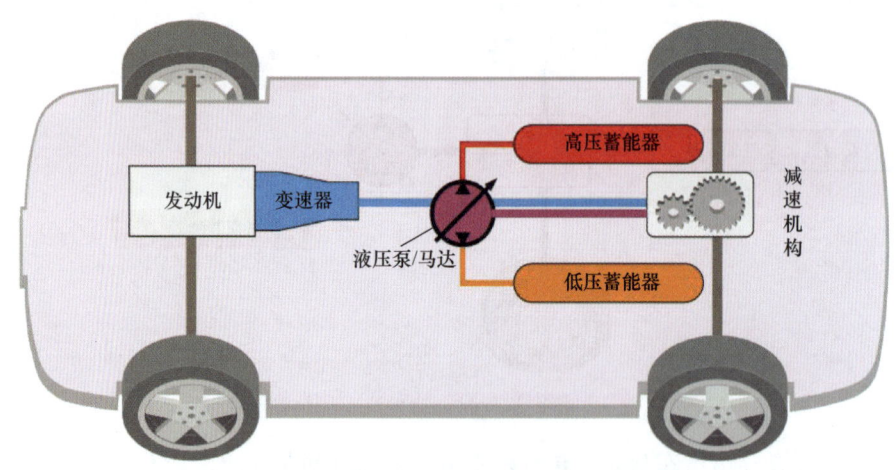

图 2-4-4 并联式液压混合动力汽车原理图

(1) 起动和加速

当车辆起动(含冷起动)和加速时,先轻踏加速踏板,加速踏板角度处在仅使用液压能量再生系统的区域,车辆控制器 ECU 接受加速踏板信号并发出指令,改变液压泵/马达变量机构倾角工作象限,使液压泵/马达当液压马达使用,高压蓄能器向液压马达输出储存的能量,使液压马达转动并带动车辆起动,同时液压马达出油口的油液回到低压蓄能器,如图 2-4-5 所示。

与此同时，车辆控制器 ECU 控制车辆的实际状态，发动机也为车辆的起动和加速提供动力。

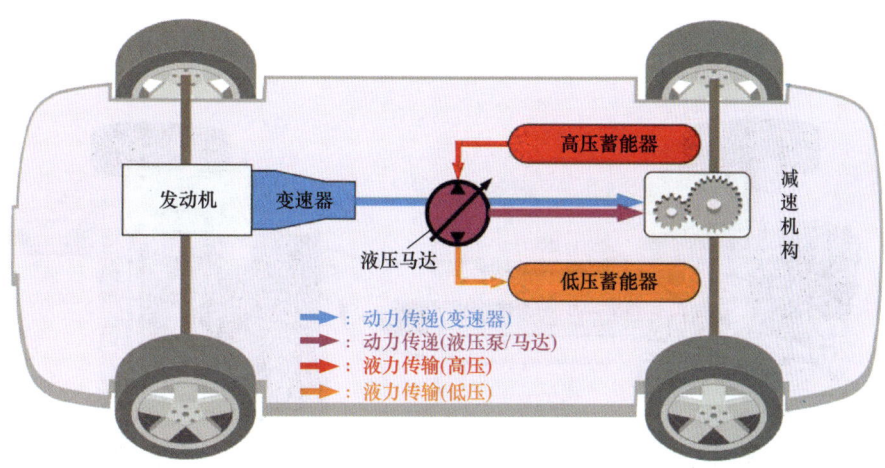

图 2-4-5　起动和加速原理

（2）能量回收

当车辆制动减速时，驾驶人先轻踏制动踏板，踏板角度处在低强度制动区时，车辆控制器 ECU 接受制动踏板信号并发出指令，改变液压泵/马达变量机构倾角工作象限，此时液压泵/马达作为液压泵使用，旋转车轮的惯性带液压泵转动，将低压蓄能器中的油液吸入到液压泵中，油液经液压泵加压后输出到高压蓄能器，实现制动能量回收，如图 2-4-6 所示。

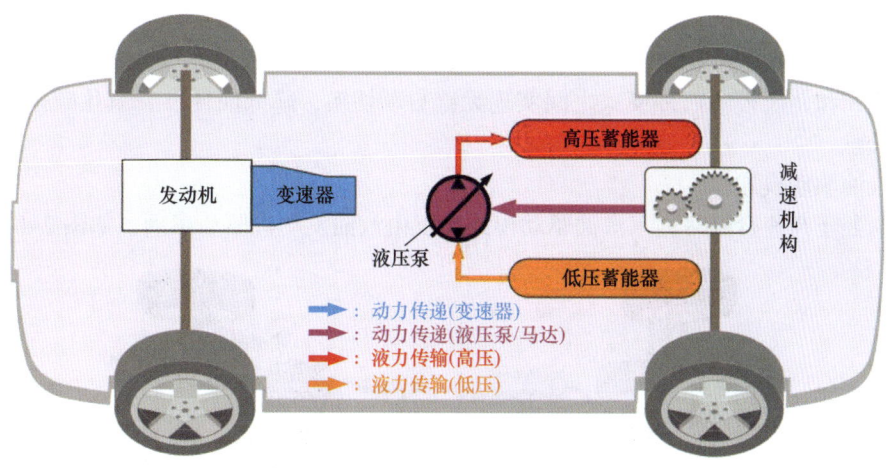

图 2-4-6　能量回收原理

二、空气混合动力汽车

空气混合动力汽车是通过汽油发动机与液压系统等多种技术相组合提供动力的新能源汽车。

法国传统汽车巨头标致雪铁龙公司的两位工程师穆卡德姆和搭档安德雷·亚尔斯，首先成功研发出空气混合动力系统。2013 年第十五届上海国际车展，雪铁龙首次在亚洲展出配备空气混合动力系统（Hybrid Air system）的雪铁龙 C3 概念车（C3 Hybrid Air prototype）。该车油耗创下新低，仅为 2.9L/100km（二氧化碳排放 69g/km），与配备相同发动机的燃油车相比，市区驾驶可降低油耗及排放达 45%。

雪铁龙 C3 空气混合动力汽车主要由汽油发动机、变速器、油箱、高压气罐、低压气罐和液力泵/马达等组成，如图 2-4-7 所示。

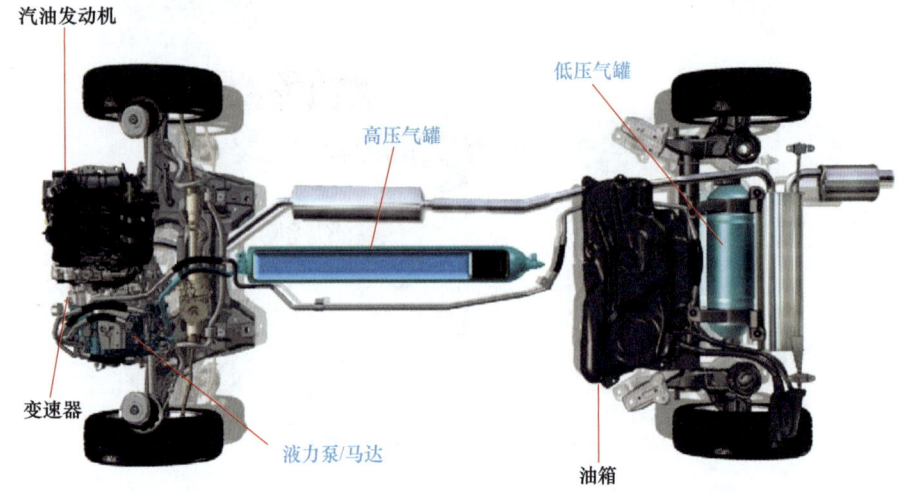

图 2-4-7　雪铁龙 C3 空气混合动力系统组成

雪铁龙空气混合动力系统通过多项成熟技术得以实现，包括带 Stop & Start 起停器的 PureTech 汽油发动机、气动液力引擎、自动变速器、压缩空气存储器和低压液体存储器。该系统同时配备一套智能电控系统响应驾驶人的指令，可根据路况在汽油驱动模式、混合驱动模式、空气驱动模式和储能模式四种模式之间实现无缝自动切换，降低油耗及二氧化碳排放，并提供更多驾驶乐趣。

（1）汽油驱动模式

当车辆处于高速行驶时进入汽油驱动模式，仅由汽油发动机驱动车辆，如图 2-4-8 所示。

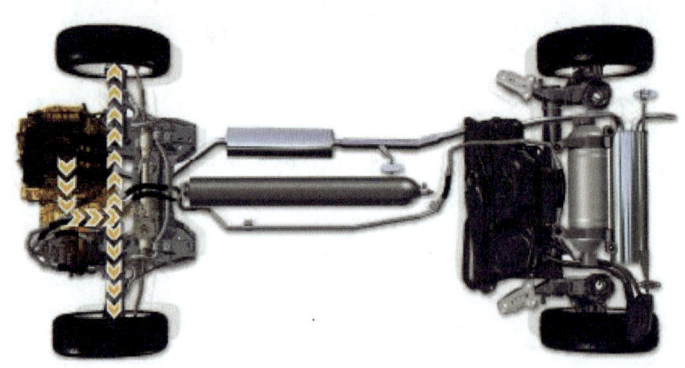

图 2-4-8　汽油驱动模式

（2）混合驱动模式

该模式下汽油发动机与气动液力引擎同时工作（图 2-4-9），可获得额外动力，最大功率可达 90kW，堪比更高级别发动机，尤其适用于运动模式、急加速或载重的情况，带来更多的驾驭乐趣。

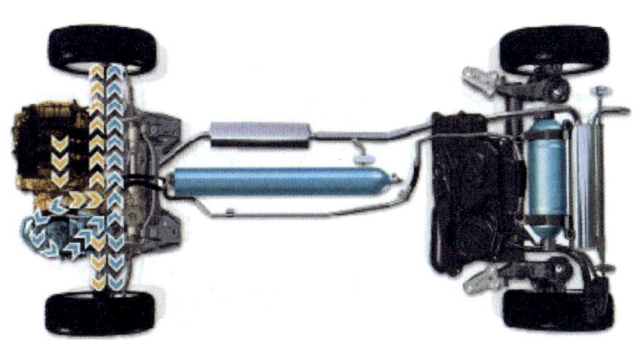

图 2-4-9　混合驱动模式

（3）空气驱动模式

当车辆行驶于城市道路时可进入空气驱动模式，高压气罐里的高压气体驱动液力马达和自动变速器，从而驱动车子，如图 2-4-10 所示。该模式下内燃机不工作，噪声小，零排放，零油耗。

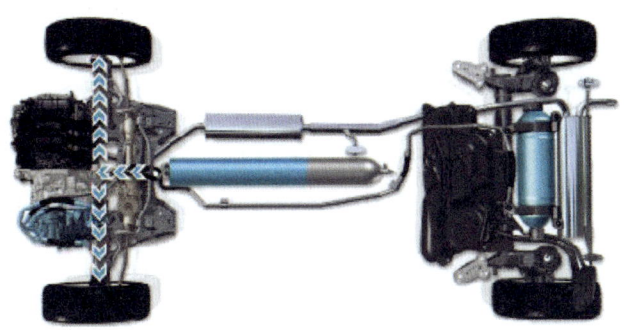

图 2-4-10　空气驱动模式

（4）储能模式

当驾驶人踩下制动踏板时，车辆进入储能模式。该模式下，车轮驱动液力泵，将低压储气罐的气体泵入高压储气罐，达到存储能量的目的，如图 2-4-11 所示。

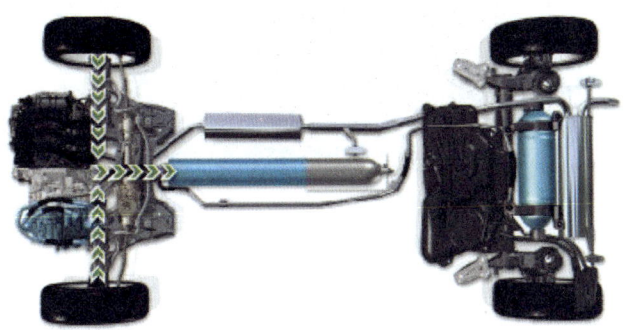

图 2-4-11　储能模式

三、太阳能汽车

太阳能汽车是一种靠太阳能转化为电能来驱动的汽车，如图 2-4-12 所示。与传统内燃机驱动的汽车相比，太阳能汽车真正实现可 100% 的零排放，能源取之不尽。正因为它的环保特点，太阳能汽车被诸多国家所提倡，太阳能汽车产业的发展也不断发展和进步。

图 2-4-12　太阳能汽车

1. 太阳能汽车的特点

1）能量来自于太阳，有太阳的地方就有太阳能；
2）零排放，零污染；
3）与传统燃油车相比，结构简单；
4）高度依赖太阳，续航里程短；
5）太阳能转化装置的造价高。

2. 太阳能汽车的基本结构

太阳能汽车主要由太阳能电池组、向日自动追踪器、驱动系统、控制器等组成。

（1）太阳能电池组

太阳能电池组是太阳能汽车的核心组件，它由一定数量的单体电池串联或并联组成电池方阵，如图 2-4-13 所示。

图 2-4-13　太阳能电池组

（2）向日自动追踪器

太阳能电池能量的多少取决于太阳能电池板接收太阳辐射能量的数量，由于车辆行驶过程中，其相对位置的不断变化，因此太阳辐射太阳电池板的能量也在不断变化。向日自动追踪器用于追踪太阳的辐射角度，尽量保持太阳电池板正对着太阳，最大限度地提高太阳能电池板接受太阳辐射能的能力。

（3）驱动系统

太阳能汽车采用的驱动电机主要有交流异步电机、永磁电机、直流电机，其驱动系统与电动汽车基本相同。

（4）控制器

控制器主要实现对太阳能电池组进行管理和对电机的控制，其作用与电动汽车控制系统相同。

3. 太阳能汽车的工作原理

太阳能汽车由太阳能电池板在向日自动追踪器的控制下尽可能正对太阳，接受太阳光照射，并转换成电能，向电机供电，再由电机驱动汽车行驶，它的本质就是电动汽车。

由于受天气的影响，在阴天、下雨时，太阳能电池的转换效率降低或停止，所以太阳能汽车往往与蓄电池组共同组成太阳能混合动力电动汽车。当太阳强烈、转换电能充足时，太阳能电池板通过充电器向动力电池组充电，也可以由太阳能电池板直接提供电能，通过电流变换器将电流输送到驱动电机，驱动汽车行驶，一般采用智能控制系统来控制其运行。当太阳较弱或阴天，则靠蓄电池组对电机供电。

复 习 题

一、选择题

1. 按照动力驱动方式不同，液压混合动力车辆基本上有（   ）种动力传动方式。
 A. 2　　　　　　　B. 3　　　　　　　C. 4　　　　　　　D. 5

2. 法国传统汽车巨头标致雪铁龙公司的两位工程师（   ）和搭档安德雷·亚尔斯，成功研发出空气混合动力系统
 A. 鲁道夫·狄赛尔　　B. 亚历山大·弗莱明　　C. 迈克尔·法拉第　　D. 穆卡德姆

3. 雪铁龙 C3 空气混合动力汽车可根据路况在（   ）种模式之间实现无缝自动切换。
 A. 2　　　　　　　B. 3　　　　　　　C. 4　　　　　　　D. 5

4. 下面说法有误的是（   ）。
 A. 液压混合动力车辆技术目前主要应用在公路运输车辆、大型城市公共交通车辆、城市垃圾回收车辆这三类车辆上
 B. 并联式液压混合动力车的动力传动系中有两种或两种以上的动力源，可同时或单独提供动力，有两个或两个以上相应的执行元件可同时驱动负载
 C. 空气混合动力汽车是一种通过汽油发动机与液压系统等多种技术相组合提供动力的新能源汽车
 D. 太阳能汽车的成本高、无污染、续航里程长

5. 不属于太阳能汽车的特点的是（   ）。
 A. 成本高　　　　B. 无污染　　　　C. 结构复杂　　　　D. 高度依赖太阳

二、判断题

1. 液压混合动力汽车充分利用了液压储能器功率密度大的优势以及能量再生系统的特点，使得液压混合动力汽车在减少污染、提高车辆性能方面有着突出的表现。（   ）

2. 按照动力驱动方式不同，液压混合动力车辆基本上有三种动力传动方式，即串联、并联和混联。（   ）

3. 太阳能汽车的能量来源是太阳，具有污染小、结构复杂等特点。（   ）

4. 太阳能汽车主要由动力电池、自动阳光追踪系统、驱动系统、控制器等组成。（   ）

5. 雪铁龙 C3 空气混合动力汽车主要由汽油发动机、变速器、油箱、高压气罐、低压气罐和液力泵 / 马达等组成。（   ）

项目三 动力电池与动力电池管理系统

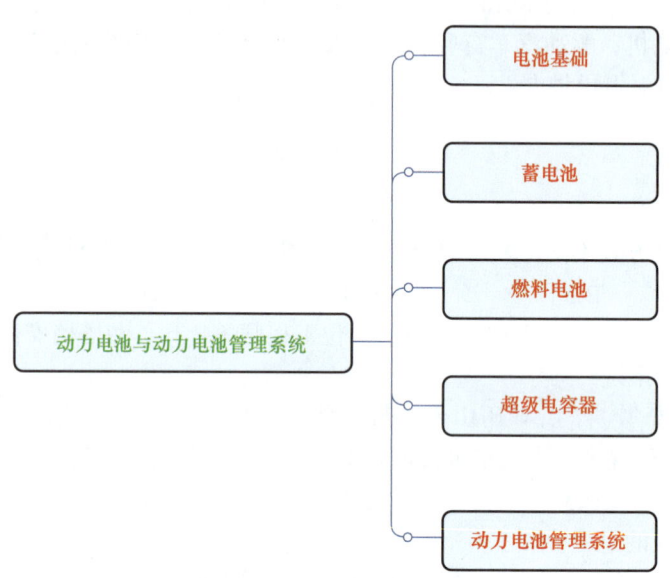

任务一 电池基础

学习目标

经过该任务学习后,将能做到:
◆ 知道电池的类型。
◆ 了解电池的性能指标。
◆ 了解电动汽车对动力电池的要求。

电动汽车常用的电能储存装置有蓄电池、燃料电池、太阳电池、超级电容器和飞轮电池等。其中蓄电池是电动汽车最广泛使用的能量存储装置,也是目前制约电动汽车发展的关键因素。

一、电池的分类

电池是电动汽车的主动力源,是电能的存储装置,它主要分为化学电池、物理电池和生物

电池三大类，如图 3-1-1 所示。

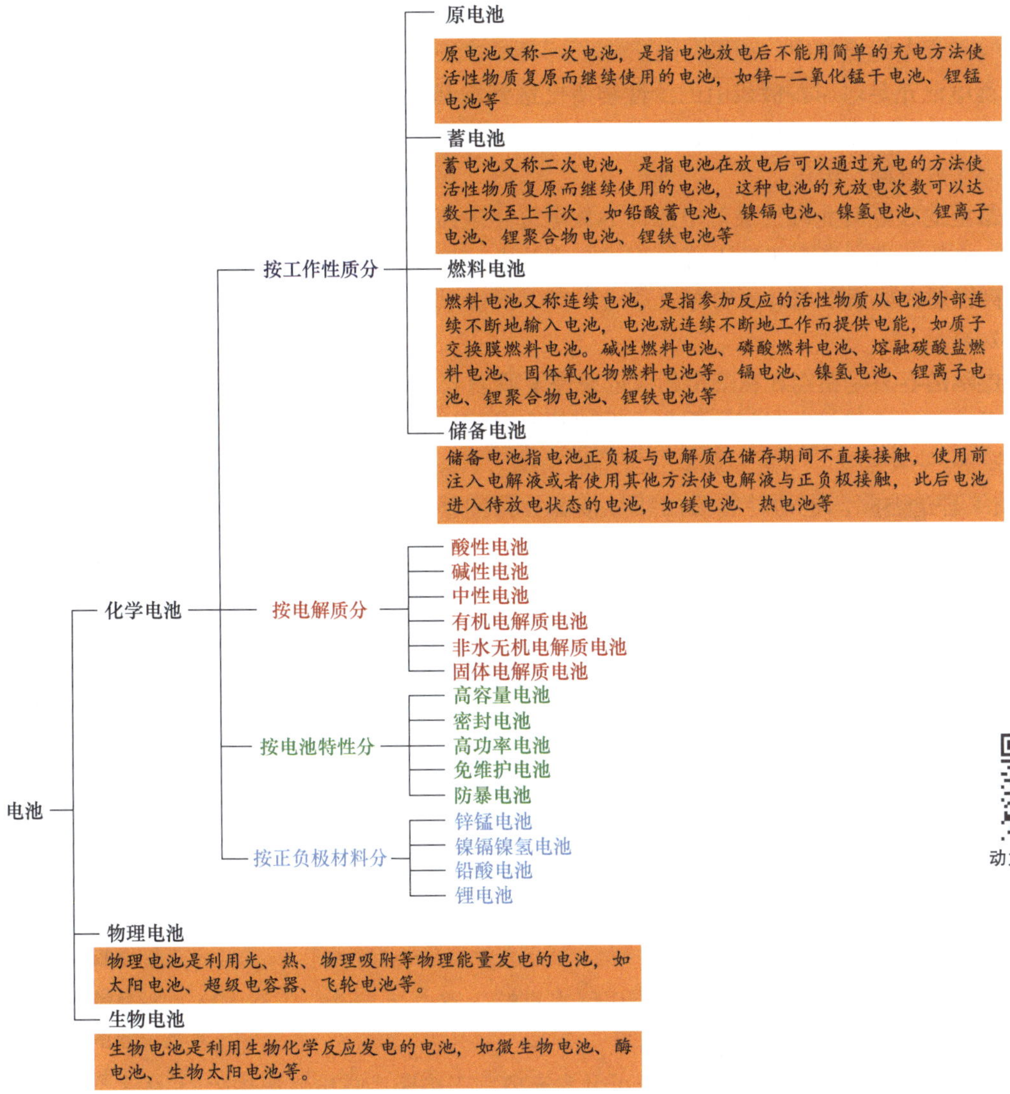

```
电池
├─ 化学电池
│   ├─ 按工作性质分
│   │   ├─ 原电池
│   │   │   原电池又称一次电池，是指电池放电后不能用简单的充电方法使活性物质复原而继续使用的电池，如锌－二氧化锰干电池、锂锰电池等
│   │   ├─ 蓄电池
│   │   │   蓄电池又称二次电池，是指电池在放电后可以通过充电的方法使活性物质复原而继续使用的电池，这种电池的充放电次数可以达数十次至上千次，如铅酸蓄电池、镍镉电池、镍氢电池、锂离子电池、锂聚合物电池、锂铁电池等
│   │   ├─ 燃料电池
│   │   │   燃料电池又称连续电池，是指参加反应的活性物质从电池外部连续不断地输入电池，电池就连续不断地工作而提供电能，如质子交换膜燃料电池。碱性燃料电池、磷酸燃料电池、熔融碳酸盐燃料电池、固体氧化物燃料电池等。镉电池、镍氢电池、锂离子电池、锂聚合物电池、锂铁电池等
│   │   └─ 储备电池
│   │       储备电池指电池正负极与电解质在储存期间不直接接触，使用前注入电解液或者使用其他方法使电解液与正负极接触，此后电池进入待放电状态的电池，如镁电池、热电池等
│   ├─ 按电解质分
│   │   ├─ 酸性电池
│   │   ├─ 碱性电池
│   │   ├─ 中性电池
│   │   ├─ 有机电解质电池
│   │   ├─ 非水无机电解质电池
│   │   └─ 固体电解质电池
│   ├─ 按电池特性分
│   │   ├─ 高容量电池
│   │   ├─ 密封电池
│   │   ├─ 高功率电池
│   │   ├─ 免维护电池
│   │   └─ 防暴电池
│   └─ 按正负极材料分
│       ├─ 锌锰电池
│       ├─ 镍镉镍氢电池
│       ├─ 铅酸电池
│       └─ 锂电池
├─ 物理电池
│   物理电池是利用光、热、物理吸附等物理能量发电的电池，如太阳电池、超级电容器、飞轮电池等。
└─ 生物电池
    生物电池是利用生物化学反应发电的电池，如微生物电池、酶电池、生物太阳电池等。
```

动力电池的类型

图 3-1-1　电池的类型

二、电池的性能指标

电池的性能指标主要有电压、容量、内阻、能量、功率、输出效率、自放电率、放电倍率、使用寿命等。

1. 电压

电压分为端电压、开路电压、额定电压、充电终止电压和放电终止电压等。

（1）端电压

电池正极与负极之间的电位差称为电池端电压。

（2）开路电压

电池在没有负载情况下的端电压称为开路电压。

（3）额定电压

电池在标准规定条件下工作时应达到的电压称为额定电压。

（4）充电终止电压

蓄电池充足电时，极板上的活性物质已达到饱和状态，再继续充电，电池的电压也不会上升，此时的电压称为充电终止电压。

（5）放电终止电压

蓄电池放电时允许的最低电压称为放电终止电压。如果电压低于放电终止电压后电池继续放电，电池两端电压会迅速下降，形成深度放电，这样，极板上形成的生成物在正常充电时就不易再恢复，从而影响电池的寿命。

2. 容量

电池的容量是指电池在一定的放电条件下所能放出的电量。常用单位为安培·小时（A·h），它等于放电电流与放电时间的乘积。电池的容量可以分为理论容量、实际容量、标称容量和额定容量等。

1）理论容量。把活性物质的质量按法拉第定律计算而得到的最高理论值称为理论容量，单位为 A·h/L 或 A·h/kg。

2）实际容量。电池在一定条件下所能输出的电量，它等于放电电流与放电时间的乘积称为实际容量，单位为 A·h，其值小于理论容量。实际容量反映了电池实际存储电量的大小，电池容量越大，电动汽车的续驶里程就越远。在使用过程中，电池的实际容量会逐步衰减。国家标准规，新出厂的电池实际容量大于额定容量值为合格电池。

3）标称容量。用来鉴别电池的近似安时值称为标称容量。

4）额定容量。按国家或有关部门颁布的标准，保证电流在一定的放电条件下应该放出的最低限度的容量称为额定容量或保证容量。

3. 内阻

电池的内阻是指电流流过电池内部时所受到的阻力。通常在计算电池内阻时，都是用电池电压除以短路电流。

充电电池的内阻很小，不可能使用仪表直接短路电池来进行短路电流的测量，而是需要专门的仪器才可以测量到比较准确的结果。

对于可充电电池而言，电池内阻可分为充电状态内阻和放电状态内阻。

4. 能量

（1）理论能量

理论能量是指电池的理论容量与额定电压的乘积，指在标准规定的放电条件，电池所输出的能量。

（2）实际能量

实际能量是电池实际容量与平均工作电压的乘积，表示在一定条件下电池所能输出的能量。

（3）比能量

比能量也称质量比能量，是指电池单位质量所能输出的电能，单位是 W·h/kg，常用比能量来比较不同的电池系统。

电池的比能量是综合性指标，它反映了电池的质量水平。电池的比能量影响电动汽车的整车质量和续驶里程，是评价电动汽车的动力电池是否满足预定续驶里程的重要指标。

（4）能量密度

能量密度也称体积比能量,是指电池单位体积所能输出的电能,单位是 W·h/L。

5. 功率

电池的功率是指电池在一定放电制度下,单位时间内所输出能量的大小,单位为 W 或 kW。电池的功率决定了电动汽车的加速性能和爬坡能力。功率分为比功率和功率密度。

比功率是指单位质量电池所能输出的功率,也称质量比功率,单位为 W/kg 或 kW/kg。

功率密度是指单位体积电池所能输出的功率,也称体积比功率,单位为 W/L 或 kW/L。

6. 输出效率

电池作为能量存储器,充电时把电能转化为化学能储存起来,放电时把化学能转化为电能释放出来。在这个可逆的电化学转换过程中,有一定的能量损耗,通常用电池的容量效率和能量效率来表示。

7. 自放电率

自放电率是指电池在存放期间容量的下降率,即电池无负荷时自身放电使容量损失的速度。自放电率用单位时间容量降低的百分数表示。

8. 放电倍率

电池放电电流的大小常用"放电倍率"表示,即电池的放电倍率(C)用放电时间表示或者以一定的放电电流放完额定容量所需的小时数来表示。由此可见,放电时间越短,即放电倍率越高,则放电电流越大。

放电倍率等于额定容量与放电电流之比。根据放电倍率的大小,可分为低倍率(小于 0.5C)、中倍率(0.5~3.5C)、高倍率(3.5~7.0C)、超高倍率(大于 7.0C)。

9. 使用寿命

使用寿命是指电池在规定条件下的有效寿命期限。电池发生内部短路或损坏而不能使用,以及容量达不到规范要求时而失效,这时电池的使用寿命终止。

电池的使用寿命包括使用期限和使用周期。使用期限是指电池可供使用的时间,包括电池的存放时间。使用周期是指电池可供重复使用的次数。

三、电动汽车对动力电池的要求

电动汽车对动力电池的要求主要有:
1)比能量高;
2)比功率大;
3)均匀一致性好;
4)循环寿命长;
5)高低温性能好、环境适应性强;
6)安全性好;
7)成本低,价格低廉;
8)绿色环保。

复 习 题

一、选择题

1.(   )是电动汽车最广泛使用的能量存储装置,也是目前制约电动汽车发展的关键因素。

A. 蓄电池　　　　B. 燃料电池　　　C. 超级电容器　　　D. 飞轮电池
2. 电池是电动汽车的主动力源，是电能的存储装置，它主要分为（　　）大类。
A. 5　　　　　　B. 4　　　　　　C. 3　　　　　　　D. 2
3. 化学电池按工作性质分为（　　）类。
A. 5　　　　　　B. 4　　　　　　C. 3　　　　　　　D. 2
4. 属于物理电池的是（　　）。
A. 铅酸蓄电池　　B. 镍氢电池　　　C. 热电池　　　　　D. 超级电容器
5. 下面说法有误的是（　　）。
A. 电池的性能指标根据电池种类不同，其性能指标也有差异。
B. 电池正极与负极之间的电位差称为电池开路电压。
C. 电池在标准规定条件下工作时应达到的电压称为额定电压。
D. 电池的内阻是指电流流过电池内部时所受到的阻力。

二、判断题

1. 电池是电动汽车的主动力源，是电能的存储装置。（　　）
2. 电池的性能指标根据电池种类不同，其性能指标却是相同的。（　　）
3. 电池的性能指标主要有电压、电流、内阻、功率、放电倍率、使用寿命等。（　　）
4. 电池的功率是指电池在一定放电制度下，单位时间内所输出能量的大小。（　　）
5. 飞轮电池属于化学电池。（　　）

任务二　蓄电池

学习目标

经过该任务学习后，将能做到：
◆ 知道铅酸蓄电池的类型、基本结构与工作原理。
◆ 知道镍系电池的类型、基本结构与工作原理。
◆ 知道锂离子电池的类型、基本结构与工作原理。
◆ 知道金属空气电池的类型、基本结构与工作原理。

电动汽车使用的蓄电池主要有铅酸蓄电池、镍氢电池、镍镉电池、锂离子电池、锌镍电池、空气电池等。

一、铅酸蓄电池

1. 铅酸蓄电池的分类

常用的铅酸蓄电池主要分普通蓄电池、干荷蓄电池和免维护蓄电池三大类。
（1）普通蓄电池
普通蓄电池的极板是由铅和铅的氧化物构成，电解液是硫酸的水溶液。

（2）干荷蓄电池

干荷蓄电池的全称是干式荷电铅酸蓄电池，它的主要特点是负极板有较高的储电能力，在完全干燥状态下，能在两年内保存所得到的电量，使用时，只需加入电解液，等过20~30min就可使用。

（3）免维护蓄电池

免维护蓄电池由于自身结构上的优势，电解液的消耗量非常小，在使用寿命内基本不需要补充蒸馏水。

2. 铅酸蓄电池的结构

每个蓄电池的基本模块都是单电池，如图3-2-1所示。单电池由一个极板组构成，它是由一个正极板组和一个负极板组组合而成的。极板组由电极和隔板构成。每个电极都是由一个铅栏板和活性物质构成的。隔板（微孔绝缘材料）用于分离不同极性的电极。电极或极板组在充满电时沉浸在38%浓度的硫酸溶液中（电解液）。

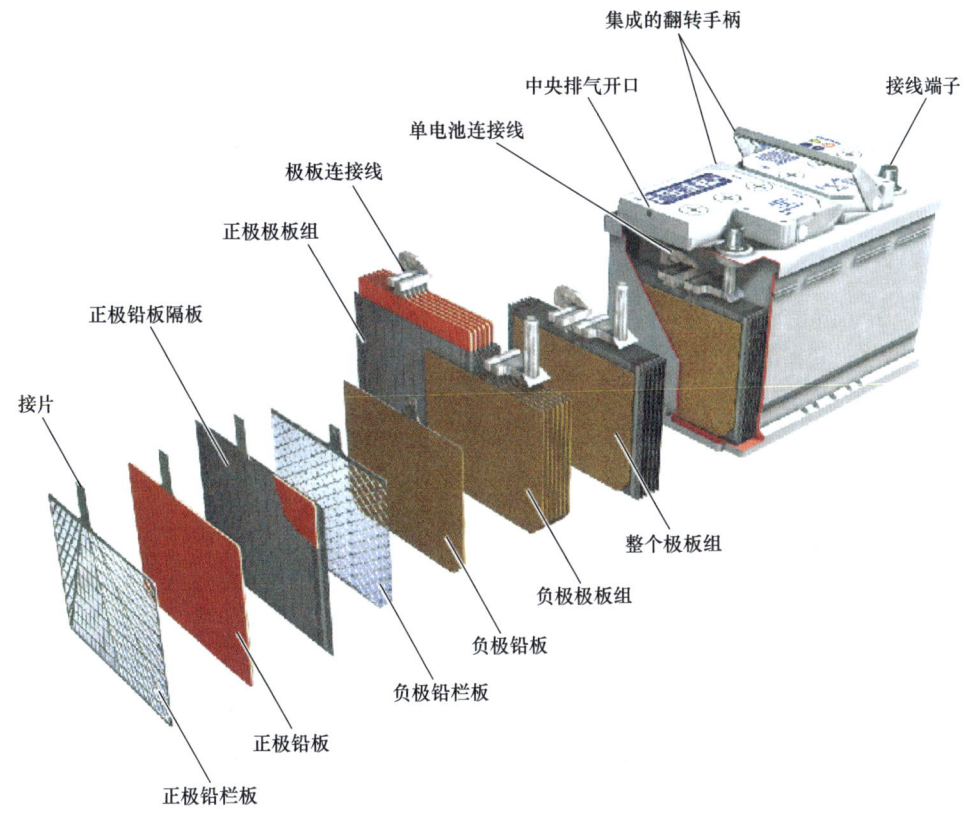

图3-2-1　铅酸蓄电池的结构

3. 铅酸蓄电池的工作原理（图3-2-2）

充电指的是将电能回充到蓄电池中。充电过程中将电能转化为化学能。

放电指的是从蓄电池中提取电能。放电过程中将化学能转化为电能。

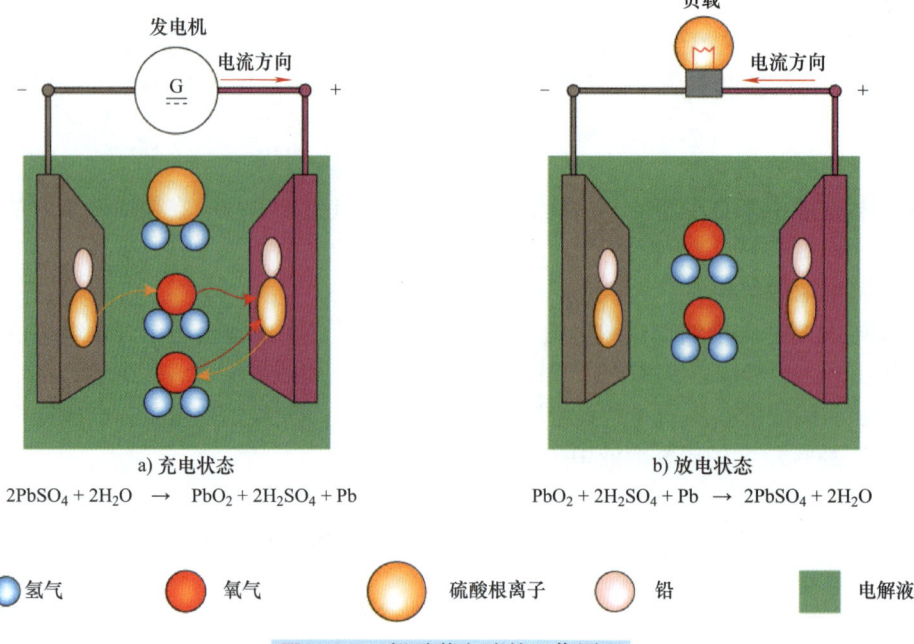

a) 充电状态
$2PbSO_4 + 2H_2O \rightarrow PbO_2 + 2H_2SO_4 + Pb$

b) 放电状态
$PbO_2 + 2H_2SO_4 + Pb \rightarrow 2PbSO_4 + 2H_2O$

○ 氢气　● 氧气　● 硫酸根离子　○ 铅　■ 电解液

图 3-2-2　铅酸蓄电池的工作原理

二、镍系电池

1. 镍氢电池

（1）镍氢电池的分类

镍氢电池是一种性能良好的蓄电池。镍氢电池根据形状可分为方形镍氢电池和圆形镍氢电池，如图 3-2-3 所示。

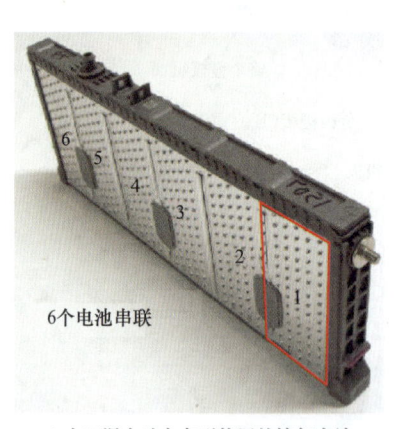 

a) 丰田混合动力车型使用的镍氢电池　　b) 本田混合动力车型使用的镍氢电池

图 3-2-3　镍氢电池的类型

（2）镍氢电池的结构

镍氢电池由氢氧化镍正极、储氢合金负极、隔膜纸、电解液、钢壳、顶盖、密封圈等组成。在圆柱形电池中,正负极用隔膜纸分开卷绕在一起,然后密封在钢壳中。在方形电池中,正负极由隔膜纸分开后叠成层状密封在钢壳中。

(3)镍氢电池的工作原理

充电时正极的 Ni(OH)$_2$ 和 OH$^-$ 反应生成 NiOOH 和 H$_2$O,同时释放出 e$^-$ 一起生成 MH 和 OH$^-$,总反应是 Ni(OH)$_2$ 和 M 生成 NiOOH,储氢合金储氢;放电时与此相反,MHab 释放 H$^+$,H$^+$ 和 OH$^-$ 生成 H$_2$O 和 e$^-$,NiOOH、H$_2$O 和 e$^-$ 重新生成 Ni(OH)$_2$ 和 OH$^-$,如图 3-2-4 所示。

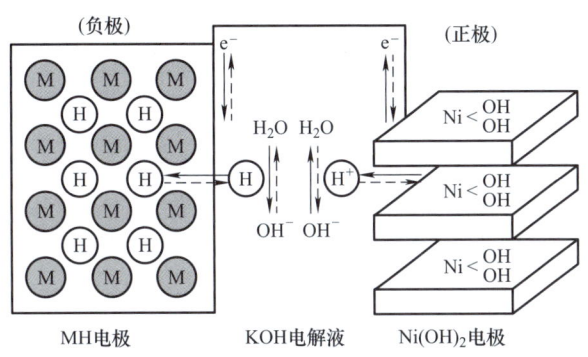

图 3-2-4 镍氢电池的工作原理

镍氢电池的工作状态可以划分为三种:正常工作状态、过充电状态和过放电状态。在不同工作状态下,电池内部发生的电化学反应是不同的,如图 3-2-5 所示。

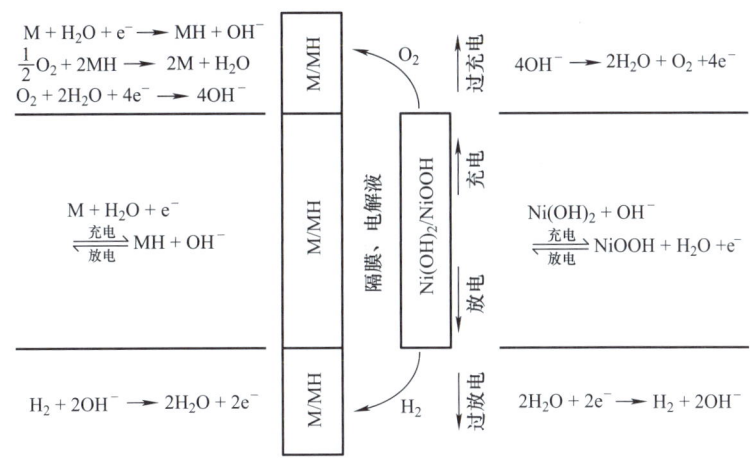

图 3-2-5 镍氢电池的在不同工作状态的化学反应

2. 镍镉电池

(1)镍镉电池的类型

镍镉电池根据其结构形式分为袋式、靠口烧结式和密封式三种。

(2)镍镉电池的结构

镍镉蓄电池的正极材料为氢氧化亚镍和石墨粉的混合物,负极材料为海绵状镉粉和氧化镉粉，电解液通常为氢氧化钠或氢氧化钾溶液，如图 3-2-6 所示。

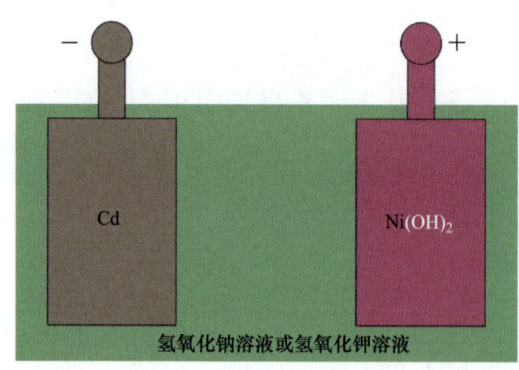

图 3-2-6　镍镉电池的组成

（3）镍镉电池的工作原理

镍镉蓄电池充电后，正极板上的活性物质变为氢氧化镍（NiOOH），负极板上的活性物质变为金属镉；镍镉电池放电后，正极板上的活性物质变为氢氧化亚镍，负极板上的活性物质变为氢氧化镉。

1）充电过程。充电时，将蓄电池的正、负极分别与充电机的正极和负极相连，电池内部发生与放电时完全相反的电化学反应，即负极发生还原反应，正极发生氧化反应，如图 3-2-7 所示。

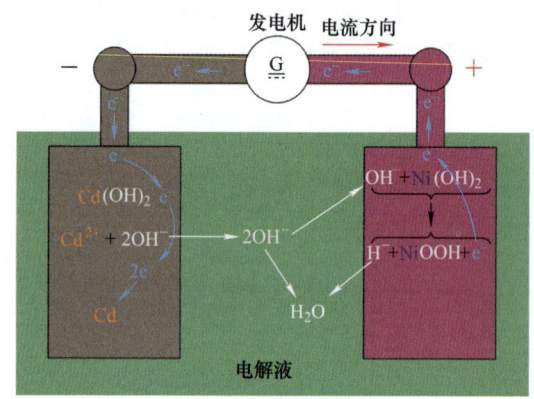

图 3-2-7　镍镉电池的充电过程

① 负极反应。充电时负极板上的 $Cd(OH)_2$（氢氧化镉），先电离成 Cd^{2+}（镉离子）和 OH^-（氢氧根离子），然后镉离子从外电路获得 2 个 e^-（电子），生成 Cd（镉原子）附着在极板上，而 OH^-（氢氧根离子）进入溶液参与正极反应。

② 正极反应。在外电源的作用下，正极板上的 $Ni(OH)_2$（氢氧化亚镍）晶格中，两个二价镍离子各失去一个电子生成三价镍离子，同时，晶格中两个 OH^-（氢氧根离子）各释放出一个氢离子，将氧负离子留在晶格上，释出的 H^+（氢离子）与溶液中的 OH^-（氢氧根离子）结合，生成 H_2O（水）分子。然后，两个三价 Ni^{3+}（镍离子）与两个 O^{2-}（氧负离子）和剩下的两个 OH^-（氢氧根离子）结合，生成两个 NiOOH（氢氧化镍）晶体。

2）放电过程。镍镉电池放电过程如图 3-2-8 所示。

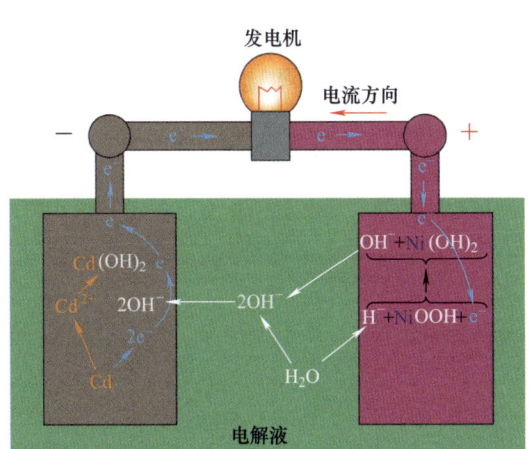

图 3-2-8　镍镉电池的放电过程

① 负极反应。负极上的镉失去两个电子后变成二价 Cd^{2+}（镉离子），然后立即与溶液中的两个 OH^-（氢氧根离子）结合生成 $Cd(OH)_2$（氢氧化镉），沉积到负极板上。

② 正极反应。正极板上的活性物质是 NiOOH（氢氧化镍）晶体。镍为正三价离子，晶格中每两个 Ni^{3+}（镍离子）可从外电路获得负极转移出的两个 e（电子），生成两个二价离子 Ni^{2+}（亚镍离子）。与此同时，溶液中每两个 H_2O（水）分子电离出的两个 H（氢离子）进入正极板，与晶格上的两个 O^{2-}（氧）负离子结合，生成两个 OH^-（氢氧根离子），然后与晶格上原有的两个 OH^-（氢氧根离子）一起，与两个二价 Ni^{2+}（亚镍离子）生成两个 NiOOH（氢氧化镍）晶体。

3. 镍锌蓄电池

镍锌蓄电池是正极活性物质主要由镍制成，负极活性物质主要由锌制成的一种碱性蓄电池。

（1）镍锌子电池的结构

镍锌电池由镍正极、锌负极、隔膜、电解液等组成，如图 3-2-9 所示。

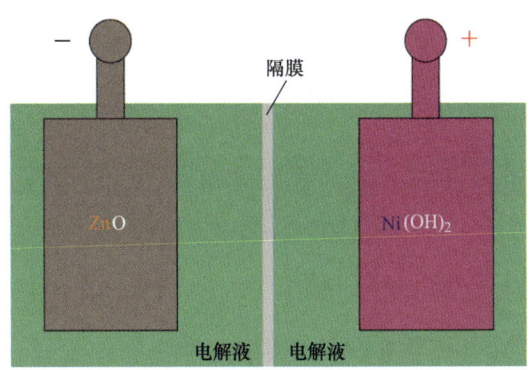

图 3-2-9　镍锌电池的结构

1）镍正极。镍电极的主要活性材料是 $Ni(OH)_2$。

2）锌负极。锌负极主要由涂膏法、电沉积法、压成法、化成法和烧结法等方法制成。锌负极可以做成充电态和放电态两种，主要取决于初始材料是 ZnO（充电态）还是 Zn（放电态）。

3）隔膜。隔膜置于电池的正负极之间，防止正负极活性材料直接接触造成电池短路。

4）电解液。镍锌电池常用的电解为氢氧化钾溶液。

（2）镍锌子电池的工作原理

镍锌电池与镍氢电池、镍镉电池的工作原理相似，不同之处在于负极的化学反应不同。

1）放电过程（图 3-2-10）。

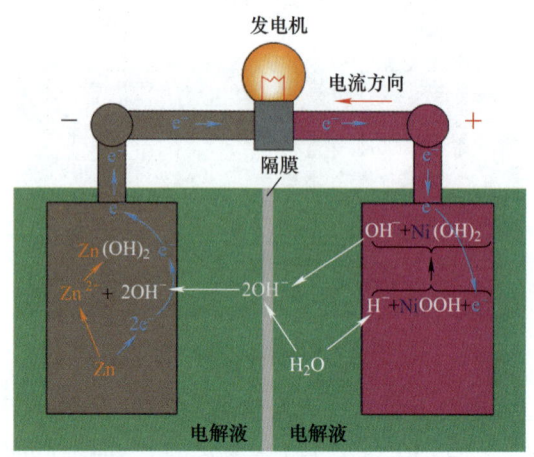

图 3-2-10　镍锌电池的放电过程

负极反应式：$Zn+4OH^- \overset{放电}{\Longrightarrow} Zn(OH)_4^{2-}+2e^-$

正极反应式：$2NiOOH+2H_2O+2e^- \overset{放电}{\Longrightarrow} 2Ni(OH)_2+2OH^-$

总反应式：$Zn+2NiOOH+2H_2O \overset{放电}{\Longrightarrow} ZnO+2Ni(OH)_2$

2）充电过程（图 3-2-11）。

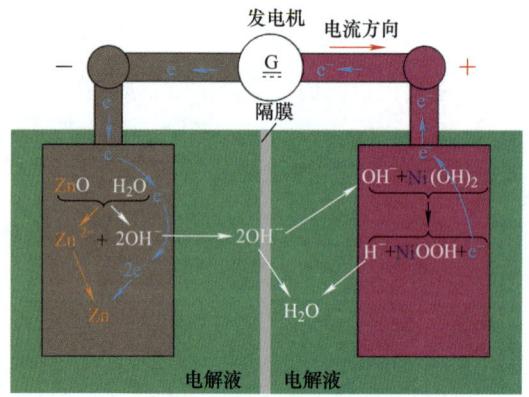

图 3-2-11　镍锌电池的充电过程

负极反应式：$Zn+4OH^- \overset{充电}{\Longleftarrow} Zn(OH)_4^{2-}+2e^-$

正极反应式：$2NiOOH+2H_2O+2e^- \overset{充电}{\Longleftarrow} 2Ni(OH)_2+2OH^-$

总反应式：$Zn+2NiOOH+2H_2O \overset{充电}{\Longleftarrow} ZnO+2Ni(OH)_2$

三、锂离子电池

锂离子电池是一种二次电池（充电电池），它主要依靠锂离子在正极和负极之间移动来工作。在充放电过程中，Li+ 在两个电极之间往返嵌入和脱嵌。充电时，Li+ 从正极脱嵌，经过电解质嵌入负极，负极处于富锂状态；放电时，则相反。

1. 锂离子电池的类型

根据锂离子电池所用电解质材料的不同,锂离子电池分为液态锂离子电池(Liquified Lithium-Ion Battery,简称为 LIB)和聚合物锂离子电池(Polymer Lithium-Ion Battery,简称为 PLB)两种。

锂离子电池的外形常见的有菱柱形、圆柱形和袋形三种,如图 3-2-12 所示。

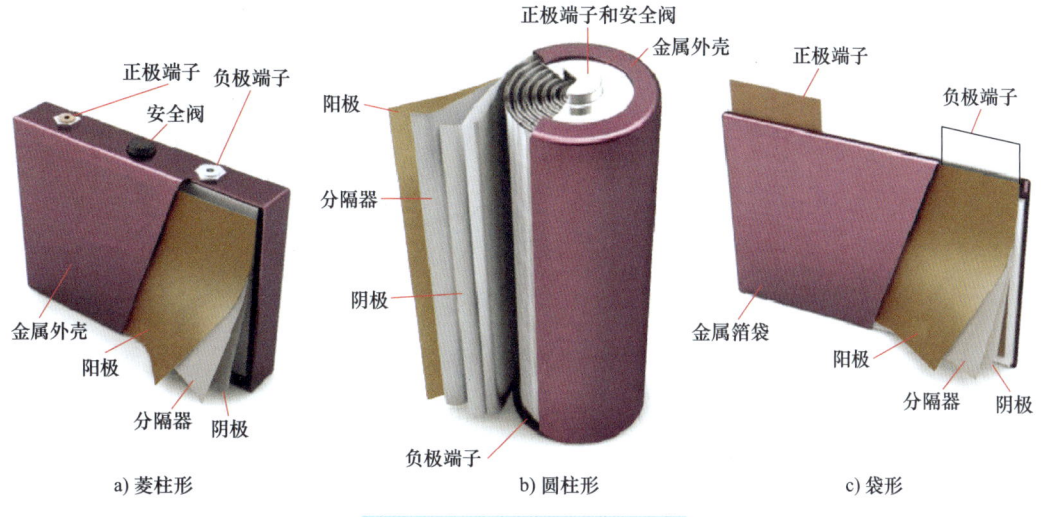

图 3-2-12 锂离子电池的外形

2. 锂离子电池的结构

锂离子电池由正极、负极、隔板、电解液和排气孔等组成。圆柱形锂离子电池结构如图 3-2-12 所示。

(1)正极

正极物质为嵌锂过渡金属氧化物。

(2)负极

负极活性物质为电位接近锂电位的可嵌入锂化合物。

(3)分隔器

隔板的功能是关闭或阻断通道的作用,一般使用聚乙烯或聚丙烯材料的微多孔膜,主要材料有 PE、PP 或它们的复合膜,PP/PE/PP 三层隔膜等。

(4)电解液

电解液是以 LiPF6 的烷基碳酸酯搭配高分子材料混合溶剂为主体的有机电解液。

(5)安全阀

为了保证锂离子电池的使用安全性,一般通过对外部电路的控制或者在蓄电池内部设有异常电流切断的安全装置。

3. 锂离子电池的工作原理

锂离子电池正极材料采用锂化合物 $LiCoO_2$、$LiNiO_2$ 或 $Li_2Mn_2O_4$,负极采用锂-碳层间化合物 Li_xC_6,电解液为有机溶液。

图 3-2-13 为锂离子电池的工作原理。当对电池进行充电时。电池的正极上有锂离子生成,生成的锂离子经过电解液运动到负极。当对电池进行放电时(即使用电池的过程),嵌在负极碳层中的锂离子脱出,又运动回正极。回正极的锂离子越多,放电容量越高。在整个充放电过程

中,锂离子往返于正负极之间。

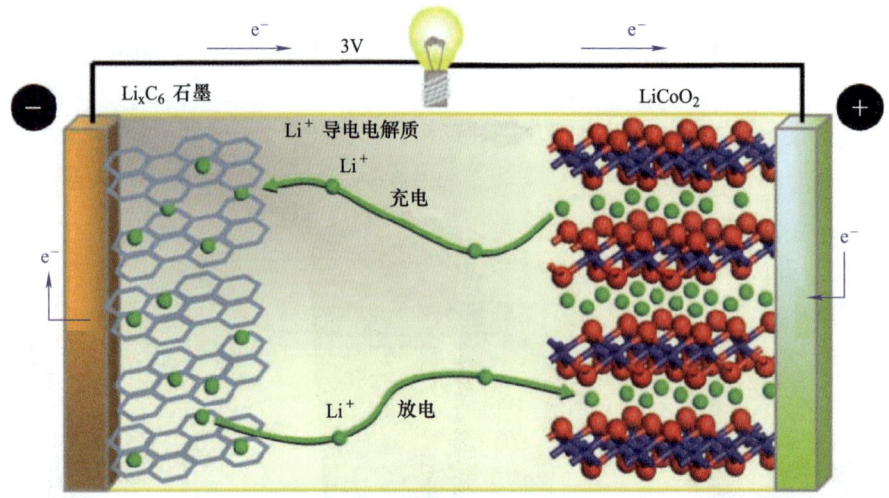

图 3-2-13　锂离子电池的工作原理

以 $LiCoO_2$ 为正极材料,石墨为负极材料的锂离子电池,充电过程中正、负极的电化学反应为

$LiCoO_2 \rightarrow Li_{1-x}CoO_2 + xLi^+ + xe^-$

$6C + xLi^+ + xe^- \rightarrow Li_xC_6$

总反应式:$LiCoO_2 + 6C \rightarrow Li_{1-x}CoO_2 + Li_xC_6$。

四、金属空气电池

金属空气电池以碱性溶液或中性盐溶液为电解液,电池中阳极为活泼金属消耗电极,阴极为空气扩散电极,电解质为中性盐溶液或碱性溶液,阴极反应为氧气还原的电极反应,如图 3-2-14 所示。

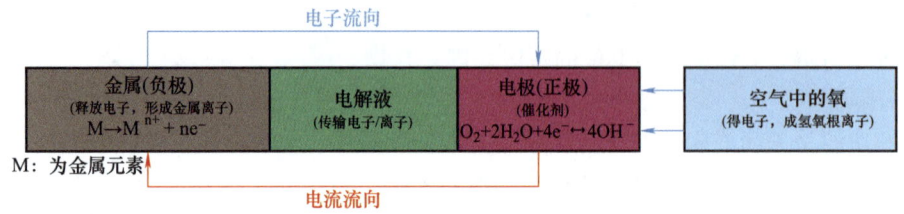

图 3-2-14　金属空气电池的组成与原理

根据负极所使用的金属材料的不同而制成不同的空气电池。目前已经取得研究进展的金属空气电池主要有铝空气电池、锌空气电池、锂空气电池等。

1. 铝空气电池

(1) 铝空气电池的组成

铝空气电池以高纯度铝(含铝 99.99%)为负极,空气(氧)为正极,以 KOH(氢氧化钾)或 NaOH(氢氧化钠)水溶液为电解质,如图 3-2-15 所示。

(2) 铝空气电池的工作原理

铝空气电池在放电时,负极的 Al(铝)被不断消耗,并生成 $Al(OH)_3$。正极多孔氧电极在放电时,与外部进入电极的氧(空气)发生电化学反应,生成 OH^-,如图 3-2-16 所示。

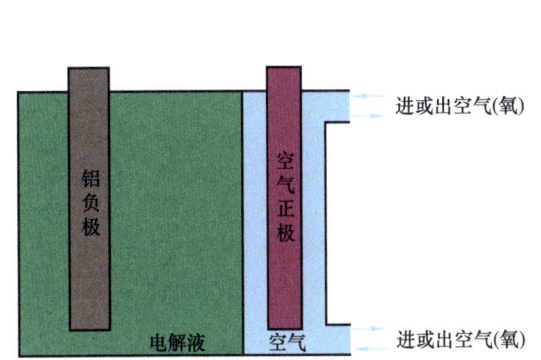

图 3-2-15　铝空气电池的组成

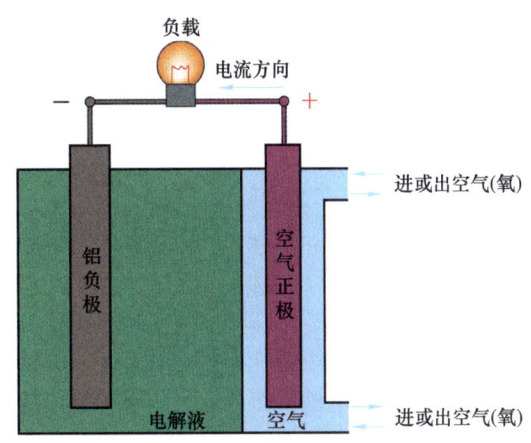

图 3-2-16　铝空气电池的工作原理

化学反应式如下：

负极：（Al）：$4Al-12e^-=4Al^{3+}$

正极：（Pt 或 Fe 等）：$3O_2+6H_2O+12e^-=12OH^-$

总反应式：$4Al+3O_2+6H_2O=4Al(OH)_3\downarrow$

2. 锌空气电池

（1）锌空气电池的类型

锌空气电池根据外形可分为方形、扁形、圆柱三种，方形锌空气电池又可分为内氧式结构和外氧式结构两种，如图 3-2-17 所示。

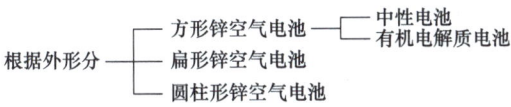

图 3-2-17　锌空气电池的类型

（2）锌空气电池的组成

锌空气电池用空气中的氧（吸附于炭）作为正极活性物质，Zn（锌）作为负极活性物质，氢氧化钾溶液作为电解液的高能化学电源，如图 3-2-18 所示。

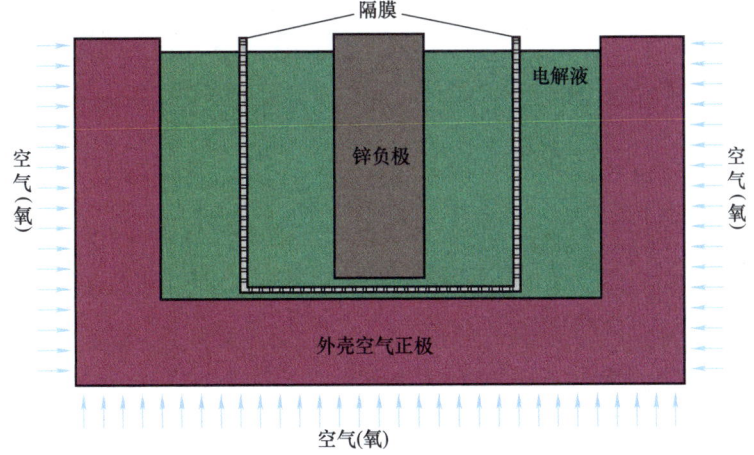

图 3-2-18　锌空气电池的组成

（3）锌空气电池的工作原理

锌空气电池的充电过程十分缓慢，为解决这一问题，锌空气电池的负极锌板或锌粒被氧化成氧化锌而失效后，一般采用直接更换锌板或锌粒和电解质的方法，使锌空气电到完全更新。放电时正、负极和总反应的化学方程式为

负极：$Zn+2OH^-=ZnO+H_2O+2e^-$

正极：$0.5O_2+H_2O+2e^-=2OH^-$

总反应：$2Zn+O_2=2ZnO$

3. 锂空气电池

锂空气电池是用锂作阳极，以空气中的氧气作为阴极反应物的电池。

（1）锂空气电池的组成

负极采用金属锂条，负极的电解液采用含有锂盐的有机电解液。中间设有用于隔开正极和负极的锂离子固体电解质。正极的水性电解液使用碱性水溶性凝胶，与由微细化碳和廉价氧化物催化剂形成的正极组合，如图3-2-19所示。

（2）锂空气电池的工作原理

1）充电过程（图3-2-20）

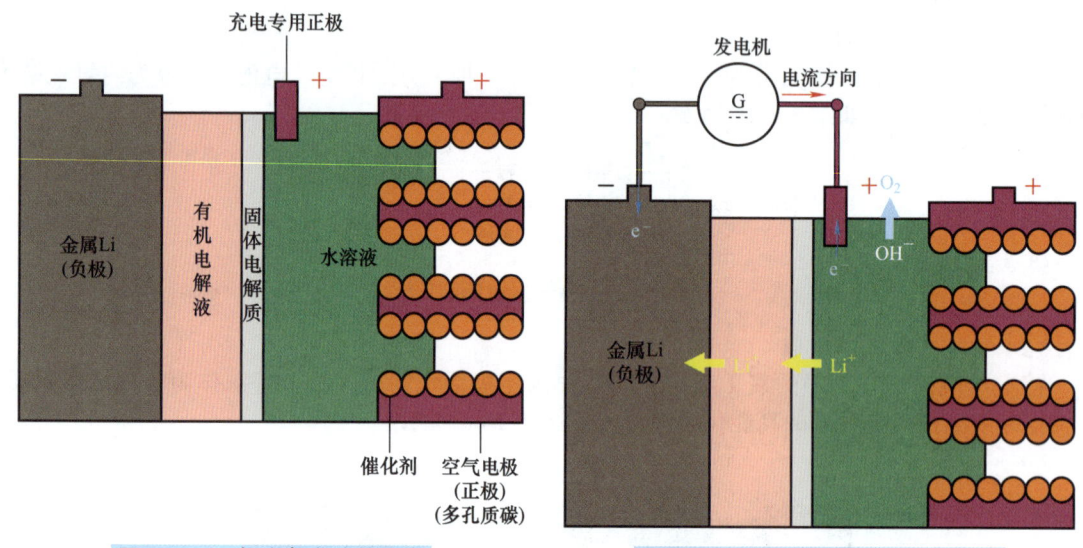

图3-2-19　锂空气电池的组成　　　图3-2-20　锂空气电池的充电过程

① 负极反应：$Li \rightarrow Li^+ + e^-$

金属锂以锂离子（Li^+）的形式溶于有机电解液，电子供应给导线。溶解的锂离子（Li^+）穿过固体电解质移到正极的水性电解液中。

② 正极反应：$O_2+2H_2O+4e^- \rightarrow 4OH^-$

通过导线供应电子，空气中的氧气和水在微细化碳表面发生反应后生成氢氧根离子（OH^-）。在正极的水性电解液中与锂离子（Li^+）结合生成水溶性的氢氧化锂（LiOH）。

2）放电过程（图3-2-21）

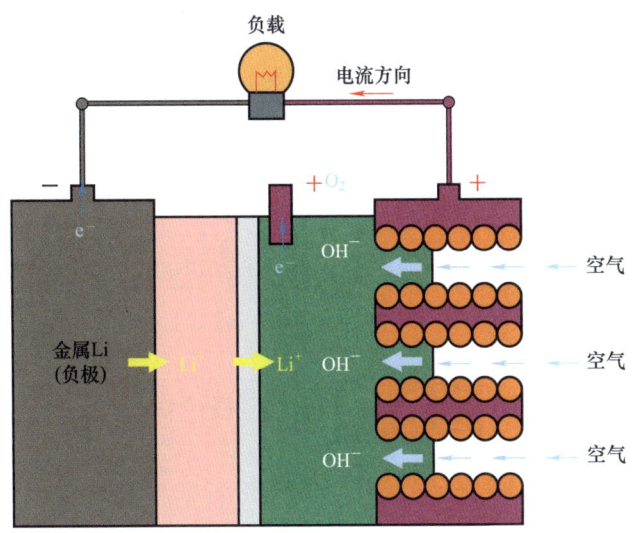

图 3-2-21 锂空气电池的放电过程

① 负极反应：$Li^+ + e^- \rightarrow Li$

通过导线供应电子，锂离子（Li^+）由正极的水性电解液穿过固体电解质到达负极表面，在负极表面发生反应生成金属锂。

② 正极反应：$4OH^- \rightarrow O_2 + 2H_2O + 4e^-$

反应生成氧，产生的电子供应给导线。

4. 其他金属空气电池

金属空气电池中除了铝空气电池、锌空气电池、锂空气电池外，根据负极所用金属的不同，还有 MH 空气电池、镁空气电池、隔空气电池和铁空气电池等。

复 习 题

一、选择题

1. 丰田混合动力汽车使用的是（　　）。
   A. 铅酸蓄电池　　　B. 锂离子电池　　　C. 镍氢电池　　　D. 空气电池

2. 下面说法有误的是（　　）。
   A. 普通蓄电池的极板是由铅和铅的氧化物构成的，电解液是盐酸的水溶液。
   B. 免维护蓄电池由于自身结构上的优势，电解液的消耗量非常小，在使用寿命内基本不需要补充蒸馏水。
   C. 充电指的是将电能回充到蓄电池中。充电过程中将电能转化为化学能。
   D. 镍氢电池是一种性能良好的蓄电池。镍氢电池根据形状可分为方形镍氢电池和圆形镍氢电池。

3. 镍氢电池的工作状态可以分为（　　）种。
   A. 5　　　　　　　B. 4　　　　　　　C. 3　　　　　　　D. 2

4. 镍氢电池充电时正极的 $Ni(OH)_2$ 和 OH^- 反应生成 NiOOH 和（　　）。
   A. H_2　　　　　　B. e^-　　　　　　C. O_2　　　　　　D. H_2O

5. 锂离子电池负极材料采用的是（　　）。
   A. $LiCoO_2$　　　　B. $LiNiC_2$　　　　C. $LiNn_2O_4$　　　D. Li_xC_6

二、判断题

1. 常用的铅酸蓄电池主要分普通蓄电池、干荷蓄电池和免维护蓄电池三大类。（　　）
2. 镍氢电池是正极活性物质主要由镍制成，负极活性物质主要由锌制成的一种碱性蓄电池。（　　）
3. 锂离子电池由正极、负极、隔板、电解液和排气孔等组成。（　　）
4. 金属空气电池以酸性溶液或中性盐溶液为电解液，电池中阳极为空气扩散电极，阴极为活泼金属消耗电极。（　　）
5. 根据锂离子电池所用电解质材料的不同，锂离子电池分为液态锂离子电池（LIB）和聚合物锂离子电池（PLB）两种。（　　）

任务三　燃料电池

学习目标

经过该任务学习后，将能做到：
- ◆ 了解燃料电池类型。
- ◆ 知道碱性燃料电池（AFC）的基本结构与工作原理。
- ◆ 知道质子交换膜燃料电池（PEMFC）的基本结构与工作原理。
- ◆ 知道固体氧化物燃料电池（SOFC）的基本结构与工作原理。

一、燃料电池类型

燃料电池是一种将燃料和氧化剂的化学能直接转换成电能的电化学反应装置。

一个单体燃料电池由阳极、阴极和电解质隔膜构成。它的发电原理与化学电源一样，电极提供电子转移的场所，阳极催化燃料（如氢气等），阴极催化氧化剂（如氧等）的还原过程；导电离子在将阴阳极分开的电解质内迁移，电子通过外电路作功并构成电的回路，如图3-3-1所示。

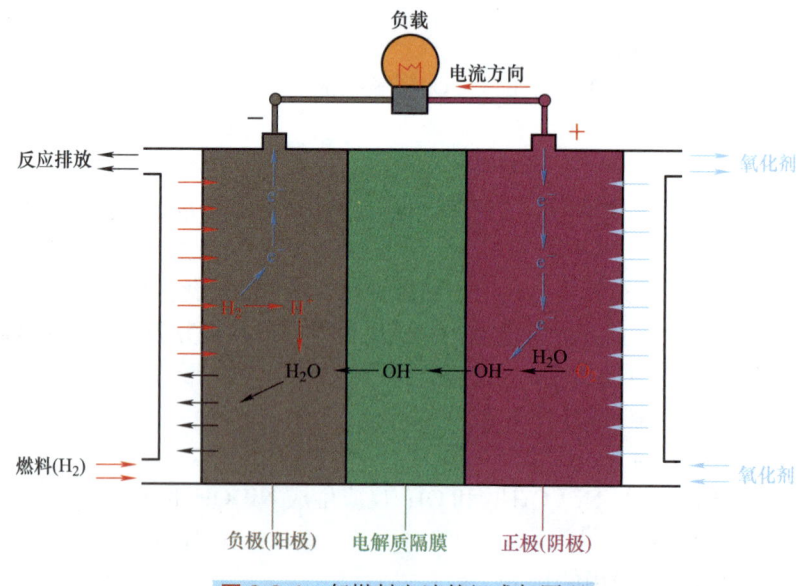

图3-3-1　氢燃料电池的组成与原理

1. 燃料电池的分类

燃料电池的分类如图 3-3-2 所示。

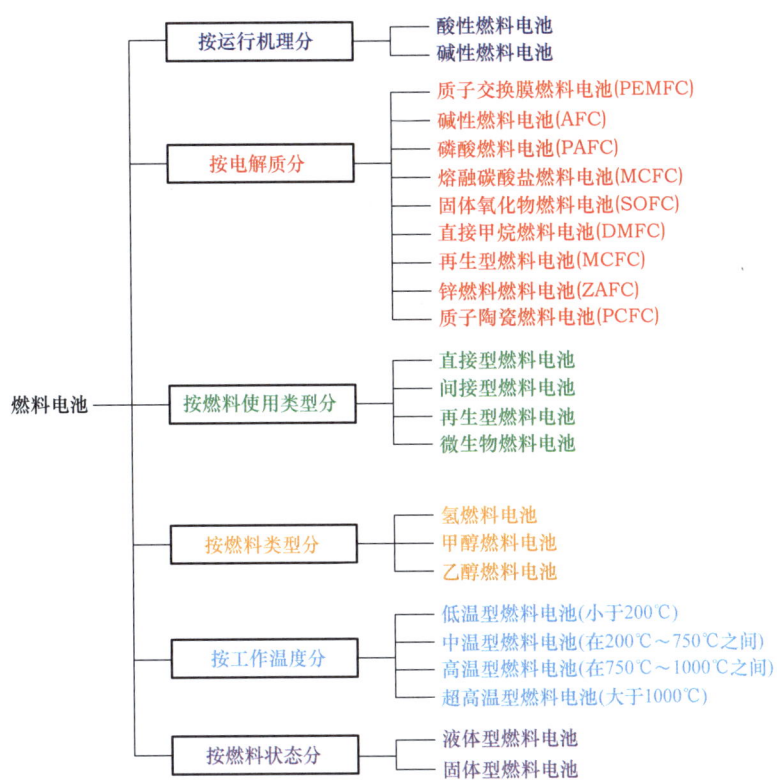

图 3-3-2　燃料电池的类型

2. 燃料电池的特点

燃料电池直接将燃料和氧化剂的化学能转换为电能，不受卡诺热机循环的限制，只要提供燃料即可发电，其特点如图 3-3-3 所示。

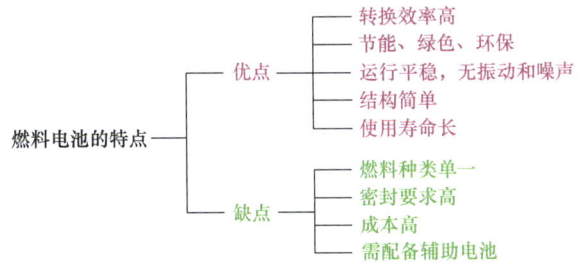

图 3-3-3　燃料电池的特点

3. 燃料电池系统

燃料电池系统主要由燃料电池、燃料供应系统、氧化剂系统、发电系统、水管理系统、热管理系统、电力系统及控制系统等组成，如图 3-3-4 所示。

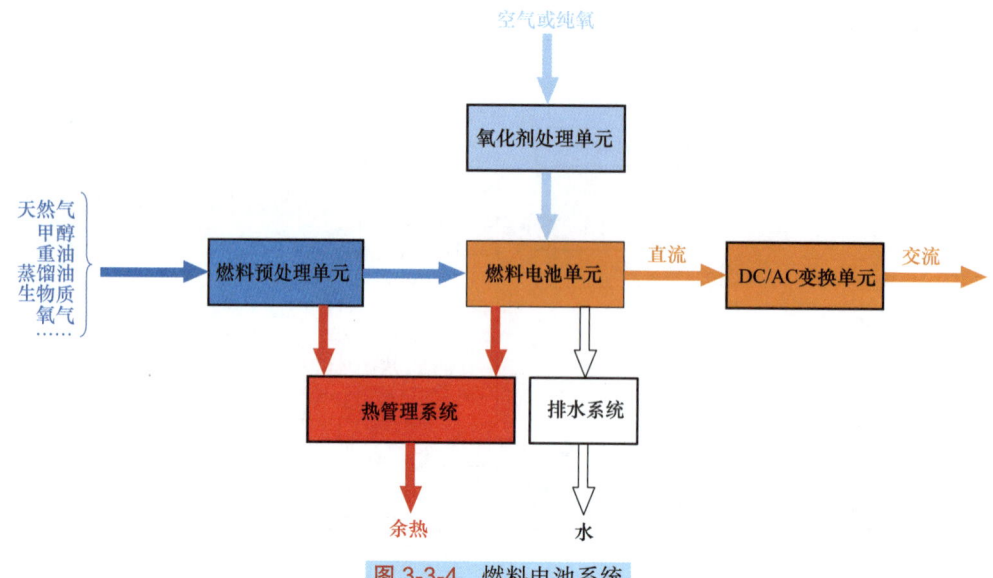

图 3-3-4　燃料电池系统

（1）燃料供应系统

燃料供应系统主要任务就是给燃料电池提供燃料。

（2）氧化剂系统

氧化剂系统主要给燃料电池提供氧气。可以从空气中获取氧气或从氧气罐中获取氧气，空气需要用压缩机来提高压力，以增加燃料电池反应的速度。在燃料电池系统中，配套压缩机的性能有特定的要求，压缩机质量和体积会增加燃料电池发动机系统的质量、体积和成本，压缩机所消耗的功率会使燃料电池的效率降低。空气供应系统的各种阀、压力表、流量表等的接头要采取防泄漏措施。在空气供应系统中还要对空气进行加湿处理，保证空气有一定的湿度。

（3）发电系统

发电系统是指燃料电池本身，它将燃料和氧化剂中的化学能直接变成电能，而不需要经过燃烧的过程，它是一个电化学装置。

（4）水管理系统

由于质子交换膜燃料电池中质子是以水合离子状态进行传导的，所以燃料电池需要有水，水少会影响电解质膜的质子传导特性，从而影响电池的性能。由于在电池的阴极生成水，所以需要及时不断地将这些水带走，否则会将电极"淹死"，也造成燃料电池失效。水的管理在燃料电池中至关重要。

（5）热管理系统

大功率燃料电池发电时，由于电池内阻的存在，不可避免地会产生热量，通常产生的热与其发电量相当。而燃料电池的工作温度是有一定限制的，如对质子交换膜燃料电池而言，应控制在 80℃，因此需要及时将电池生成的热量带走，否则会发生过热，烧坏电解质膜。水和空气通常是常用的传热介质。

（6）电力系统

电力系统是将燃料电池发出的直流电变为适合用户使用的电。燃料电池所产生的是直流电，需要经过 DC/DC 变换器进行调压，在采用交流电机的驱动系统中，还需要用逆变器将直流电变换为三相交流电。

（7）控制系统

燃料电池控制系统的作用主要是电池系统的启动与停工，维持电池系统稳定运行的各操作参数的控制，对电池运行状态进行监测、判断等。

（8）安全系统

氢是燃料电池的主要燃料，氢的安全十分重要，其安全系统由氢气探测器、数据处理系统及灭火设备等构成。

二、碱性燃料电池（AFC）

1. 碱性燃料电池的组成

碱性燃料电池（Alkaline Fuel Cell，AFC）主要由以下部分组成，如图 3-3-5 所示。

1）阳极：以 Pt-Pd/C、Pt/C、Ni 或硼化镍等具有良好催化氢电化学氧化的电催化剂制备的多孔气体电极。

2）阴极：具有良好催化活性的 Pt/C、Ag、Ag-Au、Ni 等为电催化剂制备的多孔气体扩散电极。

3）电解质：强碱（如氢氧化钾、氢氧化钠）。

4）燃料：氢气。

5）氧化剂：空气或纯氧。

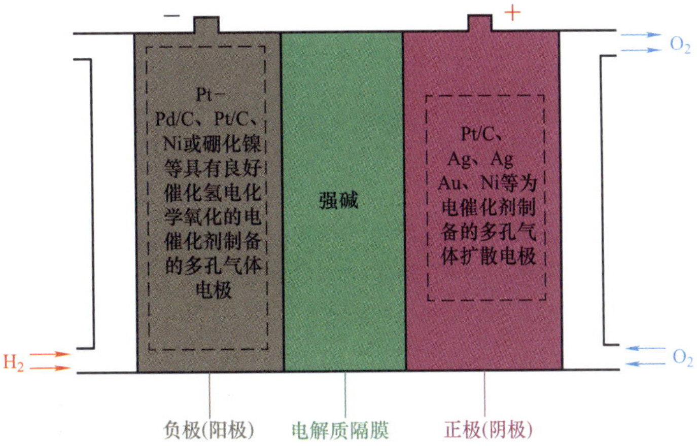

图 3-3-5 碱性燃料电池的组成

2. 碱性燃料电池的工作原理

单体碱性石棉模型氢氧燃料电池工作原理如图 3-3-6 所示。

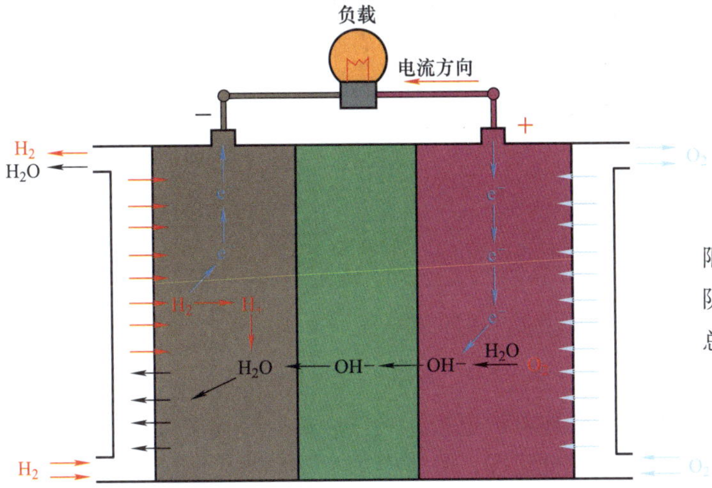

阳极反应：$H_2 + 2OH^- \rightarrow 2H_2O + 2e^-$

阴极反应：$O_2 + 2H_2O + 4e^- \rightarrow 4OH^-$

总反应：$2H_2 + O_2 \rightarrow 2H_2O$

图 3-3-6 碱性燃料电池工作原理

3. 碱性燃料电池的特点

碱性燃料电池与其他类型燃料电池相比，具有以下特点：

1)具有较高的效率(50%~55%)。

2)工作温度大约80℃,因此,它们的起动很快,但其电力密度却只能达到质子交换膜燃料电池密度的十几分之一。

3)性能可靠,可用非贵金属作为催化剂。

4)是燃料电池中生产成本最低的一种电池。

5)发展快应用前景广。

6)使用具有腐蚀性的液态电解质,具有一定的危险性,容易造成环境污染。此外,为解决CO_2毒化所采用的一些方法,如使用循环电解液、吸收CO_2等增加了系统的复杂性。

三、质子交换膜燃料电池(PEMFC)

1. 质子交换膜燃料电池的组成

质子交换膜燃料电池由质子交换膜、催化剂层、扩散层、集流板(又称双极板)组成,如图3-3-7所示。

(1)质子交换膜

质子交换膜的主要作用如下:①作为隔膜;②作为电解质;③只允许H^+穿过,其他离子、气体及液体均不能通过。

(2)催化剂层

气体扩散电极上都含有一定量的催化剂,是为了加快电化学反应速度。质子交换膜燃料电池的电催化剂主要有铂系和非铂系两类。

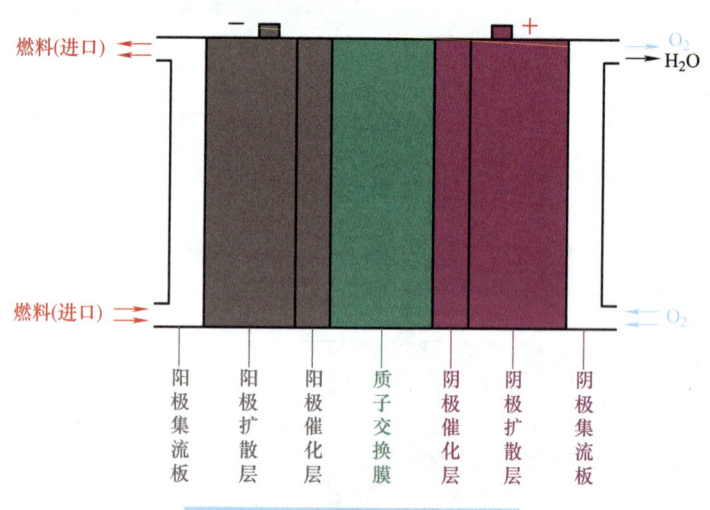

图3-3-7 碱性燃料电池的结构

(3)电极

质子交换胶燃料电池的电极是一种多孔气体扩散电极,一般由扩散层和催化层构成。扩散层是由导电材料制成的多孔合成物,起着支撑催化层,收集电子,并为电化学反应提供电子通道、气体通道和排水通道的作用。

(4)膜电极(MEA)

膜电极是通过热压将阴极、阳极与质子交换膜复合在一起形成的。为了使电化学反应顺利进行,多孔气体扩散电极必须具备质子、电子、反应气体和水的连续通道。

（5）集流板

集流板（图3-3-8）又称双极板，是电池的重要部件之一，其作用是分隔反应气体，收集电流，将各个单电池串联起来和通过流场为反应气体进入电极及水的排出提供通道。

2. 质子交换膜燃料电池的工作原理（图3-3-9）

（1）阳极

导入的氢气通过阳极集流板（双极板）经由阳极气体扩散层到达阳极催化剂层，在阳极催化剂的作用下，氢分子分解为 H^+（氢离子）和 e^-（电子）。

阳极反应：$2H_2 \rightarrow 4H^+ + 4e^-$。

图 3-3-8 集流板实物

（2）外部电路

氢离子穿过膜到达阴极催化剂层，而电子则由集流板收集，通过外电路到达阴极，电子在外电路形成电流，通过适当连接可向负载输出电能。

（3）阴极

在电池阴极一侧，氧气通过阴极集流板（双极板）经由阴极气体扩散层到达阴极催化剂层。在阴极催化剂的作用下，氧与透过膜的氢离子及来自外电路的 e^-（电子）发生反应生成水，完成阴极反应；电极反应生成的水大部分由尾气排出，一小部分在压力差的作用下通过膜向阳极扩散。

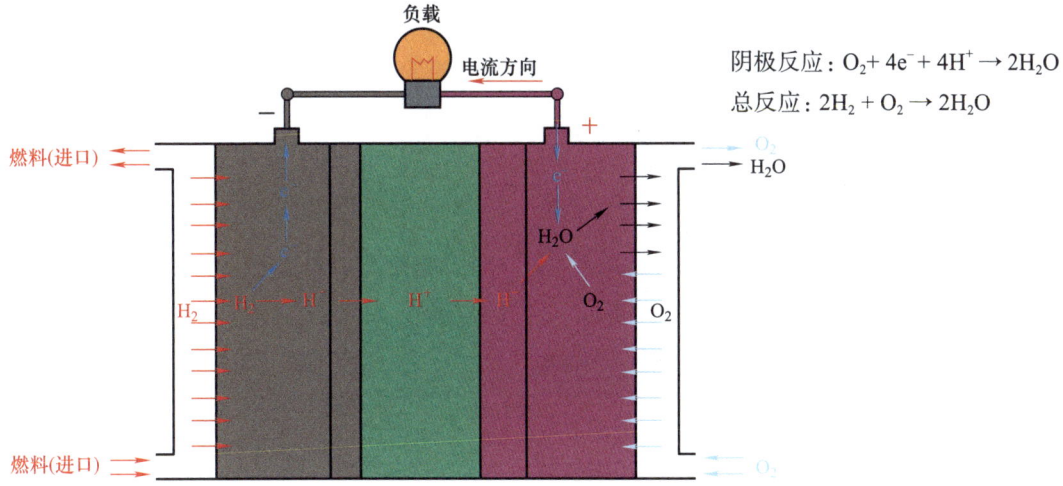

阴极反应：$O_2 + 4e^- + 4H^+ \rightarrow 2H_2O$
总反应：$2H_2 + O_2 \rightarrow 2H_2O$

图 3-3-9 质子交换膜燃料电池工作原理

四、熔融碳酸盐燃料电池（MCFC）

熔融碳酸盐燃料电池（Molten Carbonate Fuel Cells，MCFC）是由多孔陶瓷阴极、多孔陶瓷电解质隔膜、多孔金属阳极、金属极板构成的。

1. 熔融碳酸盐燃料电池的组成

单体的熔融碳酸盐燃料电池一般是平板型的，由电极、电解质、燃料流通道、氧化剂流通道和上下隔板组成，如图 3-3-10 所示。单体的上下为隔板／电流采集板，中间部分是电解质板，电解质板的两侧为多孔的阳极极板和阴极极板，其电解质是熔融态碳酸盐。

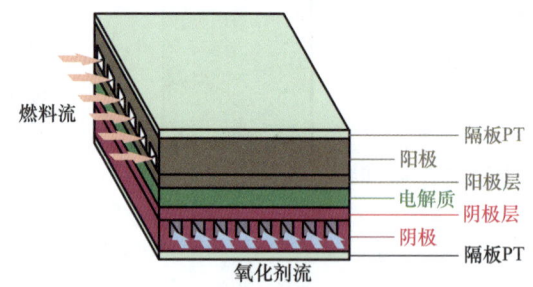

图 3-3-10　熔融碳酸盐燃料电池的组成

2. 熔融碳酸盐燃料电池的工作原理

熔融碳酸盐燃料电池的工作原理如图 3-3-11 所示，燃料电池的工作过程实质上是燃料的氧化和氧化剂的还原过程。燃料和氧化剂气体流经阳极和阴极通道，氧化剂中的 O_2 和 CO_2 在阴极与电子进行氧化反应产生 CO_3^{2-}，电解质板中的 CO_3^{2-} 从阴极移动到阳极，燃料气中的 H_2 与 CO_3^{2-} 在阳极发生反应，生成了 CO_2、H_2O 和电子。电子被集流板收集起来，然后到达隔板。隔板位于燃料电池单元的上部和下部，并与负载设备相连，从而构成包括电子传输和离子移动在内的完整回路。

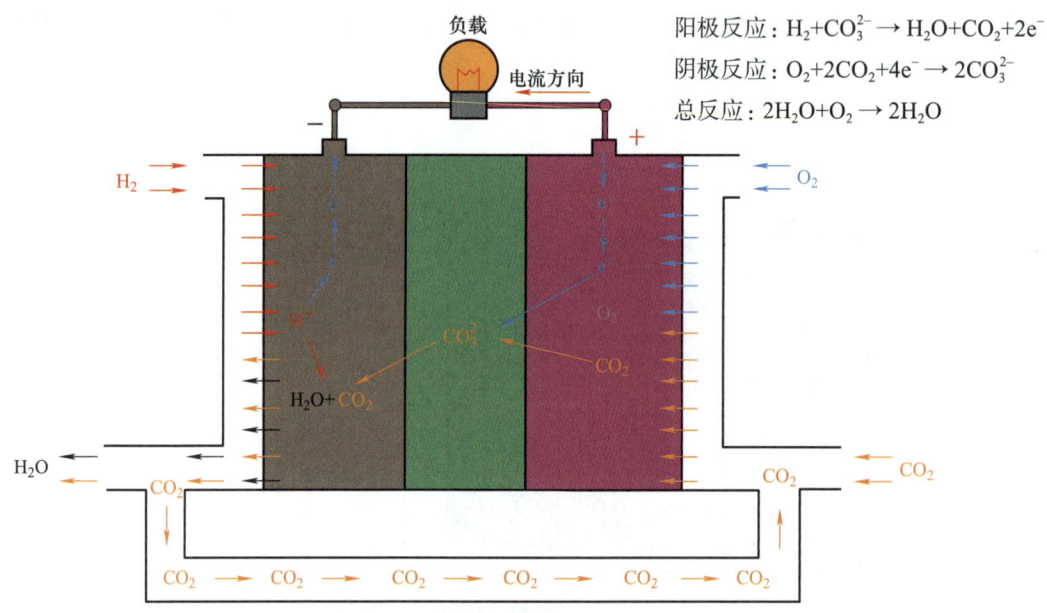

阳极反应：$H_2 + CO_3^{2-} \rightarrow H_2O + CO_2 + 2e^-$
阴极反应：$O_2 + 2CO_2 + 4e^- \rightarrow 2CO_3^{2-}$
总反应：$2H_2O + O_2 \rightarrow 2H_2O$

图 3-3-11　熔融碳酸盐燃料电池工作原理

五、固体氧化物燃料电池（SOFC）

固体氧化物燃料电池（Solid Oxide Fuel Cell，简称 SOFC）是一种在中高温下直接将储存在燃料和氧化剂中的化学能高效、环境友好地转化成电能的全固态化学发电装置，它属于第三代燃料电池，是在未来会与质子交换膜燃料电池（PEMFC）一样得到广泛应用的一种燃料电池。

1. 固体氧化物燃料电池的组成

固体氧化物燃料电池单体主要由电解质、阳极或燃燃料、阴极或空气极、连接体或双极板组成，如图 3-3-12 所示。

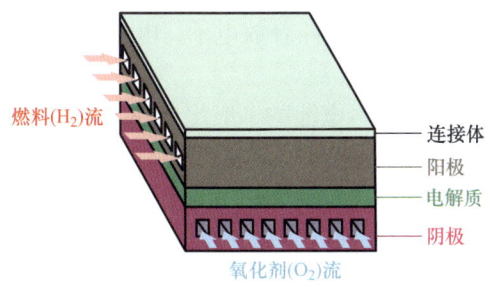

图 3-3-12　固体氧化物燃料电池的组成

（1）电解质

电解质是固体氧化物燃料电池最核心的部件，它的主要功能在于传导氧离子。

（2）电极

电极主要由催化剂制成。

1）阴极。阴极长期在高温和氧化中工作，起传递电子和扩散氧作用，应是多孔洞的电子导电性薄膜。

2）阳极。阳极主要应用价格较低的 Ni/YSZ 陶瓷合金材料。

（3）连接材料。

连接材料在单电池间起连接作用，并将阳极侧的燃料气体与阴极侧氧化气体（氧气或空气）隔离开来。

2. 固体氧化物燃料电池的工作原理

固体氧化物燃料电池工作时，电子由阳极经外电路流向阴极，氧离子经电解质由阴极流向阳极，如图 3-3-13 所示。

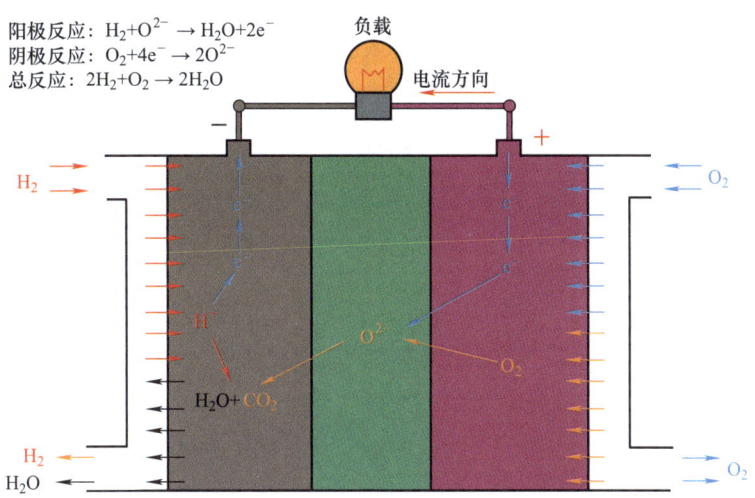

图 3-3-13　固体氧化物燃料电池工作原理

在阴极发生氧化剂（氧或空气）的电还原反应，即氧分子得到电子被还原为氧离子。

氧离子作电解质隔脱两侧电位差与浓差驱动力的作用下，通过电解质隔膜中的氧空位，定向跃迁到阳极侧。

在阳极发生燃料（氢或富氢气体）的电氧化反应，即燃料（如氢）与经电解质传递过来的氧离子进行氧化反应生成水，同时向外电路释放电子，电子通过外电路到达阴极形成直流电。

3. 固体氧化物燃料电池的特点

固体氧化物燃料电池除了具有燃料电池的一般优点外，它还具有以下特点：

1）对燃料的适应性强，能在多种燃料包括碳基燃料的情况下运行。
2）不需要使用贵金属催化剂。
3）使用全固态组件，不存在对漏液、腐蚀的管理问题。
4）积木性强，规模和安装地点灵活等。

固体氧化物燃料电池与磷酸型燃料电池、熔融碳酸盐燃料电池相比有以下优点：

1）较高的电流密度和功率密度。
2）阳、阴极极化可忽略，彼化损失集中在电解质内阻降。
3）可直接使用氢气、烃类（甲烷）、甲醇等作燃料，而不必使用贵金属作催化剂。
4）避免了中、低温燃料电池的酸碱电解质或熔盐电解质的腐蚀及封接问题。
5）能提供高质余热，实现热电联产，燃料利用率高，能量利用率高达80%左右，是一种清洁高效的能源系统。
6）广泛采用陶瓷材料作电解质、阴极和阳极，具有全固态结构。
7）陶瓷电解质要求中、高温运行（600～1000℃），加快了电池的反应进行，还可以实现多种碳氢燃料气体的内部还原，简化了设备。

六、直接甲醇燃料电池（DMFC）

直接甲醇燃料电池（Direct Methanol Fuel Cell，简称DMFC）是将燃料（甲醇）和氧化剂（氧气或空气）的化学能直接转化为电能的一种发电装置。

1. 直接甲醇燃料电池的组成与工作原理

直接甲醇燃料电池主要由阳极、固体电解质膜和阴极构成，阳极和阴极分别由多孔结构的扩散层和催化剂层组成，如图3-3-14所示。

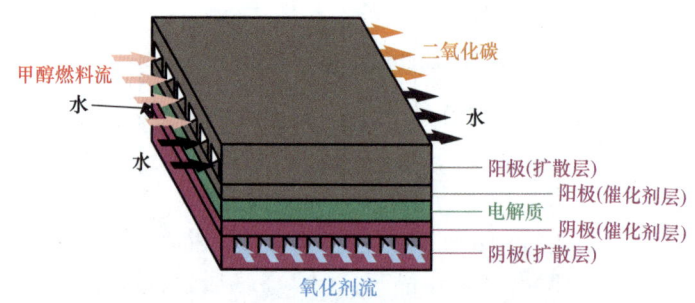

图3-3-14 直接甲醇燃料电池的组成

常用的阳极和阴极电极催化剂分别为PtRu/C和Pt/C贵金属催化剂。扩散层在其中起到支撑催化层、收集电子及传导反应物作用。

2. 直接甲醇燃料电池的工作原理

直接甲醇燃料电池的工作原理如图 3-3-15 所示。

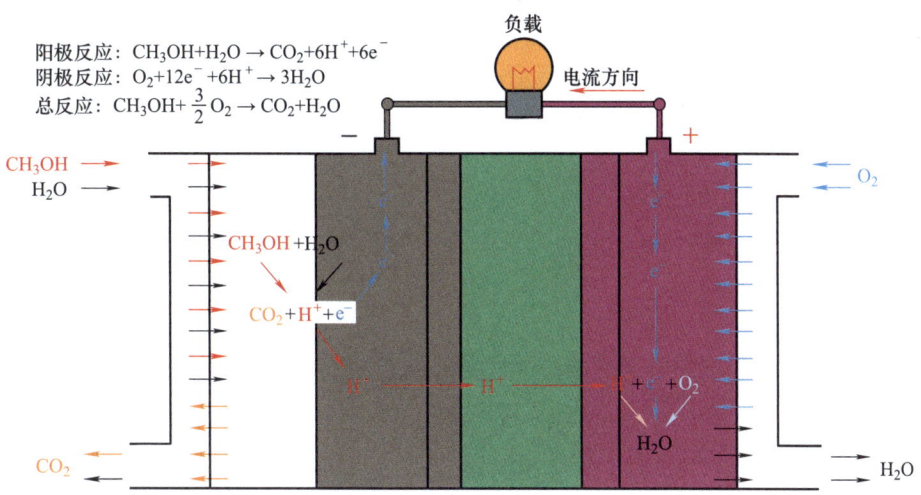

图 3-3-15　直接甲醇燃料电池的工作原理

（1）阳极

以甲醇为燃料，将甲醇和水混合物送至直接甲醇燃料电池的阳极，在阳极甲醇直接发生电催化氧化反应生成 CO_2，并释放出电子和质子。

（2）阴极

阴极氧气发生电催化氧化还原反应，与阳极产生的质子反应生成水。电子从阳极经外电路转移至阴极形成直流电，工作温度为 25～135℃。

3. 直接甲醇燃料电池的特点

直接甲醇燃料电池的突出优点：

1）甲醇来源丰富，价格低廉，储存携带方便。
2）与氢-氧质子交换膜燃料电池相比，结构更简单，操作更方便。
3）与质子交换膜燃料电池相比，体积能量密度更高。
4）与重整式甲醇燃料电池相比，它没有甲醇重整装置，质量更轻、体积更小、响应时间更快。

直接甲醇燃料电池的缺点是当甲醇低温转换为氢和二氧化碳时，要比常规的质子交换膜燃料电池需要更多的铂金催化剂。

复 习 题

一、选择题

1. 燃料电池按燃料使用类型分为（　　）大类。
A. 5　　　　　　　　B. 4　　　　　　　　C. 3　　　　　　　　D. 2
2. 不属于燃料电池的特点的是（　　）。
A. 成本高　　　　　B. 结构简单　　　　C. 使用寿命短　　　D. 节能、绿色、环保
3. 大功率燃料电池发电的同时，由于电池内阻的存在，不可避免地会产生热量，通常产生

的热与其发电量相当。燃料电池的工作温度是有一定限制的，温度应控制在（　　）℃左右。

A.50　　　　　　B.60　　　　　　C.70　　　　　　D.80

4. 质子交换膜燃料电池在阴极生成的是（　　）。

A.$2H_2O$　　　　B.O_2　　　　C.$2H_2$　　　　D.$4H^+$

5. 下面说法有误的是（　　）。

A. 一个单体燃料电池由阳极、阴极和电解质隔膜构成。

B. 燃料电池发电原理与化学电源一样。

C. 燃料电池按运行机理可分为四大类。

D. 燃料电池直接将燃料和氧化剂的化学能转换为电能，不受卡诺热机循环的限制，只要提供燃料即可发电。

二、判断题

1. 燃料电池是一种将燃料和氧化剂的化学能直接转换成电能的电化学反应装置。（　　）

2. 燃料电池按燃料状态可分为 3 类。（　　）

3. 固体氧化物燃料电池由质子交换膜、催化剂层、扩散层、集流板（又称双极板）组成。（　　）

4. 燃料电池系统主要由燃料电池、燃料供应系统、氧化剂系统、发电系统、水管理系统、热管理系统、电力系统及控制系统等组成。（　　）

5. 发电系统是指燃料电池本身，它将燃料和氧化剂中的化学能直接变成电能，而不需要经过燃烧的过程，它是一个电化学装置。（　　）

任务四　超级电容器

学习目标

经过该任务学习后，将能做到：

◆ 了解超级电容器的类型与结构。

◆ 知道超级电容器的工作原理与特点。

◆ 了解超级电容器在汽车上的应用。

超级电容器是介于蓄电池和传统静电电容器之间的一种新型储能装置，它是一种具有超级储电能力、可提供强大脉冲功率的物理二次电源。超级电容器主要利用电极/电解质界面电荷分离所形成的双电层，或借助电极表面快速的氧化还原反应所产生的法拉第准电容来实现电荷和能量的储存。

一、超级电容器的类型

超级电容器的类型如图 3-4-1 所示。

项目三　动力电池与动力电池管理系统

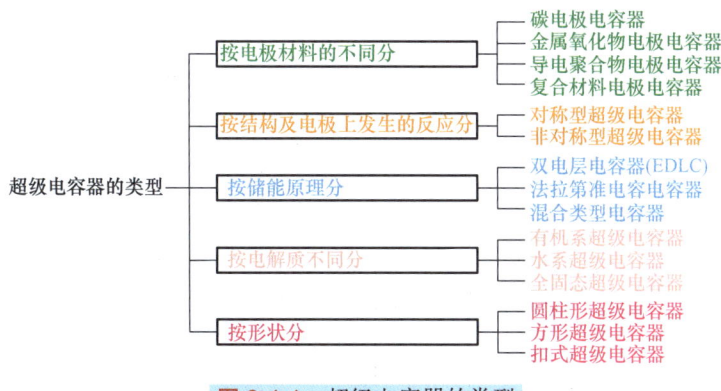

图 3-4-1　超级电容器的类型

二、超级电容器的结构

超级电容器由电极、集电板、隔膜及电解液组成，如图 3-4-2 所示。电极材料与集电板之间要紧密相连，以减小接触电阻；隔膜应满足具有尽可能高的离子电导和尽可能低的电子电导的条件，一般为纤维结构的电子绝缘材料。电解液的类型根据电极材料的性质进行选择。

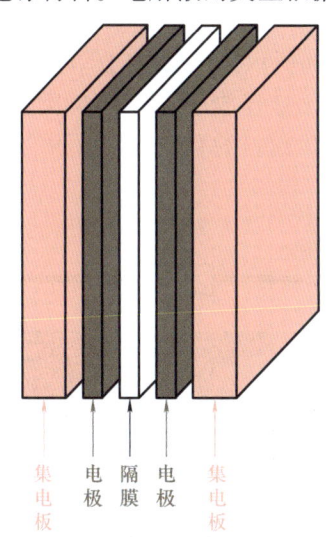

图 3-4-2　超级电容器的结构

三、超级电容器的工作原理

1. 充电过程

超级电容器充电过程如图 3-4-3 所示。充电时，电子通过外加电源从正极流向负极，同时，正负离子在固体电极上电荷引力的作用下从溶液体相中分离，并分别移动聚集到两个固体电极的表面，形成双电层。充电结束后，电极上的正负电荷与溶液中的相反电荷离子相吸引而使双电层稳定，在正负极间产生相对稳定的电位差。

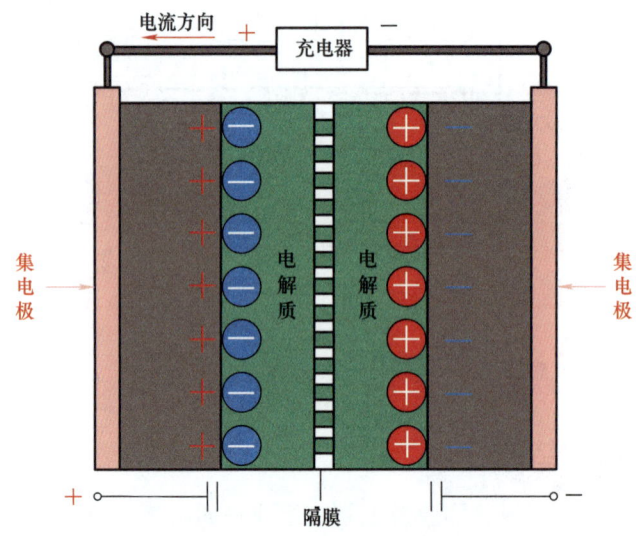

图 3-4-3　超级电容器的充电过程

2. 放电过程

超级电容器放电过程如图 3-4-4 所示。在放电时，电子通过负载从负极流到正极，在外电路中产生电流，正负离子从电极表面被释放进入溶液体相呈电中性。这种储能原理允许大电流快速充放电，其容量大小随所选电极材料的有效比表面积的增大而增大。双电层的厚度取决于电解液的浓度和离子大小。

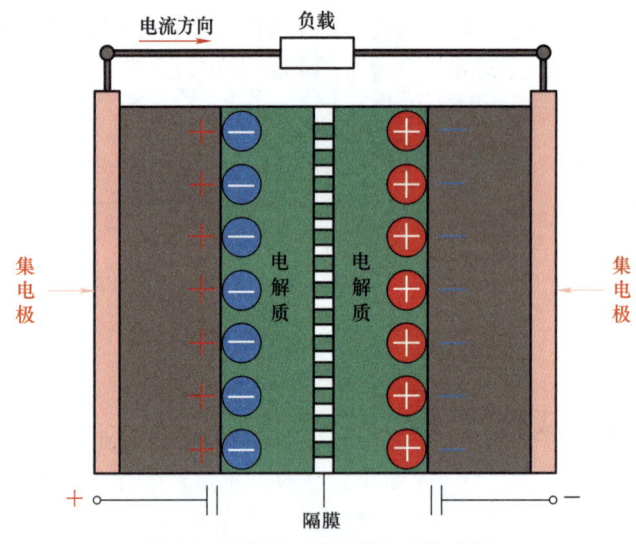

图 3-4-4　超级电容器的放电过程

四、超级电容器的特点

1. 超级电容器的优点

1）高功率密度。超级电容器的内阻小，输出功率密度高，是一般蓄电池的数十倍。

2）充电速度快。可以用大电流给超级电容器充电，充电 10s~10min 可达到其额定容量的 95% 以上。

3）工作温度范围宽。超级电容器能在 –40～60℃的环境温度中正常工作。

4）循环寿命长。超级电容器具有至少 10 万次以上的充电寿命，没有"记忆效应"。

5）简单方便。超级电容器充放电线路简单，无需充电池那样的充电电路，安全系数高，长期使用免维护；检测方便，剩余电量可直接读出。

6）绿色环保。超级电容器在生产过程中不使用重金属和其他有害化学物质，因而在生产、使用、储存及拆解过程中均没有污染，是一种新型的绿色环保电源。

2. 超级电容器的缺点

1）低能量密度。目前超级电容器可储存的能量比化学电源少得多。

2）低电压。超级电容单体电压低，需要多个电容串联才能提升整体电压。

3）高自放电。它的自放电速率比化学电源要高。

4）线性放电。超级电容器线性放电的特性使它无法完全放电。

五、超级电容器在汽车上的应用

目前超级电容器被广泛应用到新能源汽车中，用作起动、制动、爬坡时的辅助动力。汽车频繁的起步、爬坡和制动，造成其功率需求曲线变化很大，在城市路况下更是如此。一辆高性能电动汽车的峰值功率与平均功率之比可达 16∶1，但是这些峰值功率的特点是持续时间一般都比较短，需要的能量并不高。对于纯电动、燃料电池和串联混合动力汽车而言，这就意味着要么汽车动力性不足，要么电压总线上要经常承受大的尖峰电流，这无疑会大大损害电池、燃料电池或其他辅助动力装置的寿命。如果使用比功率较大的超级电容器，当瞬时功率需求较大时，由超级电容器提供尖峰功率，并且在制动回馈时吸收尖峰功率，就可以减轻对电池、燃料电池或其他辅助动力装置的压力，可以大大增加起步、加速时系统的功率输出，而且可以高效地回收大功率的制动能量，还可以提高电池的使用寿命，改善其放电性能。

复 习 题

一、选择题

1. 属于物理电池的是（　　）。
A. 铅酸蓄电池　　B. 镍氢电池　　C. 燃料电池　　D. 超级电容器

2. 超级电容按电极材料的不同可分为（　　）类。
A.5　　　　B.4　　　　C.3　　　　D.2

3. 超级电容器是由（　　）、集电板、隔膜及电解液组成。
A. 电极　　B. 密封圈　　C. 正极　　D. 负极

4. 不属于超级电容器的特点的是（　　）。
A. 充电速度快　　B. 使用寿命长　　C. 绿色环保　　D. 高能量密度

5. 下面说法有误的是（　　）。
A. 超级电容器自放电速率比化学电源要低得多
B. 超级电容器的内阻小，输出功率密度高，是一般蓄电池的数十倍
C. 超级电容器单体电压低，需要多个电容串联才能提升整体电压
D. 超级电容器具有至少十万次以上的充电寿命，没有"记忆效应"

二、判断题

1. 超级电容器是介于蓄电池和传统静电电容器之间的一种新型储能装置。（　　）
2. 超级电容器由质子交换膜、催化剂层、扩散层、集流板（又称双极板）组成。（　　）
3. 目前超级电容器被广泛应用到新能源汽车中，通常用作起动、制动、爬坡时的辅助动力。（　　）
4. 超级电容器充放电线路简单，无须充电电池那样的充电电路，安全系数高，长期使用免维护；检测方便，剩余电量可直接读出。（　　）
5. 超级电容器能在 –60 ～ 80℃的环境温度中正常工作。（　　）

任务五　动力电池管理系统

学习目标

经过该任务学习后，将能做到：
◆ 了解动力电池管理系统的检测功能；
◆ 了解动力电池管理系统的状态计算功能、系统辅助功能；
◆ 了解动力电池管理系统的通信与诊断功能。

电池管理系统（Battery Management System，简称 BMS）是电池与用户之间的纽带，主要就是为了能够提高电池的利用率，防止电池出现过度充电和过度放电。

电池管理系统可以实现以下四项功能：
① 监测功能；
② 状态计算功能；
③ 系统辅助功能；
④ 通信与诊断功能。

一、监测功能

电池管理系统的最基本功能就是测量电池单体的电压、电流、温度、绝缘检测和高压互锁检测，这是所有电池管理系统顶层计算、控制逻辑和动力蓄电池高压安全的基础。

1. 监测电池单体（或单元、模块）的电压

监测单体（或单元、模块）的电压，对于电池管理系统有以下三个作用：
① 可以用来累加获取整个动力电池的电压值；
② 可以根据单体（或单元、模块）电压压差来判断单体（或单元、模块）差异性；
③ 可监测单体（或单元、模块）的运行状态。

图 3-5-1 是宝马 i3 车型动力电池的监控电子装置。以较高扫描率（每 20ms 测量一次）测量电池模块电压，通过测量电压可以识别充电过程或放电过程是否结束。

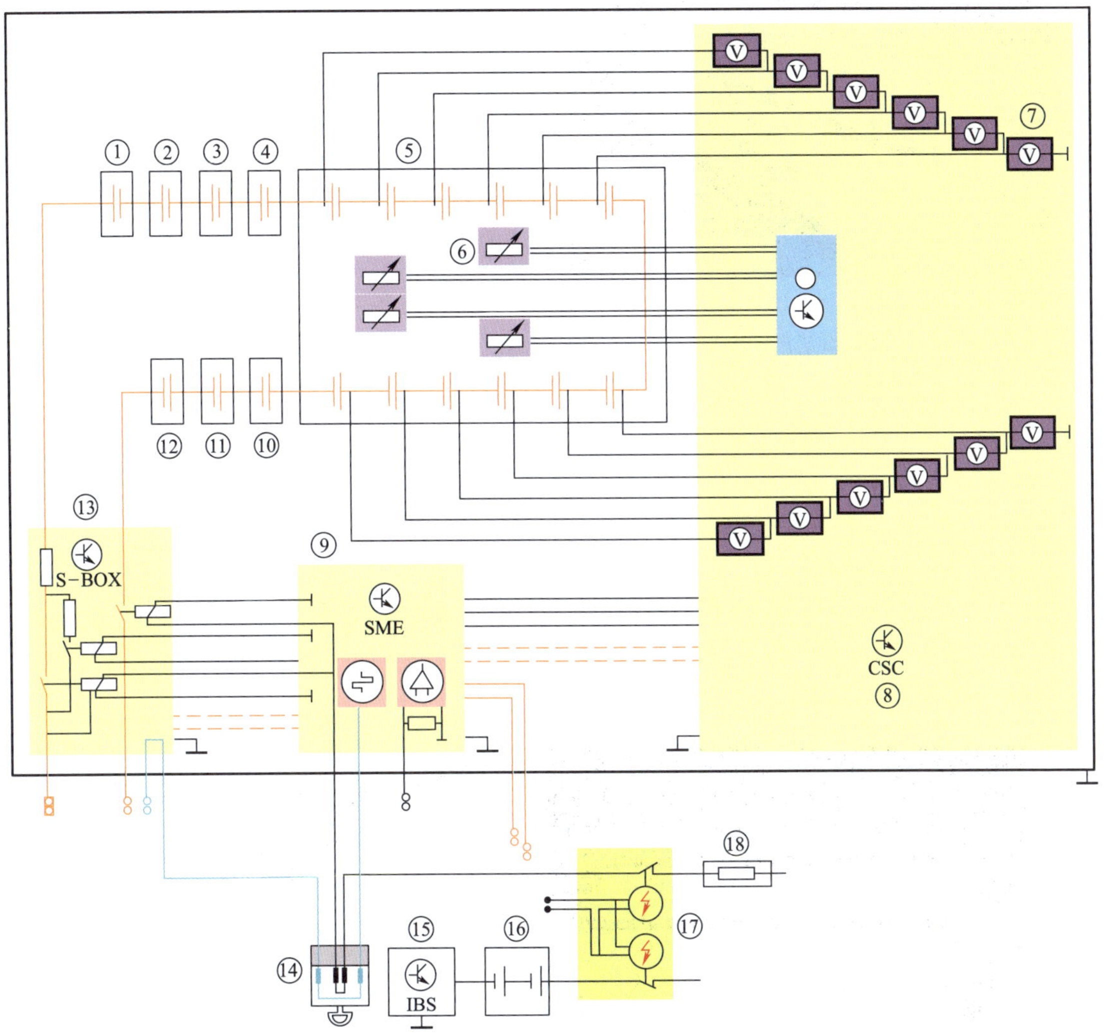

图 3-5-1 宝马 i3 车型动力电池监控电子装置

1—电池模块 1　2—电池模块 2　3—电池模块 3　4—电池模块 4　5—电池模块 5　6—电池模块上的温度传感器　7—电池电压测量　8—电池监控电子装置　9—蓄能器管理电子装置　10—电池模块 6　11—电池模块 7　12—电池模块 8　13—安全盒　14—售后服务断开连接　15—智能型蓄电池传感器　16—12V 蓄电池　17—安全型蓄电池接线柱　18—前部配电盒

图 3-5-2 是丰田 AHR10W 车型动力电池电压监测位置和检测回路。6 个 1.2V 单元串联组成一个模块，28 个这样的模块串联，因此，HV 蓄电池总共使用 168 个单元，等于 201.6 V。动力电池 ECU 将 2 个模块作为 1 个蓄电池单元，并检测 14 个蓄电池单元的电压。根据对这些电压信号的检测，可以确定蓄电池单元内某一个信号单元的故障。

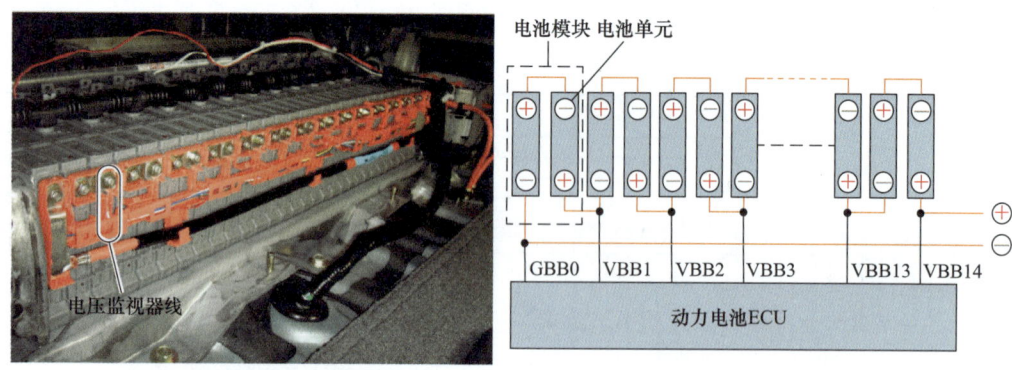

a) 实物图（AHR10W 车型）　　b) 电池块电压的检测回路

图 3-5-2　丰田 AHR10W 车型动力电池电压监测位置和检测回路

2. 监测电池温度

监测动力电池温度主要是依靠 NTC 温度传感器进行的。借助电池温度可以识别是否过载或有电气故障。出现温度异常情况时，必须立即降低电流强度或完全关闭高电压系统，以免电池进一步损坏。此外，测量温度还用于控制冷却系统，从而确保电池始终在最有利于自身功率和使用寿命的温度范围内运行。

动力电池温度传感器安装在动力电池内的多个位置，如图 3-5-3a 所示。动力电池的温度变化时，其电阻值也变化，如图 3-5-3b 所示。

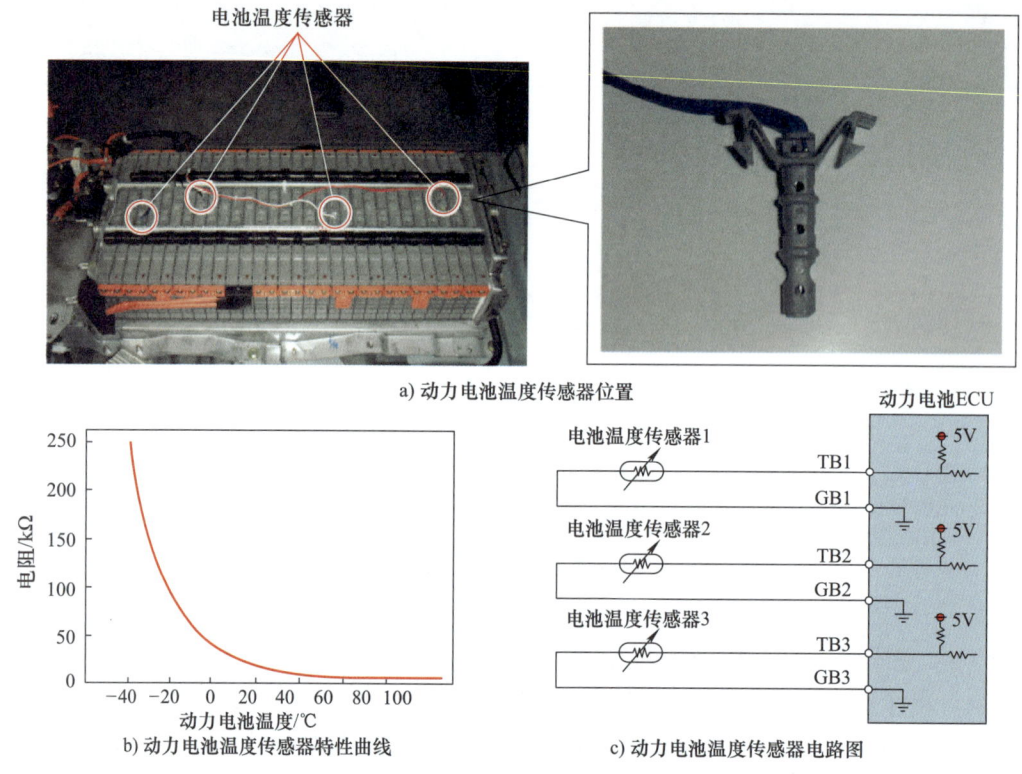

a) 动力电池温度传感器位置

b) 动力电池温度传感器特性曲线

c) 动力电池温度传感器电路图

图 3-5-3　丰田 AHR10W 车型动力电池温度传感器

动力电池 ECU 根据动力电池温度传感器信号控制蓄电池冷却风扇。

3. 监测电流

动力电池内的单体串联给整车提供电能,所以一般只需要测量一个电流。电流测量手段主要分两种:智能分流器或霍尔电流传感器。

图 3-5-4 是丰田 NHW20 车型动力电池电流传感器,电池电流传感器连接到动力电池的高电压电缆以检测电流。

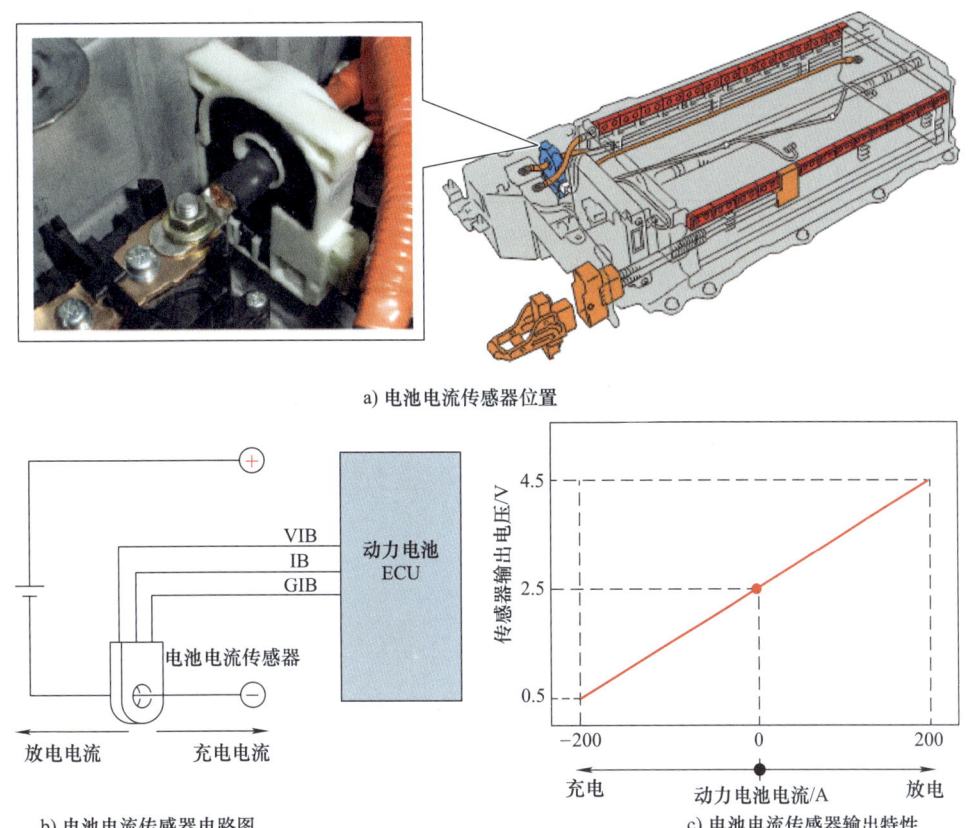

图 3-5-4　丰田 NHW20 车型动力电池电流传感器

电流量比例 0～5V 之间发生变化,电压信号,电池 ECU IB 端子输入以下的场合,2.5V 充电,超过 2.5V 如果 HV 电池放电状态表示。

4. 绝缘电阻检测

为安全起见,电动汽车高压电路与车身搭铁是绝缘的。

在电动汽车内置于动力蓄电池 ECU(蓄电池智能单元)的"漏电检测电路"(如)持续监视高压电路和车身搭铁之间的绝缘电阻。如果绝缘电阻降至低于规定级别,则存储一个故障码(DTC)"高压绝缘异常",且利用组合仪表显示(警告灯,如主警告灯亮起)将异常告知驾驶人。

图 3-5-5 是丰田混合动力车型的绝缘电阻检测电路,下面以此为例介绍绝缘电阻的检测原理。

(1) 绝缘电阻

表 3-5-1 是混合动力车辆绝缘电阻和绝缘电阻减小的阀值。

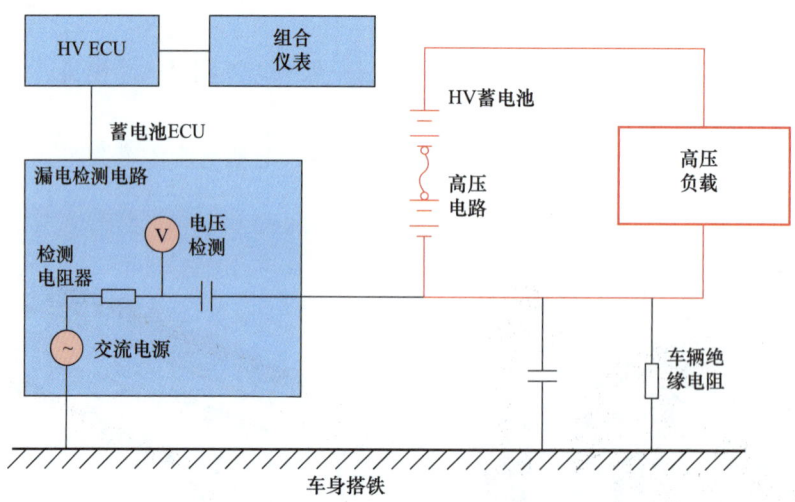

图 3-5-5 丰田混合动力车型的绝缘电阻检测电路

表 3-5-1 混合动力车辆绝缘电阻和绝缘电阻减小的阀值

检测异常电阻[1]	100~200kΩ
修理手册规定的绝缘电阻值	1~10MΩ（根据测量组件的不同，值可能不同）

[1] 检测到电阻减小达 30s 时，设定 DTC（在单次检测中，将持续 10s 的电阻减小计数为 1，因此计数为 3 时，设定 DTC）。

（2）绝缘电阻减小的检测

漏电检测电路有交流电源，允许少量交流电流至高压电路（正极和负极）。

如图 3-5-6 所示，交流电流经检测电阻器、电容器至车身搭铁。

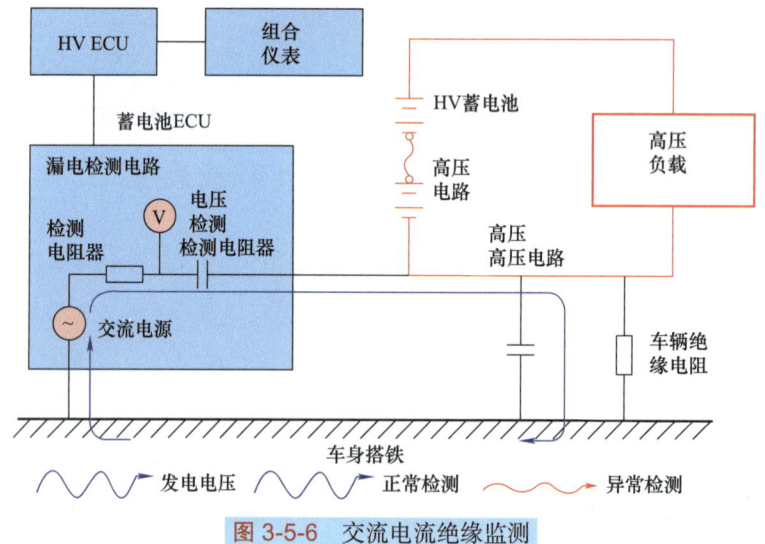

图 3-5-6 交流电流绝缘监测

车辆绝缘电阻越小，检测电阻器的电压就越低，交流波也越低。根据交流波的波幅，可以检测绝缘电阻值。

绝缘电阻减小转换为 ECU 数据"Short Wave Highest Val"（短波最高电压），由 HV ECU 内

的漏电检测电路进行检测，如图 3-5-7 所示。该值在 0~5V 之间，表示绝缘电阻，可通过智能检测仪的 ECU 数据表查看。

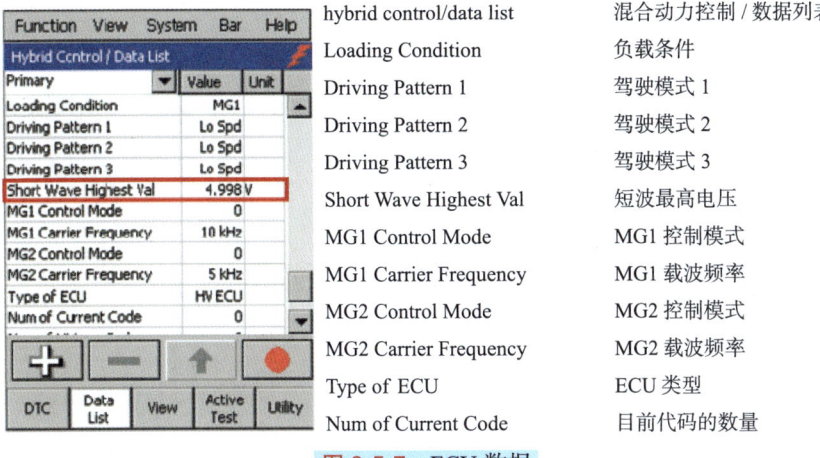

hybrid control/data list	混合动力控制/数据列表
Loading Condition	负载条件
Driving Pattern 1	驾驶模式1
Driving Pattern 2	驾驶模式2
Driving Pattern 3	驾驶模式3
Short Wave Highest Val	短波最高电压
MG1 Control Mode	MG1 控制模式
MG1 Carrier Frequency	MG1 载波频率
MG2 Control Mode	MG2 控制模式
MG2 Carrier Frequency	MG2 载波频率
Type of ECU	ECU 类型
Num of Current Code	目前代码的数量

图 3-5-7 ECU 数据

（3）短波最高电压的特性（图 3-5-8）

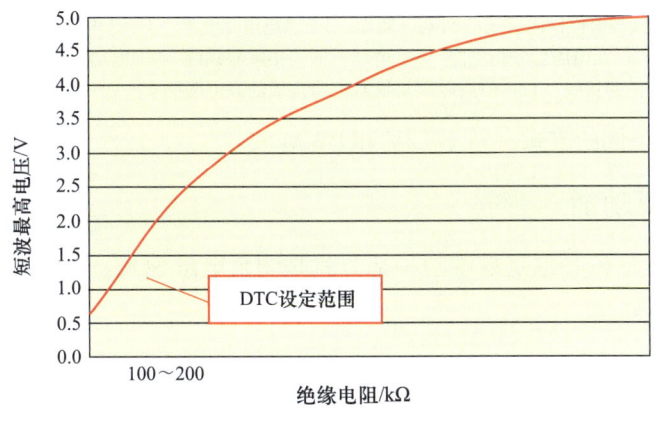

图 3-5-8 短波最高电压的特性

注意：
　　车辆置于 READY-ON 状态一段时间后，进行漏电检测电路工作情况检查，短波最高电压降至约 1.5V。
　　短波最高电压在增压时可能降至约 0 V，所以在未进行增压时作出绝缘电阻减小的判断。

5. 高压互锁检测（HVIL）

高压互锁（HVIL）的目的是用来确认整个高压系统的完整性，当高压系统回路断开或者完整性受到破坏的时候，就需要启动安全措施了。图 3-5-9 是宝马汽车高压互锁检测回路。

1）HVIL 可以使得在高压总线上电之前，就知道整个系统的完整性，也就是说，在电池系统主、负继电器闭合给电之前就防患于未然。

2）HVIL 主要通过连接器的低压连接回路完成，电池管理单元一般需要提供电路的检测回路。

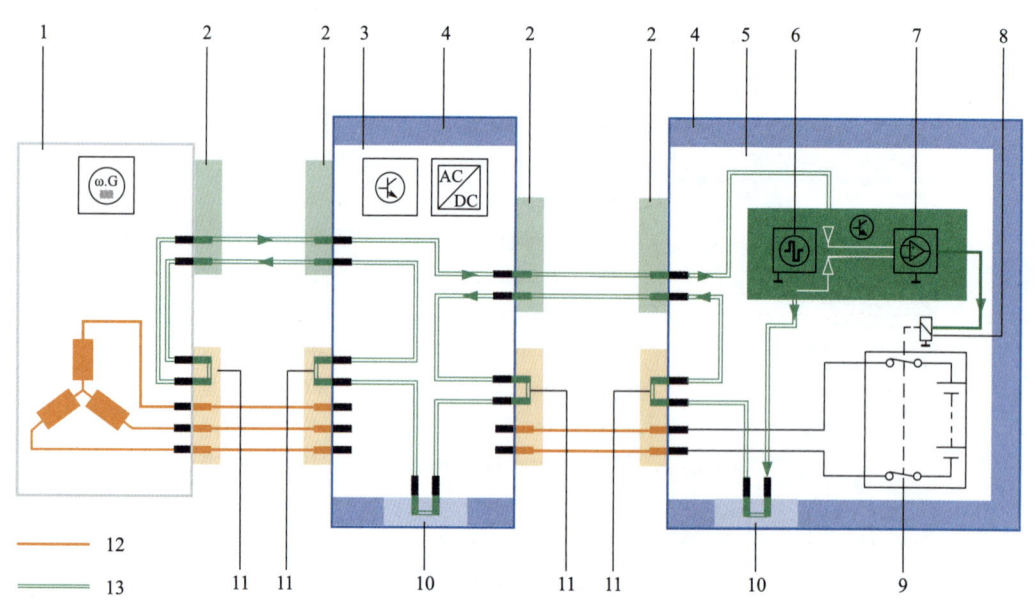

图 3-5-9 宝马汽车高压互锁检测回路

1—电机 2—用于高电压接触监控检测导线的低电压插头 3—供电电子装置 4—高电压安全盖板 5—高电压蓄电池单元 6—互锁信号发生器 7—互锁信号分析电路 8—电动机械式接触器线圈 9—电动机械式接触器触点 10—高电压安全盖板上高电压接触监控的跨接线 11—带高电压接触监控跨接线的高电压插头 12—高电压导线 13—互锁信号导线

HVIL 源有三种不同的方式，5V、12V 和 PWM 波。

二、状态计算功能

动力电池系统中最核心也是最难的一部分就是剩余电量 SOC、电池健康度 SOH 和功率边界 SOP 的估算。

1.SOC

SOC，全称是 State of Charge，即荷电状态，也叫剩余电量，代表的是电池使用一段时间或长期搁置不用后的剩余容量与其完全充电状态的容量的比值，常用百分数表示。其取值范围为 0~1，当 SOC=0 时，表示电池放电完全；当 SOC=1 时，表示电池完全充满。

SOC 的控制目标值（图 3-5-10）约 60%，上限约为 80%（控制上限约为 75%），下限约 20%（对照约 30% 的下限）。

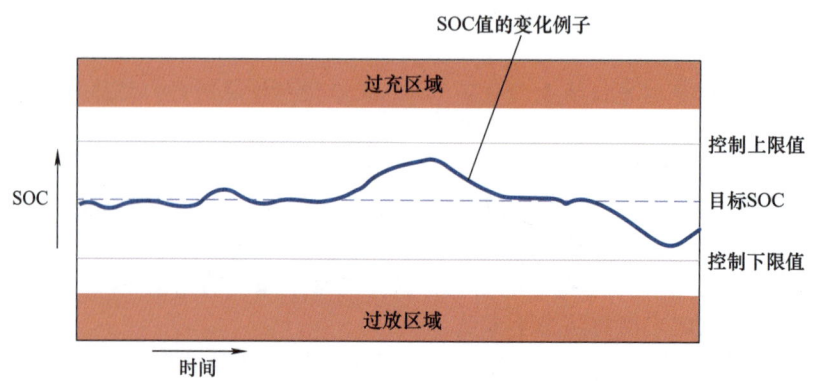

图 3-5-10 SOC 控制示例

SOC 显示器如图 3-5-11 所示。

2.SOH

电池 SOH（Section Of Health）的标准定义是在标准条件下动力电池从充满状态以一定倍率放电到截止电压所放出的容量与其所对应的标称容量的比值，该比值是电池健康状况的一种反映。蓄电池满充容量相对额定容量的百分比，新出厂电池为 100%，完全报废为 0。

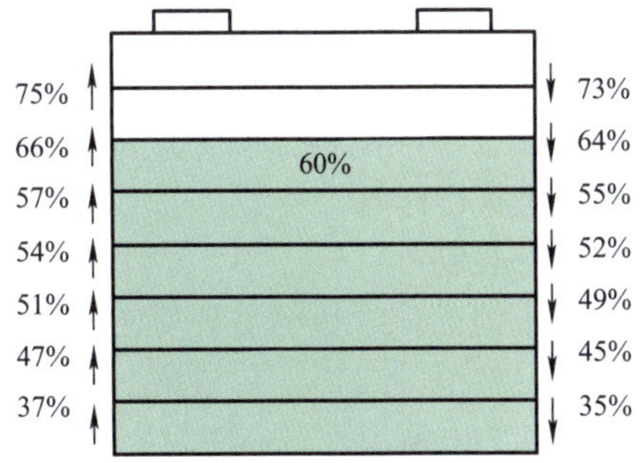

图 3-5-11 SOC 显示器

（1）SOC 与 SOH 的关系

一般情况下，SOC 描述的是电流参数的短期变化，SOH 描述的是长期变化。SOH 的测量不需要连续进行，对多数情况只要定期测量就够了，测量的周期取决于不同应用。SOH 测量外推法可以预测电池的寿命，但是，也会突发电池故障，是难以预料的。为了测定电池的健康状态，必须知道实际的 SOC，或者必须在相同的 SOC 下测量 SOH。

（2）影响 SOH 的因素

1）电池放电深度 DOD。放电深度 DOD 体现了电池放电的程度，相同容量的电池，放电深度越大，电池释放的能量就越多，电池的寿命就越短。

2）充放电速率。充放电速率会对电池的寿命产生很大的影响，对电池进行高倍率电流充放电会加剧电池的极化现象，减少电池的寿命，同样，过小的充放电电流也会影响电池的寿命。

3）温度。过高或过低的温度，都会影响电池的性能，温度过低会影响电池内部电解液的活性，降低电池的充放电效率，温度过高则会使电池内部的化学平衡体系遭到破坏，使电池材料的结构发生变形，降低使用寿命。

4）过充与过放电。当电池放电至截止电压时，继续放电会使电极与电解液发生不可逆的化学反应，使电池的活性成分变少，降低电池的使用寿命，同样，过充电也会降低电池寿命。

3.SOP

动力电池功率边界 SOP（State of Power）算法的目的就是权衡多重因素的影响指导控制单元（如 VCU）更合理地使用动力电池系统。对于纯电动车辆，动力电池是唯一的能量获取来源 SOP 策略相对简单，而对于混合动力车辆而言，一方面动力电池容量小则必然在运行中需要高倍率输出，对功率平稳输出的优化就更为重要。另一方面内燃机系统（或燃料电池系统）如何与动力电池进行功率分配才得以实现低能耗、高性能也需要通过 SOP 算法来优化。用户可以根据实际需求来选择是希望车辆性能更强劲或是电池系统寿命更长久。

SOP 算法与电芯特性、电池系统性能和整车功率需求等都有着密切的关系。

三、系统辅助功能

电池管理系统的辅助功能主要包含继电器控制、热控制和充电控制等，这些功能往往与整车控制系统或者其他相关系统进行联合使用。

1. 系统主继电器（SMR）控制

动力电池系统一般有多个继电器，电池管理系统至少要完成对继电器的驱动供给和状态检测，继电器控制往往是和整车控制器协调后确认控制，而安全气囊控制器输出的碰撞信号一般与继电器控制器断开直接挂钩。

电池包内继电器一般有主正、主负、预充继电器和充电继电器，在电池包外还有独立的配电盒对整个电流分配做更细致的保护。

系统主继电器（SMR）是根据动力蓄电池 ECU 信号连接或切断高压供电电路的继电器，一般采用 3 个继电器以确保正常工作。这里以丰田混合动力车型为例对系统主继电器（SMR）工作原理进行详解。

2. 热控制

蓄电池的化学性能受环境的温度影响非常大，为了保证电池的使用寿命必须让电池工作在合理的温度范围之内，并根据不同的温度给整车控制器提供其所能输出和输入的最大功率。因此，当动力电池温度过高时是要为动力电池降温，动力电池温度低时则需要为其适当加热。

（1）降温

对动力电池降温主要采取风冷和水冷两种冷却方式，如图 3-5-12 所示。

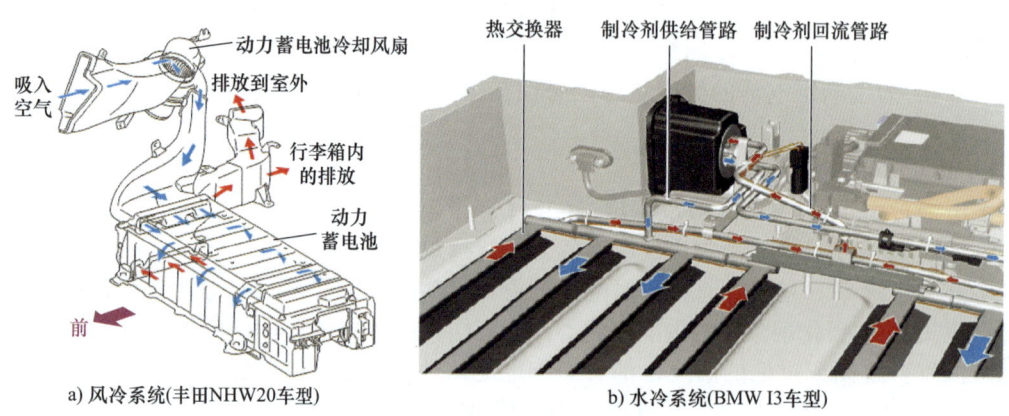

图 3-5-12　动力蓄电池的冷却方式

（2）升温

在动力电池温度较低时，通过加热器加热冷却液介质间接给动力电池加热，如图 3-5-13 所示。

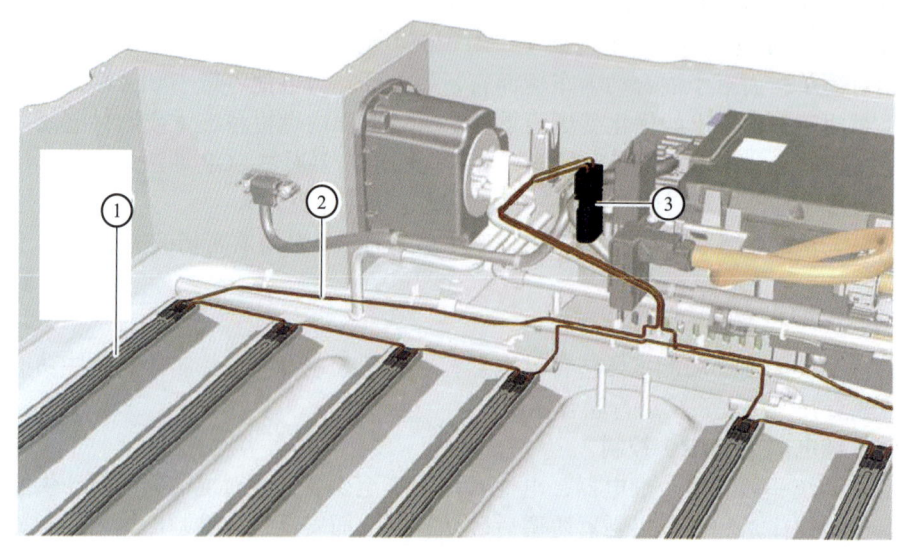

图 3-5-13　动力电池的加热组件

3. 充电控制

电池管理系统 BMS 的一种主要作用是监控电池系统在充电过程中的电池的需求。在交流系统中，BMS 需要实现 PWM 的控制导引电路的交互；在直流充电过程中，特别需要注意在较高 SOC 下允许充电的电流。在国标系统中，电池管理系统被要求直接与外部建立通信，交互充电过程中的信息。

四、通信与故障诊断功能

1. 通信功能

电池管理系统至少需要给整车控制器（VCU）发送电池系统的相关信息；在有直流充电的系统之中，特别是在国标系统中需要直接与外部直流充电桩进行通信。在某些时候，可能还有一条备份的诊断和刷新的通信线，用来在主通信失效的情况下做数据传输。

2. 故障诊断和容错运行

故障诊断及容错控制在任何控制器当中都是非常重要的部分，电池管理单元的故障也需要以故障码（DTC）来进行报警，通过 DTC 触发仪表盘中的指示灯，在新能源汽车中电池故障也有相应的指示灯来提醒驾驶人。由于电池的危险性，往往需要车联系统直接进行信息传送，以应对突然出现的事故。比如当发生事故的时候，安全气囊弹出，继电器由整车控制器直接切断以后，车联系统通过定位和预警来处理，特别是中止电池放电。故障诊断包括对电池单体电压，电池包电压、电流，电池包温度测量电路的故障进行诊断，确定故障位置和故障级别，并作出相应的容错控制。

复 习 题

一、选择题

1. 电池管理系统是电池与用户之间的纽带，主要对象是（   ），主要就是为了能够提高电池的利用率，防止电池出现过度充电和过度放电。
   A. 原电池　　　　B. 物理电池　　　　C. 生物电池　　　　D. 二次电池

2. 电池管理系统主要可以实现（   ）项功能。
   A.5　　　　　　　B.4　　　　　　　　C.3　　　　　　　　D.2

3. 电池管理系统的英文缩写是（   ）。
   A.BMS　　　　　　B.EBD　　　　　　　C.ESP　　　　　　　D.ECU

4. 剩余电量的英文缩写是（   ）。
   A.SOP　　　　　　B.SOH　　　　　　　C.SOC　　　　　　　D.SOS

5. 下面说法有误的是（   ）。
   A. 电池管理系统的基本功能就是测量电池单体的电压、电流、温度，绝缘检测和高压互锁检测
   B. 为安全起见，电动汽车高压电路与车身搭铁是绝缘的
   C. 高压互锁的目的是用来确认整个高压系统的完整性，当高压系统回路断开或者完整性受到破坏的时候，就需要启动安全措施了
   D. 动力电池内的单体串联给整车提供电能，一般只需要测量多个电流值。电流测量手段主要分两种智能分流器或霍尔电流传感器

二、判断题

1. 电池管理系统（BMS）主要就是为了能够提高电池的利用率，防止电池出现过度充电和过度放电。（   ）

2. 电池管理系统主要可以实现两项功能：一是监测功能，二是状态计算功能。（   ）

3. 电池管理系统的最基本功能就是 SOC、SOH 和 SOP 的估算。（   ）

4. 监测动力电池温度主要是依靠 NTC 温度传感器进行的。借助电池温度可以识别是否过载或有电气故障。（   ）

5. 一般情况下，SOC 描述的是电流参数的短期变化，SOH 描述的是长期变化。（   ）

项目四 新能源汽车电机驱动系统

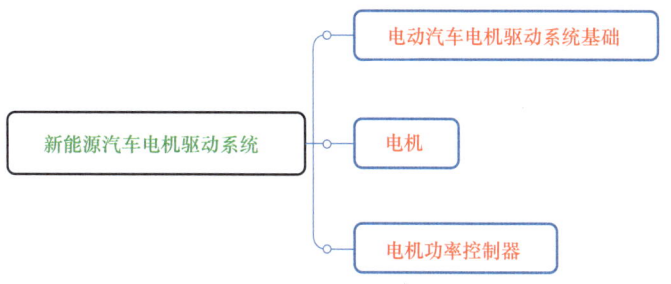

任务一 电动汽车电机驱动系统基础

学习目标

经过该任务学习后,将能做到:
- ◆ 知道电动汽车电机驱动系统的组成及布置形式。
- ◆ 了解电动驱动系统要求。

扫一扫

北汽 EV160 电机的认知

电机驱动系统的功能是将储存在蓄电池中的电能高效地转化为车轮的动能进而推进汽车行驶,并能够在汽车减速制动或者下坡时实现再生制动。

一、电机驱动系统的组成

驱动系统一般由电气系统和机械系统组成。电气系统由电控单元(ECU)、功率控制器(PCU)、驱动电机组成;机械系统由机械传动装置和车轮组成,如图 4-1-1 所示。

1. 电控单元(ECU)

电控单元(ECU)的作用是控制电机的电压或电流,完成电机的驱动转矩和旋转方向的控制,如图 4-1-2 所示。

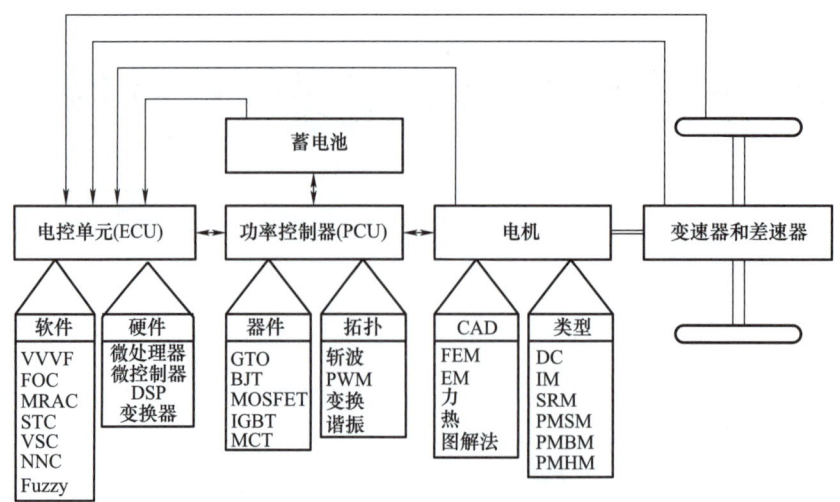

图 4-1-1　电机驱动系统组成

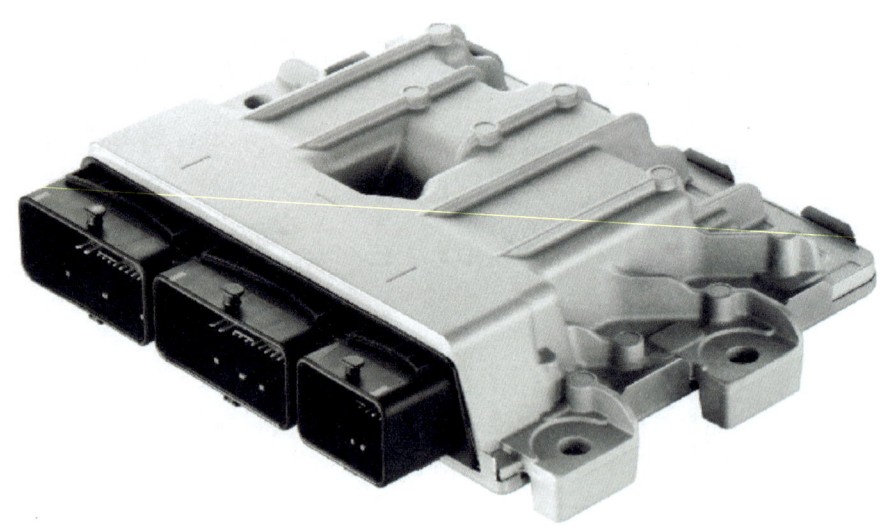

图 4-1-2　电控单元（ECU）

2. 功率控制器（PCU）

功率控制器用于实现 DC/DC 变换和 DC/AC 变换。DC/DC 变换器又称直流斩波器，用于直流电机驱动系统。两象限直流斩波器能把蓄电池的直流电压转换为可变的直流电压，并能将再生制动能量进行反向转换。

DC/AC 逆变器用于交流电机驱动系统，它将蓄电池的直流电转换为频率和电压均可调的交流电。电动汽车一般只是用电压输入式逆变器，因为其结构简单且又能进行双向能量转换。

3. 驱动电机

驱动电机就相当于传统汽车上的发动机。驱动电机（图 4-1-3）的作用是将电源的电能转化为机械能，通过传动装置驱动或直接驱动车轮。

图 4-1-3　驱动电机

二、电机驱动系统电机的布置形式

混合动力电动汽车和纯电动汽车至少有一个电机驱动，可以是两轮驱动，也可以是四轮驱动。这里将介绍以下两种电机的布置形式：

1）用轮毂电机驱动；

2）用中央电机驱动。

1. 用轮毂电机驱动

车轮直接连接至轮毂电机，如图 4-1-4 所示。

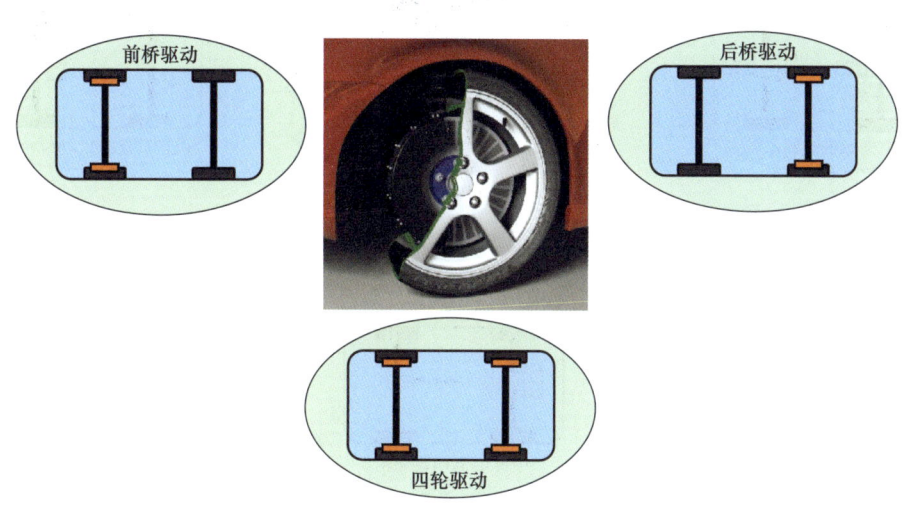

图 4-1-4　轮毂电机的布置形式

轮毂电机布置形式具有以下特点：

```
          ┌─ 无需驱动轴
    特征 ─┤
          └─ 无需差速变速器

          ┌─ 车轮电机的输出轴直接位于车轮上
          ├─ 机械损失低,驱动效率高
    优点 ─┤
          ├─ 四轮驱动技术可行
          └─ 再生性制动可行

          ┌─ 与传统汽车相比,车轮上的非簧载质量较高
          ├─ 控制要求高。两个电机必须同步运转
          ├─ 目前总是要与液压摩擦制动器配合使用
    缺点 ─┤
          ├─ 驱动部件质量高(影响整辆汽车的惯性和转矩)
          ├─ 需要单独的汽车方案
          └─ 车轮上的结构空间有限
```

2. 用中央电机驱动

电机驱动变速器、驱动轴,进而驱动车轮。对于纯电动汽车,一个减速器就足够了。四轮驱动可以通过万向轴由驱动前桥来实现,也可以使用第二个电机。用中央电机驱动的布置形式如图 4-1-5 所示。

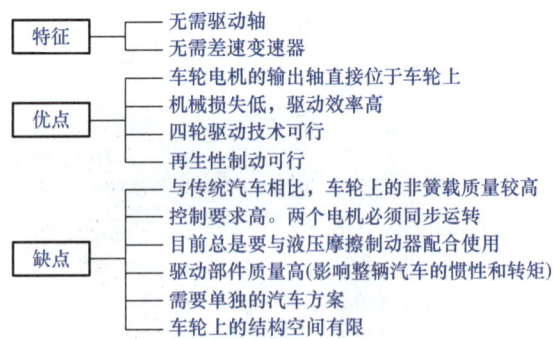

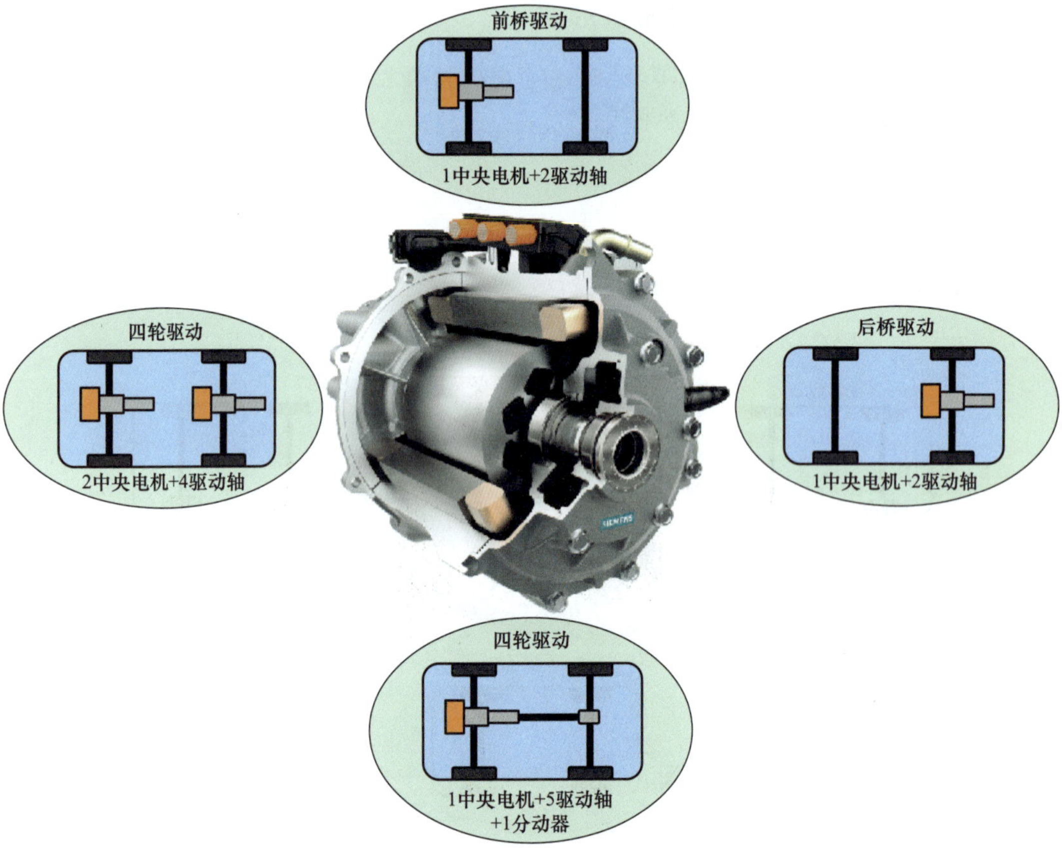

图 4-1-5　中央电机的布置形式

中央电机布置形式具有以下特点:

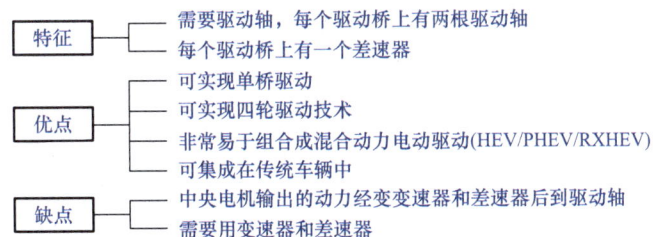

三、电动驱动系统的要求

电机驱动系统是电动汽车的核心，也是区别于内燃机汽车的最大不同点。电动汽车对驱动系统的要求很高，驱动系统一般应符合下列要求：

1）瞬时功率大，短时过载能力强，以满足爬坡及加速的需要。

2）调速范围宽广。

3）在运行的全部速度范围和负载范围内，具有较高的效率。也就是在电机所有工作范围内综合效率高，以尽量提高电动汽车一次续驶里程。

4）可靠性高，使用方便简单，价格低廉。

5）功率密度高，体积小，质量轻。

复 习 题

一、选择题

1.（　　）由电控单元，功率控制器、驱动电机组成。
A. 行驶系统　　　B. 电池管理系统　　C. 电气系统　　　D. 转向系统

2. 机械系统由机械传动装置和（　　）组成。
A. 车轮　　　　　B. 悬架　　　　　　C. 换向器　　　　D. 差速器

3.（　　）作用是控制电机的电压或电流，完成电机的驱动转矩和旋转方向的控制。
A.BMS　　　　　B.EBD　　　　　　C.ESP　　　　　　D.ECU

4.（　　）用于实现 DC/DC 变换和 DC/AC 变换。
A. 电池管理系统　B. 功率变换器　　　C. 驱动电机　　　D. 整车控制系统

5. 驱动电机就相当于传统汽车上的（　　）。
A. 变速器　　　　B. 油箱　　　　　　C. 发动机　　　　D. 差速器

二、判断题

1. 驱动系统的功能是将储存在蓄电池中的电能高效地转化为车轮的动能进而推进汽车行驶，并能够在汽车减速制动或者下坡时，实现再生制动。（　　）

2. 电机驱动系统一般由电气系统、机械系统和电池管理系统组成。（　　）

3. 驱动电机的作用是将电源的电能转化为机械能，通过传动装置驱动或直接驱动车轮。（　　）

4. 中央电机布置的特征是需要驱动轴，每个驱动桥上有两根驱动轴；每个驱动桥上有一个差速器。（　　）

5. 混合动力电动汽车和纯电动汽车至少有两个电机驱动，可以是两轮驱动，也可以是四轮驱动。（　　）

任务二　电机

学习目标

经过该任务学习后，将能做到：
◆ 知道电机的类型。
◆ 知道电机的结构与工作原理。
◆ 知道电机的技术指标。
◆ 了解电动汽车对电机的要求。

电机（Electric Machine）是机械能与电能之间转换装置的通称，其能量转换是双向的，大部分应用的是电磁感应原理。由机械能转换成电能的电机，通常称作"发电机"；把电能转换成机械能的电机，被称作"电动机"。

一、电机的类型

电机的类型如图 4-2-1 所示。

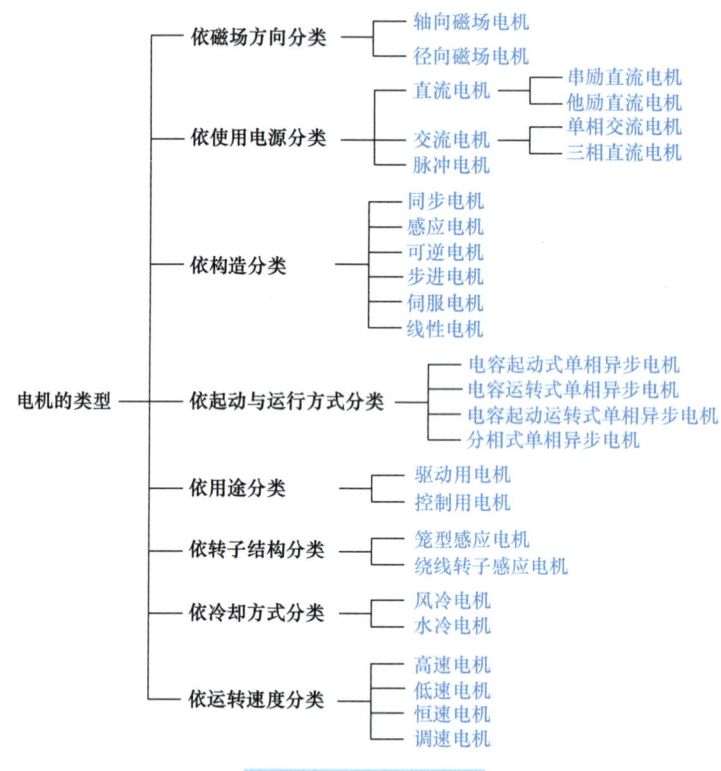

图 4-2-1　电机的类型

二、电机的结构

混合动力电动汽车和纯电动汽车采用的永磁无刷三相交流电机，它主要由定子、转子和其他附件组成，如图 4-2-2 所示。

项目四 新能源汽车电机驱动系统 | 123

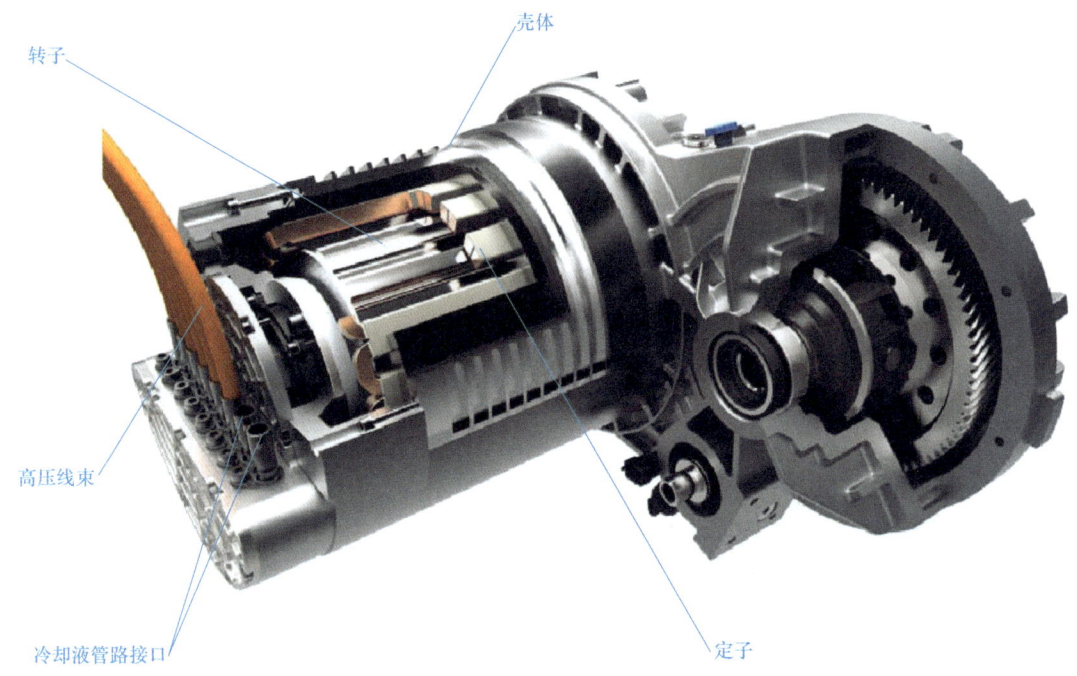

图 4-2-2 电机的结构

1. 定子

定子主要是由漆包线圈和铁芯组成，如图 4-2-3 所示。

图 4-2-3 定子

2. 转子

转子主要由若永磁铁和磁体固定盘组成，如图 4-2-4 所示。

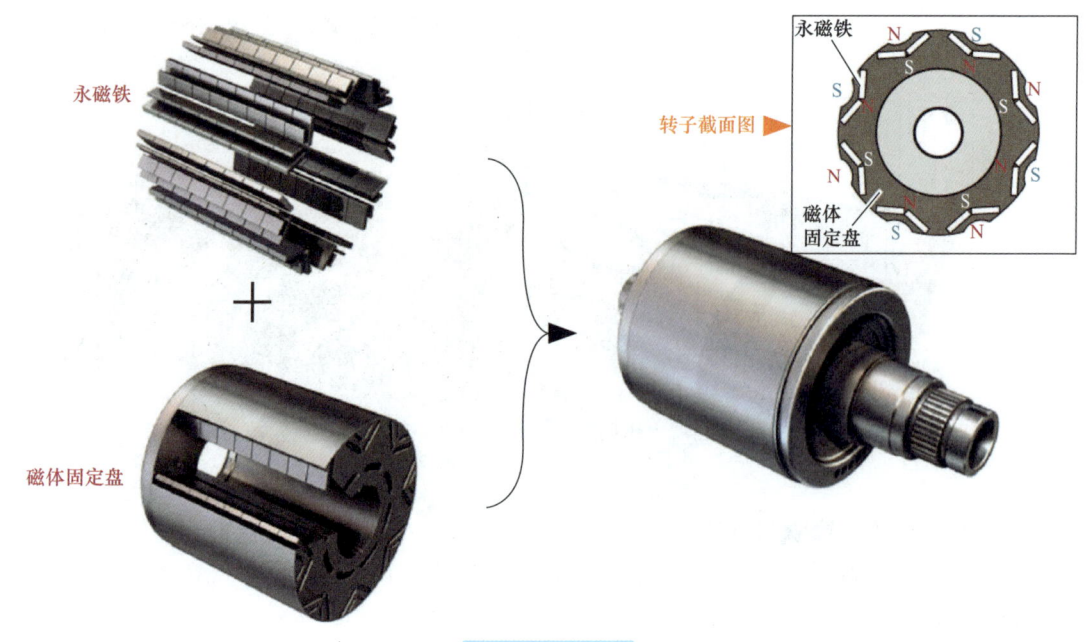

图 4-2-4　转子

3. 其他附件

电机除了定子和转子外,还有壳体、轴承、转子旋转位置传感器、电机温度传感器和冷却液管路等。

三、新能源汽车常用电机类型

1. 直流电机

首台直流电机制造于 1830 年。大约自 1890 年起随着三相交流电的出现同步电机逐渐取代了直流电机的主导地位。直到今天直流电机仍旧作为一种主流电机被广泛使用。在车辆电气系统中作为车窗玻璃刮水器、车窗升降器、鼓风机和伺服电机等大量使用了最大功率约为 100 W 的直流电机。

直流电机可以将(直流电流形式的)电能转化为动能。它由一个固定部件——定子和一个转动支撑部件——转子(电枢)组成,如图 4-2-5 所示。大多数直流电机采用内部转子结构,即转子是内部部件,定子是外部部件。定子由电磁铁组成,在小型直流电机内由永久磁铁构成。

电机工作原理以作用力施加在磁场内的载流导体上为基础,导体上的作用力取决于:

★ 导体内的电流强度;

★ 磁场强度;

★ 导体有效长度(线圈圈数)。

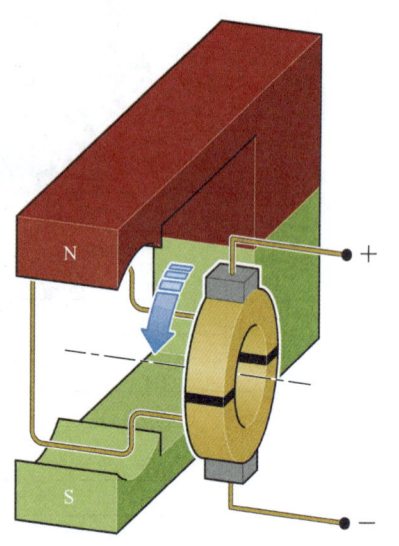

图 4-2-5　直流电机的工作原理

为了提高作用力的影响,使用带有铁芯的线圈代替载流导体。在图 4-2-6 中仅显示了一个线圈，以便于更好地进行描述。

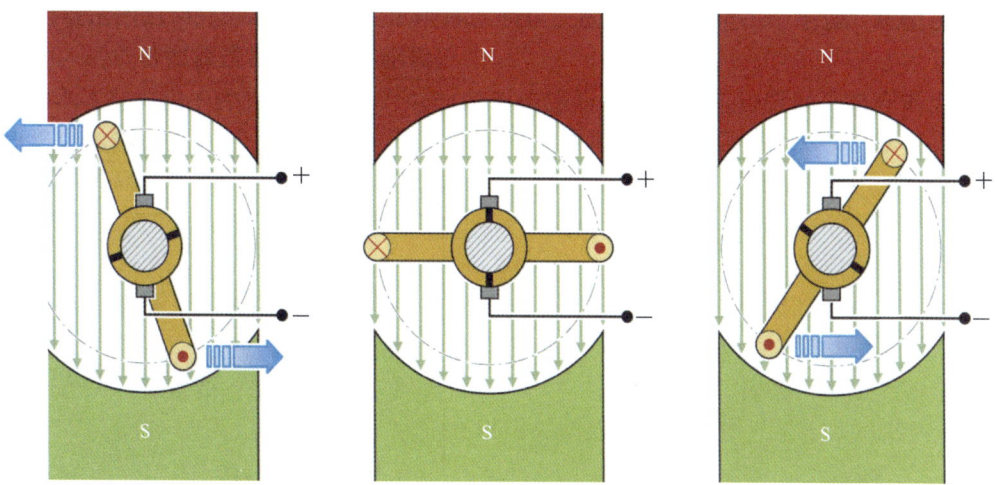

图 4-2-6　载流导体的旋转

在线圈上施加电压时，线圈内流动的电流产生一个磁场（线圈磁场）。永久磁铁两极间的磁场和线圈磁场形成一个总磁场。根据线圈内的电流方向产生一个左旋或右旋力矩。线圈继续转动，通过与线圈起始端和线圈末端连接的电流换向器（集电环）实现电流方向的切换。每旋转 180° 集电环切换电流方向一次，从而实现连续转动。

2. 交流电机

（1）单相交流电机

在交流电机上，来自定子线圈的交流电流的极性将自动使转子磁场的极性倒转，如图 4-2-7 所示。

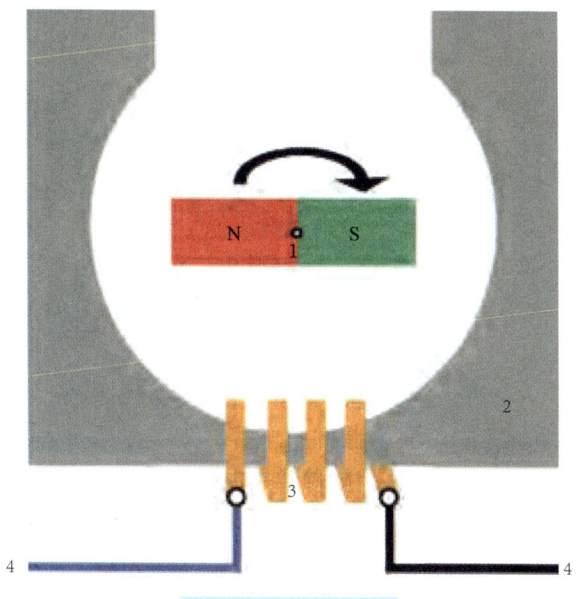

图 4-2-7　交流电机

1—转子　2—定子　3—定子线圈　4—连接

因为省去了换向器和对定子线圈的电流供给，所以省去了直流电机上需要的滑环或电刷。如果转子刚刚开始旋转，则转速取决于交流电（交流电的电压水平决定了可产生的最大功率）的频率。起动电机需要初始脉冲（"起动脉冲"），以便启动顺时针或逆时针旋转。

（2）电容式交流电机

要允许交流电机自动起动，必须产生可使转子持续旋转的旋转场。在简单的交流电机上，通常可在由电容器产生的辅助相期间实现这一点，如图4-2-8所示。使用230V主电源的所有电气设备中几乎都采用了"电容式电机"。此类电机设计简单，但不适合需要高功率级别的应用。

（3）三相交流电机

三相交流电机可以作为电机或发电机使用。作为电机使用时可以通过三相交流电流产生旋转电磁场。作为发电机使用时，则可以产生三相交流电流。

为了能够产生旋转磁场，需要三个针对其中心轴旋转120°的线圈。通常这三个线圈被安装在三相交流电机的定子上。通过这三个线圈提供相位差为120°的交流电压，如图4-2-9所示。

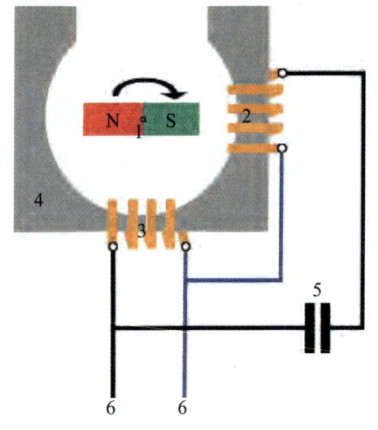

图4-2-8　电容式交流电动机

1—转子　2—定子线圈　3—用于辅助相的定子线圈
4—定子　5—电容器　6—连接

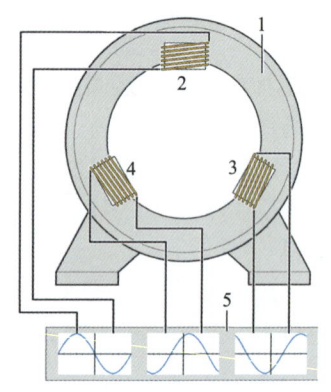

图4-2-9　三个交流电压的曲线

1—定子　2—绕组U　3—绕组V
4—绕组W　5—三相电流的相位

线圈以星形电路或三角形电路连接。可通过定子结构来区分同步和异步电机。

3. 同步电机

同步电机的转子中的磁场由永磁体（较小的机器）或电磁体（较大的机器）产生，如图4-2-10所示。在第二种情况下，需要滑动触点，然而，只有相对小的电流流过该滑动触点。与直流电机相比，同步电机不需要换向器。

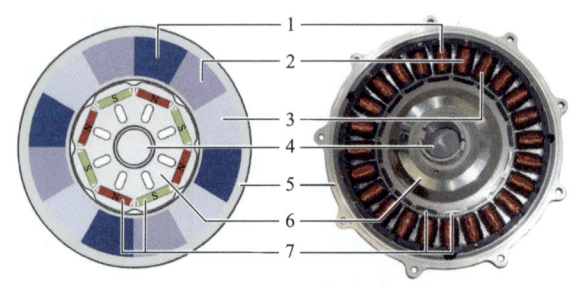

图4-2-10　同步电机的结构

1—绕组U　2—绕组V　3—绕组W　4—轴　5—带有旋转磁场绕组的定子　6—带有永久磁铁的转子　7—永久磁铁

同步电机在电动汽车中已广泛使用。因为借助永久磁铁转子不必使用其他外部能量就可以产生磁场，因此这种电机具有非常高的功率密度和效率（>90%）。

永磁同步电机的其他优点包括：①惯量较小；②维修费用低廉；③转速不受负荷影响。

同步电机的缺点是：①磁铁材料的采购成本较高；②调节成本较高；③无法自动运行。

4. 异步电机

三相电流异步电机可以作为电机或发电机使用。异步电机的特点是不为转子直接提供电流，而是通过与定子旋转磁场的磁场感应产生转子磁场。因为转子使用了定子旋转磁场产生的感应电流，所以通常异步电机也被称为感应式电机，如图 4-2-11 所示。

图 4-2-11 异步电机的结构

1—风扇 2—轴承 3—壳体 4—转子 5—定子 6—定子线圈 7—轴

定子旋转磁场转速和转子转速之间的差被称为异步转速。异步转速的大小取决于负荷。定子旋转磁场和转子以不同的转速旋转，也就是说没有同步转动，因此这种电机被称为异步电机。异步电机与直流电机相比其优点是结构简单且坚固耐用，这里的主要优点是不再需要集电环和电刷。由于结构简单，因此价格便宜且所需维护较少。异步电机通常被作为电动机使用。

从电气角度来看，异步电机就像一个变压器。定子绕组为初级，短路的导体棒为次级。自调节电流取决于转速。

怠速运行时异步电机的替代电路图主要由 Rs 和 Xs 构成，因此电机接收的几乎都是无功功率。只要转子没有转动，变压器的次级侧始终处于短路状态，因此需要提供一个较高的电流和一个较强的磁场。在该起动范围内电机的效率较差并且会产生很高的温度。只要电枢开始转动且已适应周围的旋转磁场，电流就会变小且效率也会得到提高。通过供电电子装置和可以提高或降低频率的变频器实现异步电机的转速控制。

异步电机的优点：

① 使用寿命较长。
② 因为可以简便的安装和拆除电刷，所以维护费用较低。
③ 制造成本相对较低。
④ 可以自动运行。
⑤ 短时间内可以承受较强的过载。
⑥ 设计坚固。

异步电机的缺点：
① 与永磁同步电机相比，在高扭矩利用率方面的效率较低。
② 未使用带有起动控制的变频器时起动扭矩较小。

四、电机的技术指标

电机的额定指标是指根据国家标准及电机的设计、试验数据而确定的额定运行数据，是电机运行的基本依据。电机的额定指标主要包括以下各项。

1. 额定功率

额定功率是指额定运行情况下轴端输出的机械功率（W 或 kW）。

（1）满载

当电机在额定运行情况下输出额定功率时，称为满载运行，这时电机的运行性能、经济性及可靠性等均处于优良状态。

（2）过载

输出功率超过额定功率时称为过载运行，这时电机的负载电流大于额定电流，将会引起电机过热，从而减少电机使用寿命，严重时甚至烧毁电机。

（3）轻载

电机的输出功率小于额定功率时称为轻载运行，轻载时电机的效率和功率因数等运行性能均较差，因此应尽量避免电机轻载运行。

2. 额定电压

额定电压是指外加于线端的电源线电压（V）。

3. 额定电流

额定电流是指电机额定运行（额定电压、额定输出功率）情况下电枢绕组（或定子绕组）的线电流（A）。

4. 额定频率

额定频率是指电机额定运行情况下电枢（或定子侧）的频率（Hz）。

5. 额定转速

额定转速是指电机额定运行（额定电压、额定频率、额定输出功率）的情况下，电机转子的转速（r/min）。

五、电动汽车对电机的要求

电动汽车在行驶过程中，经常频繁地起动/停车、加速/减速等，这就要求电动汽车中的电机比一般工业用的电动机性能更高。其基本要求如下。

1）电机的运行特性要满足电动汽车的要求，在恒转矩区，要求低速运行时具有大转矩，

以满足电动汽车起动和爬坡的高求；在恒功率区，要求低转矩时具有高的速度，以满足电动汽车在平坦的路面能够高速行驶的要求。

2）电机应具有瞬时功率大、带负载起动性能好、过载能力强、加速性能能好、使用寿命长的特点。

3）电机应在整个运行范围内，具有很高的效率，以提高一次充电的续驶里程。

4）电机应能够在汽车减速时实现再生制动，将能量回收并反馈给蓄电池，使得电动汽车具有最佳的能量利用率。

5）电机应可靠性好，能够在较恶劣的环境下长期工作。

6）电机应体积小、重量轻，一般重量为工业用电动机的1/3~1/2。

7）电机的结构要简单坚固，适合批量生产，便于使用和维护。

8）价格便宜，从而能够降低电动汽车的整体价格，提高性价比。

9）运行时噪声低，减少污染。

复 习 题

一、选择题

1. 电机按冷却方式分类，可分为（　　）种。
   A.2　　　　　　B.3　　　　　　C.4　　　　　　D.5

2.（　　）是机械能与电能之间转换装置的通称，其能量转换是双向的。
   A.发电机　　　B.电动机　　　C.电机　　　　D.发动机

3. 不属于汽车电机的部件的是（　　）。
   A.定子　　　　B.电刷　　　　C.转子　　　　D.电机温度传感器

4. 不属于电机的特点的是（　　）。
   A.使用寿命长　B.体积大　　　C.可靠性好　　D.效率高

5. 下面说法错误的是（　　）。
   A.电机应可靠性好，能够在较恶劣的环境下长期工作
   B.当电机在额定运行情况下输出额定功率时，称为满载运行，这时电机的运行性能、经济性及可靠性等均处于优良状态
   C.电机类型的分类方法很多
   D.混合动力电动汽车和纯电动汽车全部采用三相交流异步电机

二、判断题

1. 把电能转换成机械能的电机，被称作"发电机"。（　　）

2. 电机主要由定子、转子和其他附件组成。（　　）

3. 电机的输出功率小于额定功率时称为轻载运行。这时电机的运行性能、经济性及可靠性等均处于优良状态。因此，尽量让电机在轻载范围内运行。（　　）

4. 电动汽车在行驶过程中，经常频繁地起动/停车、加速/减速等，这就要求电动汽车中的电机比一般工业用的电动机性能更高。（　　）

5. 额定转速是指电机运行的情况下，电机转子的转速（r/min）。（　　）

任务三　电机功率控制器

学习目标

经过该任务学习后，将能做到：
- ◆ 知道电机功率控制器的组成。
- ◆ 理解逆变器升压变换器、DC/DC 变换器的工作原理。
- ◆ 知道电机控制方式。

在电动汽车中，电机功率控制器（PCU）的功能是根据档位、加速踏板、制动等指令，将动力电池所存储的电能转化为驱动电机所需的电能，来控制电动车辆的起动运行、进退速度、爬坡等行驶状态，或者将帮助电动车辆制动，并将部分制动能量存储到动力电池中。图 4-3-1 是丰田 THS-II 电机功率控制器（PCU）示意图。

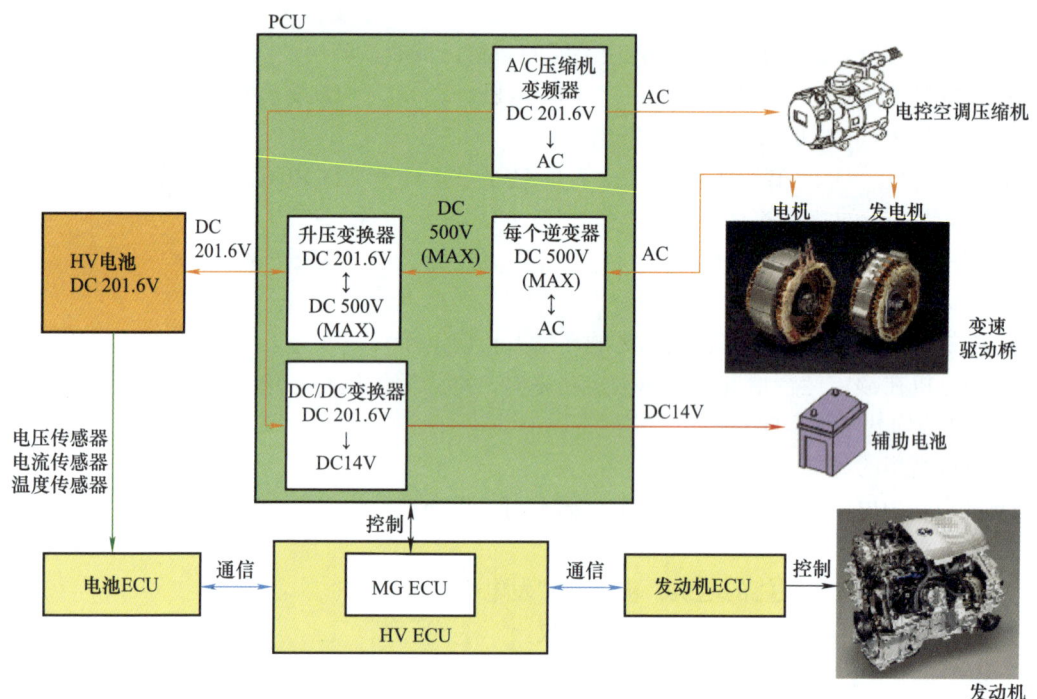

图 4-3-1　丰田 THS-II 的 PCU 控制示意图（NHW20 车型）

一、电机功率控制器的组成与原理

电机功率控制器主要由逆变器、升压变换器、DC/DC 变换器和冷却器等组成。图 4-3-2 为 2017 年丰田普锐斯 PCU 实物解剖图。

项目四　新能源汽车电机驱动系统　131

图 4-3-2　丰田普锐斯 PCU 实物图

1. 逆变器

逆变器将来自增压变换器的直流电变换为三相交流电以驱动电机；反之，将来自电机的交流电转换为直流电。构成逆变器的重要功率电子元件是 IGBT（绝缘栅双极型晶体管芯片），如图 4-3-3 所示。

图 4-3-3　丰田普锐斯（NHW20）PCU 实物图

（1）直流（DC）转交流（AC）原理

1）逆变原理。一般来说，逆变器是将直流电变换为交流电，或将交流电变换为直流电的设备。要将直流电变换为交流电，需要将 4 个不同的开关进行组合。改变开关的打开/关闭时间可以相应地改变频率。

2）正弦波型交流电压的产生。逆变器输出的是正弦波型交流电，而不是矩形波交流电，如图 4-3-4 所示。

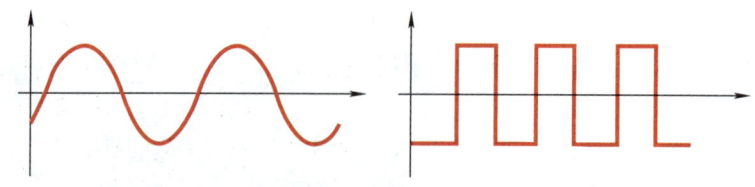

图 4-3-4　正弦波型交流电和矩形波交流电波形

使用 6 个 IGBT 可产生正弦波型交流电压，3 个相位相距 120°。

① 电机运转时。根据转子（永久磁铁）的位置，IGBT 打开以产生适合转子位置的三相交流电，使转子运转。

② 进行再生制动时。车轮转动转子（永久磁铁），在相位 U、相位 V 和相位 W 内产生三相交流电压。三相交流电经二极管整流后为动力电池充电。

③ 进行零转矩控制时（电机运转和再生制动以外的情况）。根据车辆行驶条件，电机转矩可能会降至零（0）。如在水平路面上平稳行驶时，由于进行前置前驱，四轮驱动混合动力系统的电机既不驱动车轮，也不发电。

但是，在此情况下，电机仍然转动。由于电机转动产生电压，电流开始流动。为了抵消 MGR 产生的电压，IGBT 打开以产生电压，防止电流流动。

（2）逆变器控制原理

根据 MG1 和 MG2 的驱动指令值，HV ECU 将逆变器驱动信号（PWM）输出至逆变器，如图 4-3-5 所示。HV ECU 检测是否按照安装在逆变器内的电流传感器的反馈指令生成三相交流电。

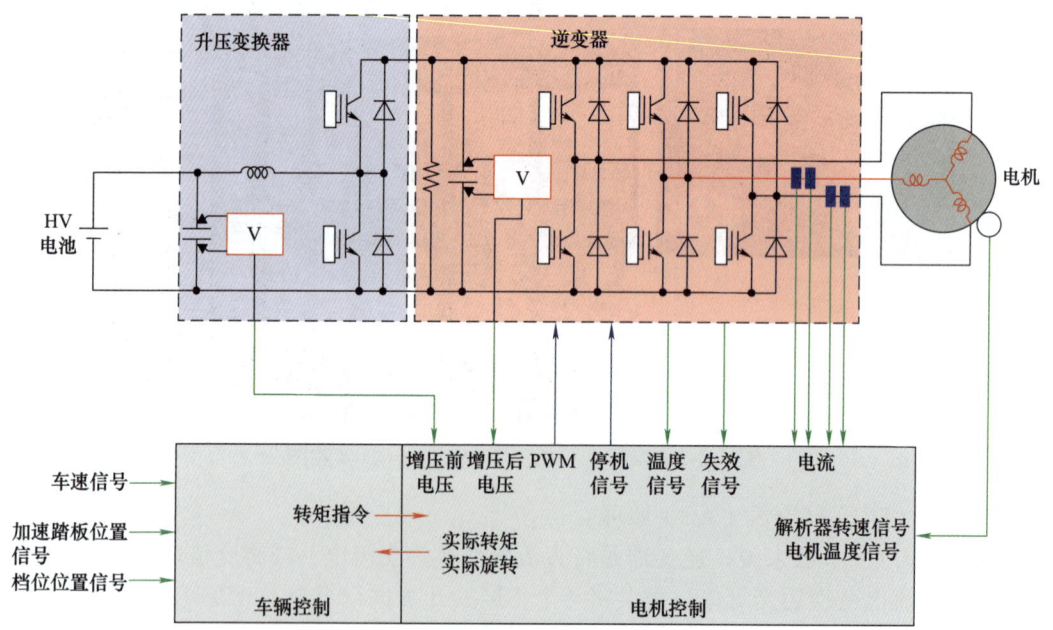

图 4-3-5　逆变器控制原理

HV ECU 根据车辆运行条件改变逆变器控制模式（即逆变器驱动信号），从而有效地控制 MG1 和 MG2。逆变器控制模式有三种（表 4-3-1 和图 4-3-6），并可通过智能检测仪的 ECU 数据表进行检查。

表 4-3-1　逆变器控制模式

项目	正弦波型 PWM	可变 PWM	矩形波（1 脉冲）
电压波形			
变频※	0~0.61	0.61~0.78	0.78
特征	转矩波动小（低速范围的平滑控制）	中速输出	快速输出

※DC/AC 据速率转换时电压的变化。

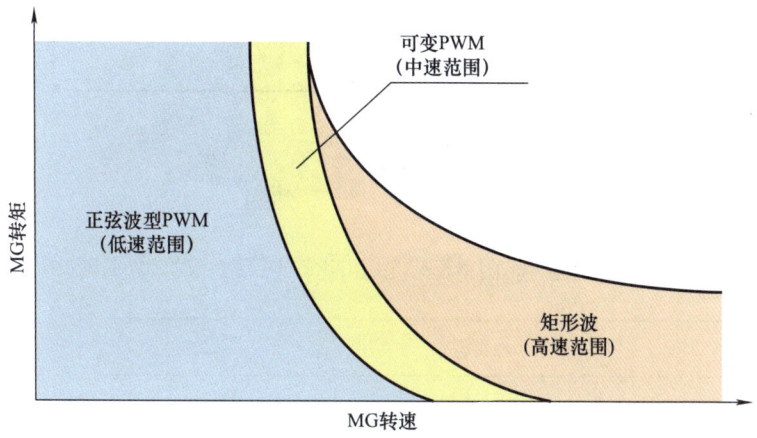

图 4-3-6　逆变器控制模式范围

2. 升压变换器

升压变换器将动力电池的电压升高，升高后的电压进入逆变器；反之，降低电机产生的电压以便为动力电池充电。图 4-3-7 是丰田普锐斯（NHW20）PCU 的升压变换器的原理图。

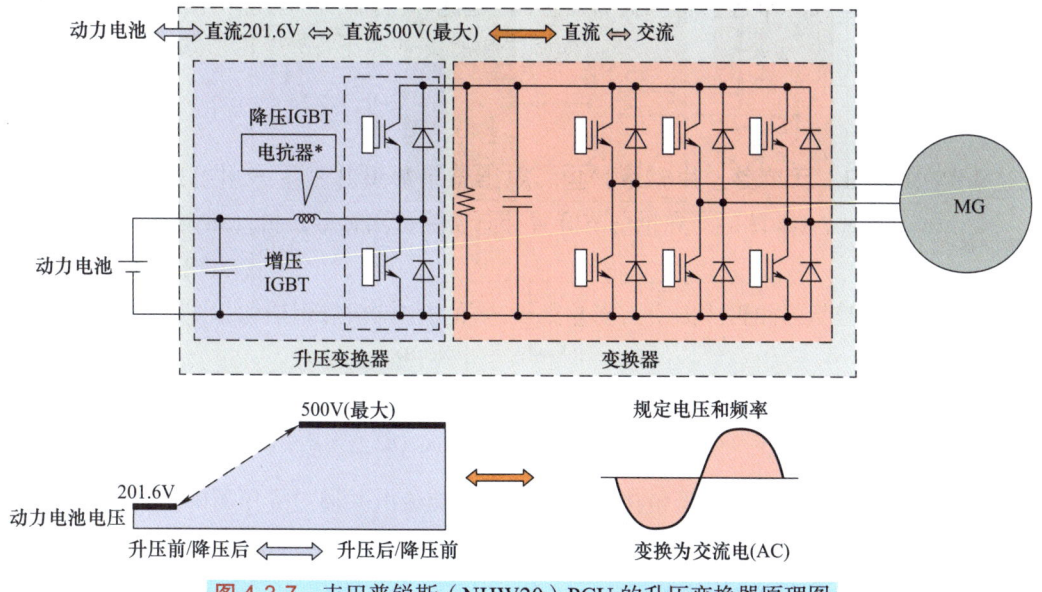

图 4-3-7　丰田普锐斯（NHW20）PCU 的升压变换器原理图

3.DC/DC 变换器

（1）DC/DC 变换器工作原理

DC/DC 变换器将动力电池电压从直流高压变换至直流低压（通常为14V）以为辅助蓄电池充电。图 4-3-8 是丰田普锐斯（NHW20）PCU 的 DC/DC 变换器的实物图，其工作原理如图 4-3-9 所示。

图 4-3-8　丰田普锐斯（NHW20）PCU 的 DC/DC 变换器的实物图

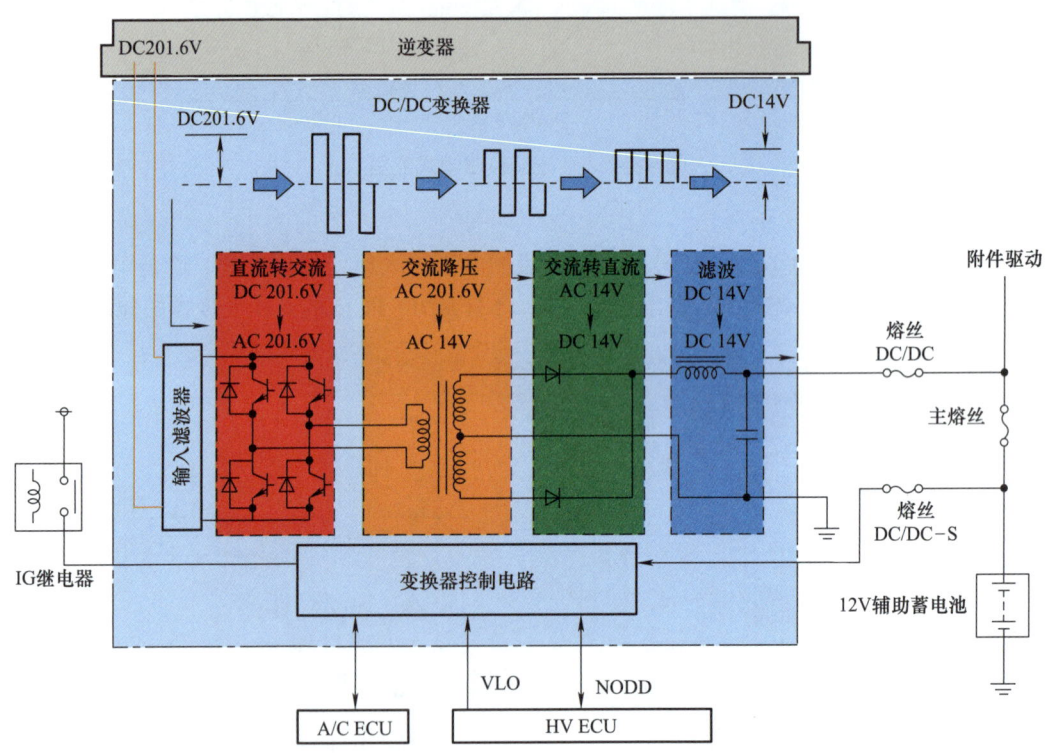

图 4-3-9　丰田普锐斯（NHW20）PCU 的 DC/DC 变换器电路工作原理

高压（201.6V）暂时在晶体管桥接电路上变换为交流电并通过变压器降为低压，然后交流电变换为直流电，电压稳定且输出至直流12V系统。变换器控制电路监控直流12V系统的输出电压以使辅助蓄电池端子的电压保持恒定。

（2）DC/DC 变换器的控制

NHW20 车型使用的 DC/DC 变换器根据运行条件使输出电压在两种级别（直流 14V、直流 13.5V）之间切换，由 VLO 端子控制。

DC/DC 变换器控制的主要任务有以下两个：

1）DC/DC 变换器将 HV 蓄电池电压降至直流 14V，从而为辅助蓄电池充电，并为辅助系统提供动力。

2）当发生异常时，HV ECU 使用 NODD 端子监视 DC/DC 变换器并发出指令停止 DC/DC 转换器运行。

4. 冷却器

PCU 中由许多大功率电子元件组成，这些电子元件在工作过程中会产生热量。PCU 若温度过高则会影响其性能，因此对其进行适当的冷却是十分必要的。图 4-3-10 是丰田普锐斯 PCU 的冷却器的实物图。

图 4-3-10　丰田普锐斯 PCU 的冷却器实物图

二、电机控制方式

电机控制方式主要有电压控制、电流控制、频率控制、弱磁控制、矢量控制、直接转矩控制，如图 4-3-11 所示。

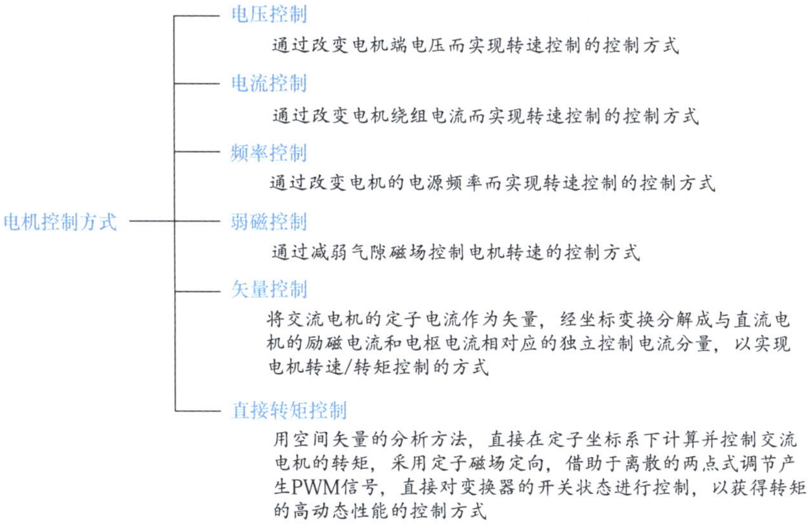

电机控制方式
- 电压控制
  通过改变电机端电压而实现转速控制的控制方式
- 电流控制
  通过改变电机绕组电流而实现转速控制的控制方式
- 频率控制
  通过改变电机的电源频率而实现转速控制的控制方式
- 弱磁控制
  通过减弱气隙磁场控制电机转速的控制方式
- 矢量控制
  将交流电机的定子电流作为矢量，经坐标变换分解成与直流电机的励磁电流和电枢电流相对应的独立控制电流分量，以实现电机转速/转矩控制的方式
- 直接转矩控制
  用空间矢量的分析方法，直接在定子坐标系下计算并控制交流电机的转矩，采用定子磁场定向，借助于离散的两点式调节产生PWM信号，直接对变换器的开关状态进行控制，以获得转矩的高动态性能的控制方式

图 4-3-11　电机控制方式

复 习 题

一、选择题

1. 电机功率控制器的英文缩写是（　　）
   A. PNP　　　　　　B. PCU　　　　　　C. NPN　　　　　　D. PDU

2. （　　）将来自增压变换器的直流电变换为三相交流电以驱动电机；反之，将来自电机的交流电变换为直流电。
   A. 升压变换器　　　B. 变压器　　　　　C. 换向器　　　　　D. 逆变器

3. 构成逆变器的重要功率电子元件是（　　）。
   A. IGBT　　　　　　B. NPN　　　　　　C. FET　　　　　　D. GTO

4. 一般来说，逆变器要将直流电变换为交流电，需要将（　　）个不同的开关组合。
   A. 5　　　　　　　B. 4　　　　　　　C. 2　　　　　　　D. 2

5. 逆变器控制模式有（　　）种，并可通过智能检测仪的 ECU 数据表进行检查。
   A. 5　　　　　　　B. 4　　　　　　　C. 3　　　　　　　D. 2

二、判断题

1. 电机功率控制器是由升压变换器、DC/DC 变换器和冷却器组成。（　　）

2. 逆变器将来自增压变换器的直流电变换为三相交流电以驱动电机；反之，将来自电机的交流电变换为直流电。（　　）

3. 升压变换器将动力电池的电压升高，升高后的电压进入逆变器；反之，降低电机产生的电压以便为动力电池充电。（　　）

4. DC/DC 变换器将 HV 蓄电池电压从直流高压变换至直流低压（通常为 14V）以为辅助动力电池充电。（　　）

5. 电机的控制方式主要有 3 种，它们是电压控制方式、电流控制方式、频率控制方式。（　　）

项目五 电动汽车充电技术

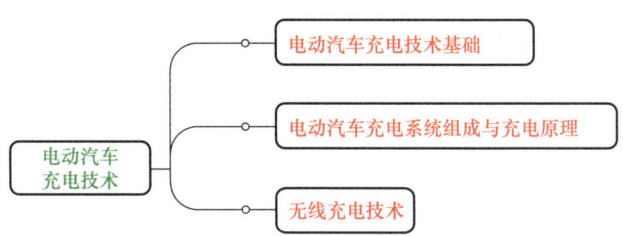

任务一 电动汽车充电技术基础

学习目标

经过该任务学习后,将能做到:
- ◆ 知道充电系统的功能。
- ◆ 了解电动车对充电设备的要求。
- ◆ 理解电动汽车充换电技术及方法。

充电系统是新能源汽车(包含纯电动汽车和插电式混合动力电动汽车)的能源补给系统,为保障车辆持续行驶提供动力能源。

一、充电系统的功能

纯电动汽车和插电式混合动力电动汽车充电系统应具有以下功能:
1)根据动力电池的实时状态控制充电的启动和停止,当动力电池充满后应自动停止充电。
2)将市电进行电力变换为电动汽车充电,供给与动力电池额定条件相对应的电力。
3)根据动力电池的电量、温度,控制充电电流的调节和电池的加热。
4)可根据充电时长的需求来选择充电模式。

二、电动汽车对充电设备的要求

电动汽车充电设备是指与电动汽车或动力蓄电池相连接,并为其提供电能的设备,是电动汽车充电站最主要的设备。电动汽车对充电设备的基本要求如图 5-1-1 所示。

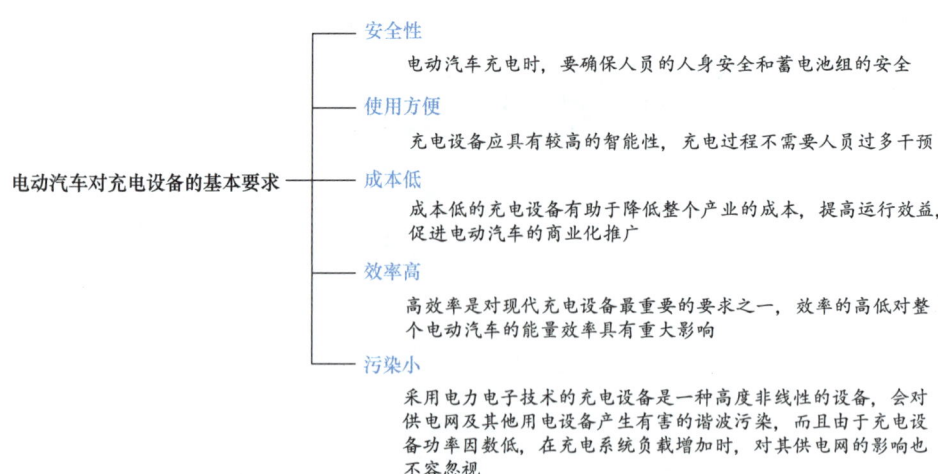

图 5-1-1 电动汽车对充电设备的基本要求

三、电动汽车充换电技术

纯电动汽车或插电式混合动力电动汽车的动力电池补充电能主要通过电网的交流电能转换为动力电池需要的直流电能。目前给动力电池进行补给的技术主要是充换电技术。充换电技术分为充电技术和换电技术,其中,充电技术可分为交流充电、直流充电和无线充电,如图 5-1-2 所示。

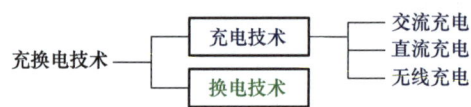

图 5-1-2 电动汽车充换电技术类型

1. 充电技术

(1) 交流充电

交流充电也称为慢充,就是市电电网通过交流充电桩经车载充交流充电技术,如图 5-1-3 所示。

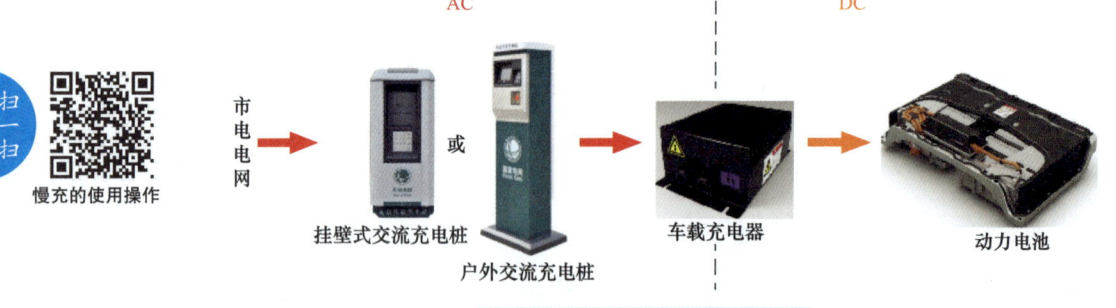

图 5-1-3 交流充电技术示意图

(2) 直流充电

直流充电也称为快充,就是市电电网通过直流充电桩变换为直流电后为动力电池充电,如图 5-1-4 所示。

项目五 电动汽车充电技术 | 139

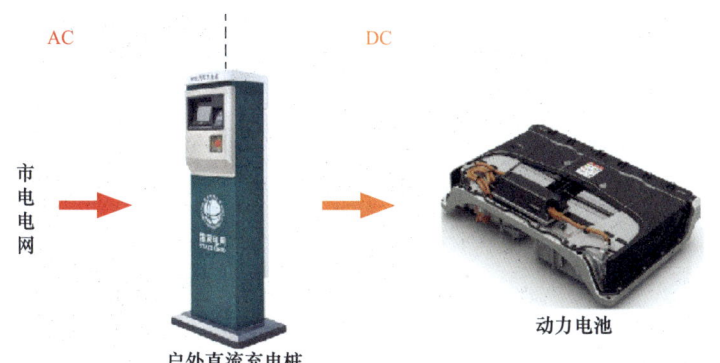

扫一扫

快充的使用操作

图 5-1-4 直流充电技术示意图

（3）无线充电

无线充电不再需要电源插座或充电电缆，利用车外充电器，将工频电压临时转换成100kHz高频交流电，变压器一次线圈和二次线圈分别设在充电机的连接器一端和车辆一侧的连接器上，通过电磁感应传递电力，实现给电动汽车的动力电池充电，如图5-1-5所示。

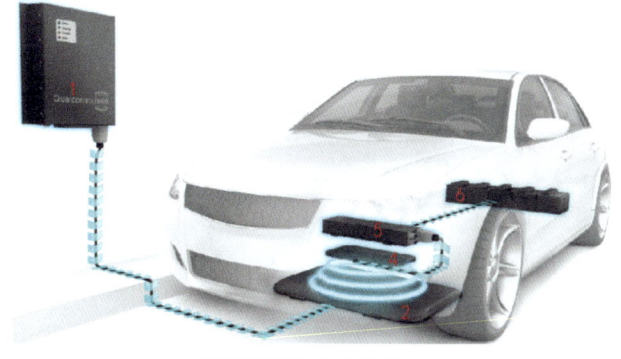

图 5-1-5 无线充电

1—挂壁式充电盒　2—充电感应底板　3—能量传输　4—车载充电板　5—控制器　6—动力电池

交流充电技术和直流充电技术需要通过导线和充电插口与车辆进行连接，称为接触式充电，如图5-1-6所示；无线充电技术则不需要通过任何物体与车辆进行连接，称为非接触式充电，如图5-1-7所示。

图 5-1-6 接触式充电

图 5-1-7　非接触式充电

2. 换电技术

换电技术是一种动力电池快速更换的方式，即在动力电池更换站内将用电量充足的动力电池替换电量不足的动力电池。这样，可有效克服现阶段动力电池性能的限制，为电动汽车的运行创造有利条件。

根据应用车型的不同，电池更换技术可分为商用车换电技术和乘用车换电技术，如图 5-1-8 所示。

图 5-1-8　更换动力电池的类型

两侧更换、行李箱更换基本上是半自动为主，底盘换电速度很快，可实现全自动换电，目前底盘换电时间可控制在 3min 之内。

电动汽车换电一般需要在动力电池更换站进行。图 5-1-9 是动力电池更换站的基本组成，包括供电系统、充电系统、电池更换系统、转运系统、综合监控系统以及电池检测维护系统。根据不同更换站规模的大小，某些系统没有，例如转运系统、电池检测维护系统等。

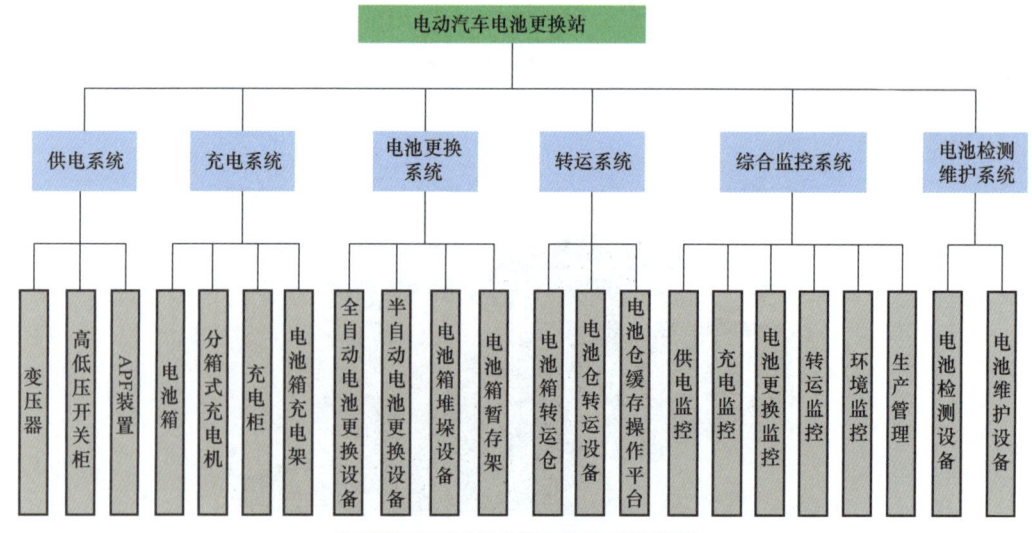

图 5-1-9　动力电池更换站的组成

四、电动汽车充电方法

电动汽车动力电池充电方法常见的有恒流充电、恒压充电和恒流限压充电三种方法。现代智能型动力电池充电机可设置不同的充电方法。

1. 恒流充电

恒流充电是指充电过程中使充电电流保持不变的方法。恒流充电是一种标准的充电方法，如图 5-1-10 所示。

优点：恒流充电具有较大的适应性，容易将蓄电池完全充足，有益于延长蓄电池的寿命。

缺点：在充电过程中，需要根据逐渐升高的蓄电池电动势调节充电电压，以保持电流不变，充电时间也较长。

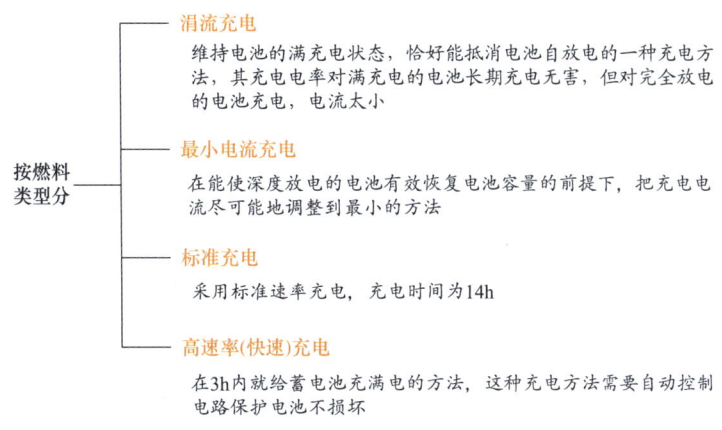

图 5-1-10 电动汽车充电方法

2. 恒压充电

恒压充电是指充电过程中保持充电电压不变，充电电流随动力电池电动势的升高而减小的充电方法。合理的充电电压，应在动力电池即将充足时使其充电电流趋于 0。如果电压过高，会造成充电初期充电电流过大和过充电；如果电压过低，则会使动力电池充电不足。充电初期若充电电流过大，则应适当调低充电电压，待动力电池电动势升高后再将充电电压调整到规定值。

优点：充电时间短，充电过程无须调整电压，较适合于补充充电。

缺点：不容易将动力电池完全充足，充电初期大电流对极板会有不利影响。

3. 恒流限压充电

先以恒流方式进行充电，当蓄电池组端电压上升到限压值时，充电机自动转换为恒压充电，直到充电完毕。

复 习 题

一、选择题

1.（　　）是新能源汽车的能源补给系统，为保障车辆持续行驶提供动力能源。
A. 充电系统　　B. 电池管理系统　　C. 整车控制系统　　D. 驱动系统

2. 不属于充电系统功能的是（　　）。
A. 将市电进行电力变换为电动汽车充电，供给与动力电池额定条件相对应的电力。

B. 可根据充电时长的需求来选择充电模式。
C. 根据动力电池的电量、温度，控制充电电流的调节和电池的加热。
D. 充换电技术分为充电技术和换电技术。

3. 电动汽车动力电池充电方法常见的有（　　）种方法。
A. 2　　　　　　B. 3　　　　　　C. 4　　　　　　D. 5

4. 充电技术可分为（　　）种。
A. 5　　　　　　B. 4　　　　　　C. 3　　　　　　D. 2

5. 下面说法有误的一项是（　　）。
A. 恒压充电是指充电过程中保持充电电压不变，充电电流随动力电池电动势的升高而减小的充电方法。
B. 换电技术是一种动力电池快速更换的方式，即在动力电池更换站内将用电量充足的动力电池替换电量不足的动力电池。
C. 交流充电技术和直流充电技术需要通过导线和充电插口与车辆进行连接，称为接触式充电。
D. 直流充电也称为慢充，就是市电电网通过直流充电桩变换为直流电后为动力电池充电。

二、判断题

1. 充电系统是纯电动汽车特有的能源补给系统，目的是为保障车辆持续行驶提供动力能源。其他的新能源汽车没有充电系统。（　　）

2. 电动汽车动力电池充电方法常见的有恒流充电、恒压充电两种方法。（　　）

3. 恒流充电具有较大的适应性，容易将蓄电池完全充足，有益于延长蓄电池的寿命。充电时间较长。（　　）

4. 无线充电技术则不需要通过任何物体与车辆进行连接，称为非接触式充电。（　　）

5. 交流充电也称为快充，就是市电电网通过交流充电桩经车载充交流充电技术。（　　）

任务二　电动汽车充电系统组成与充电原理

学习目标

经过该任务学习后，将能做到：
◆ 知道充电系统的组成。
◆ 理解充电系统工作原理。

一、充电系统的组成

电动汽车充电系统主要由充电桩、充电插口、车载充电器、高压控制盒（PDU）、动力电池、充电指示灯及高压导线组成，如图5-2-1所示。因车型的不同可能高压控制盒单独设置，也可能集成在其他控制单元中。

1. 充电桩

常见的充电桩主要有交流充电桩、直流充电桩和交直流一体充电桩，如图5-2-2所示。

项目五 电动汽车充电技术 | 143

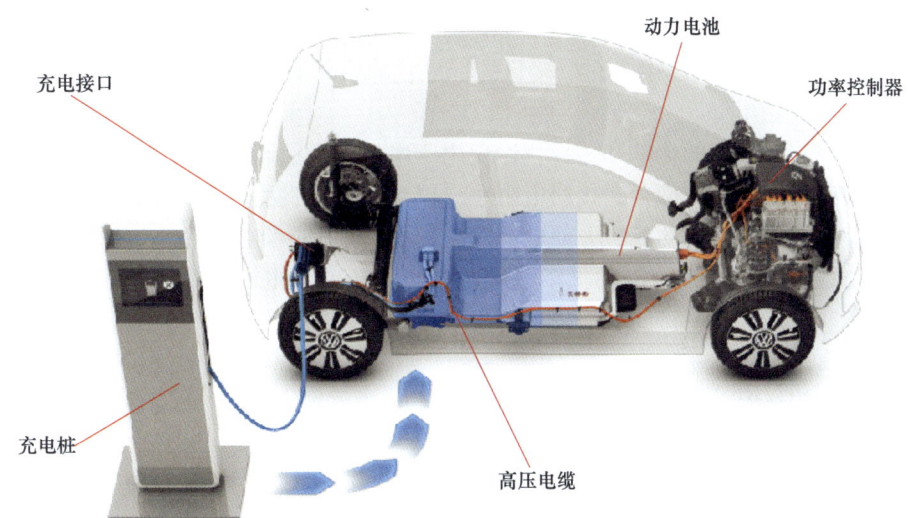

图 5-2-1 电动汽车充电系统的组成

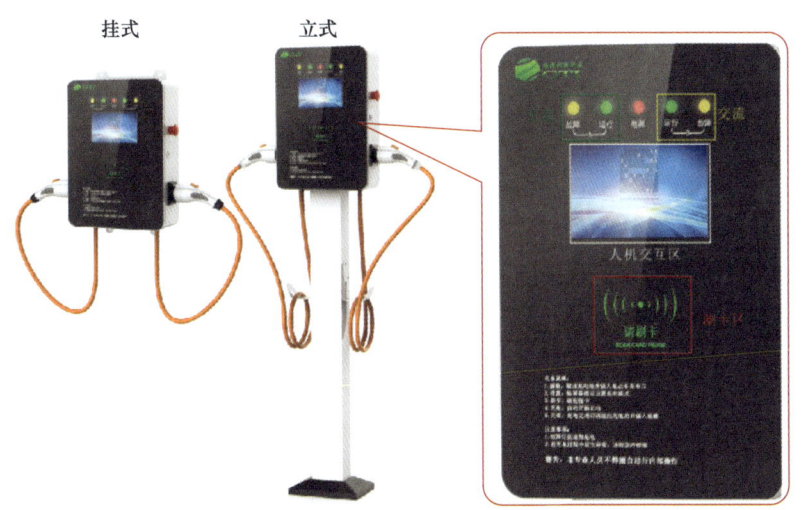

图 5-2-2 交直流一体充电桩

2. 充电插口

（1）充电插口的组成

充电插口是指用于连接活动电缆和电动汽车的充电部件，主要由充电插座与充电插头两部分组成，如图 5-2-3 所示。

图 5-2-3 充电插口的组成

（2）充电插口的要求

在电动汽车的产业化过程中，充电接口的标准化非常重要。充电接口应该满足以下几方面要求。

1）能够实现较大电流的传输和传导，避免由于电流过大引起插座发热和故障。

2）插头能够与插座充分耦合，接触电阻小，以免接触不良引起火花烧蚀或虚接。

3）能够实现必要的通信功能，方便电动汽车 CAN 通信或者电池管理系统与充电机对接。

4）具备防误插功能。因为电动汽车使用的充电设备或者电池的型号和性能不同，所需要的电源不一样，同时，因为各插头的性能不同，插头的电极不能插错，这就要求不同的电源插头要有一定的识别功能。

5）具备合理的外形，方便执行插拔作业。

（3）充电插口的标准

世界不同国家和不同地区都有各自的标准，目前美、欧、中三大充电插口标准成为主要标准。

国家标准 GB/T 20234 规定了交流与直流接口的标准，交流接口采用的是七针的设计，直流接口采用的九针的设计，如图 5-2-4 所示。

3. 车载充电器

车载充电器的主要功能如下：

1）将外部交流电变换成直流电给动力电池充电。

2）充电时，车载充电器根据车辆控制单元（VCU）的指令确定充电模式。

3）车载充电器内部有滤波装置，可以抑制交流电网波动对车载充电机的干扰。

图 5-2-5 是大众高尔夫插电混合动力车型中的车载充电器高压线束连接。

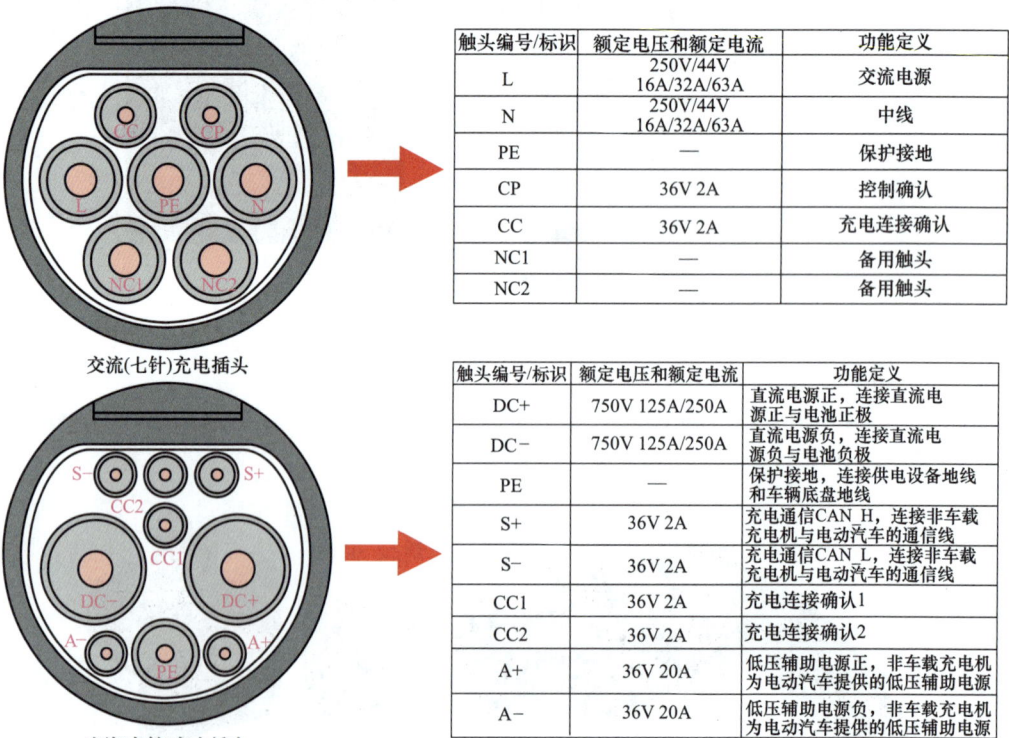

图 5-2-4　国标交流与直流接口的针脚布置及定义

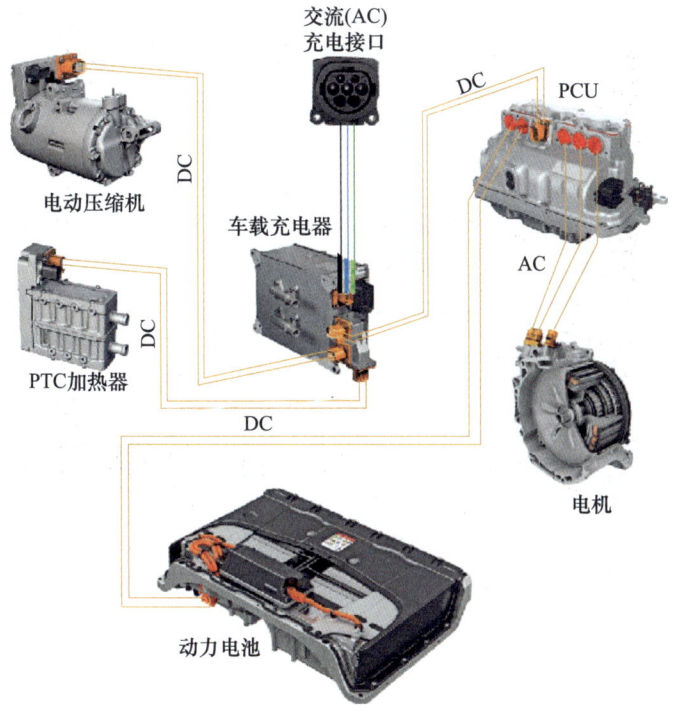

图 5-2-5　大众高尔夫插电混合动力车型车载充电器高压线束连接

4. 充电指示灯

充电指示灯用不同的颜色（通常是绿、黄、红三种颜色）来说明电量状态。充电指示灯的功能和在车辆上的位置因车型而已。表 5-2-1 是江淮电动充电指示灯功能。

表 5-2-1　江淮电动车充电指示灯的功能

序号	功能	指示灯状态
1	准备充电	黄灯亮
2	正在充电	绿灯持续点亮
3	电量充满	绿灯闪烁，持续时间约 1min
4	结束充电或未充电	熄灭
5	定时充电或远程充电	黄灯闪烁，持续时间约 1min

5. 高压配电箱（PDU）

高压配电箱是新能源汽车集中高压配电设备，是动力电池与各高压设备的电源和信号传递的桥梁，如图 5-2-6 所示。

北汽 EV160 高压配电箱内部结构及其高压配电系统如图 5-2-7 和图 5-2-8 所示。

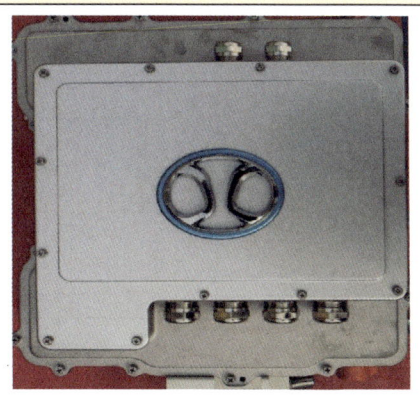

图 5-2-6　北汽 EV160 的高压配电盒

图 5-2-7　北汽 EV160 的高压配电盒内部结构

1—动力电池高压输入正极　2—动力电池高压输入负极　3—高压输出到电机控制器正极　4—高压输出到电机控制器负极　5—PTC 高压熔断器（32A）　6—压缩机高压熔断器（32A）　7—DC/DC 高压熔断器（16A）　8—充电机高压熔断器（32A）　9—接快充输入正极　10—接快充输入负极

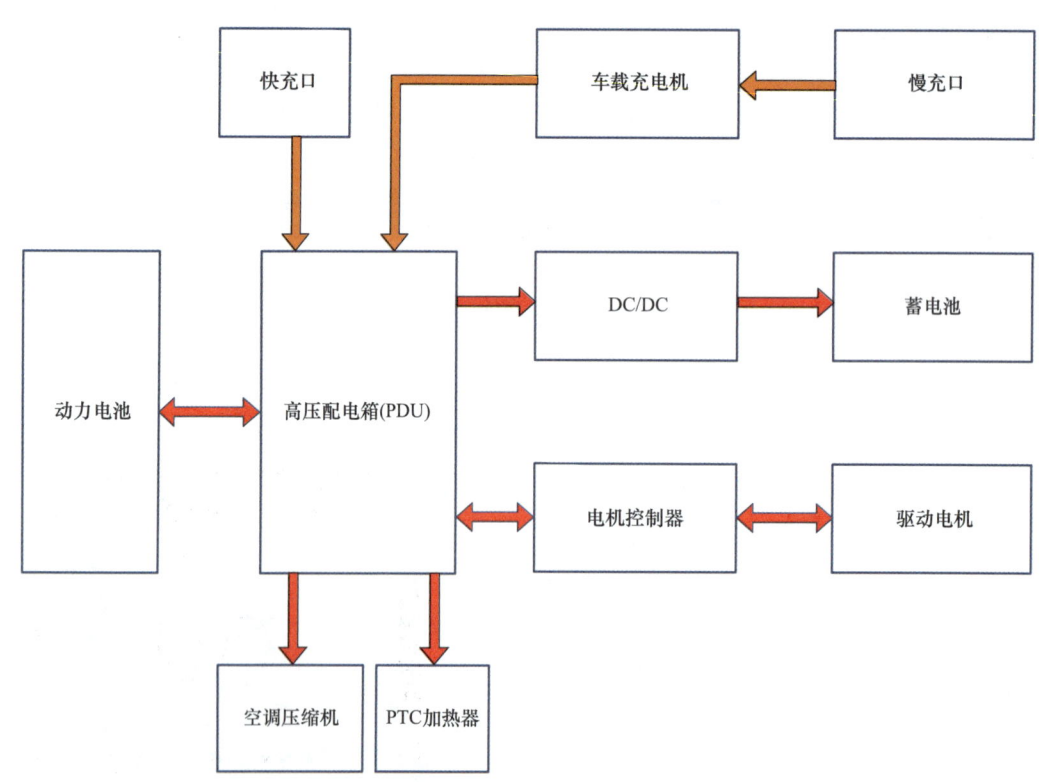

图 5-2-8　北汽 EV160 的高压配电系统

二、充电系统工作原理

1. 充电控制流程

充电控制流程如图 5-2-9 所示。

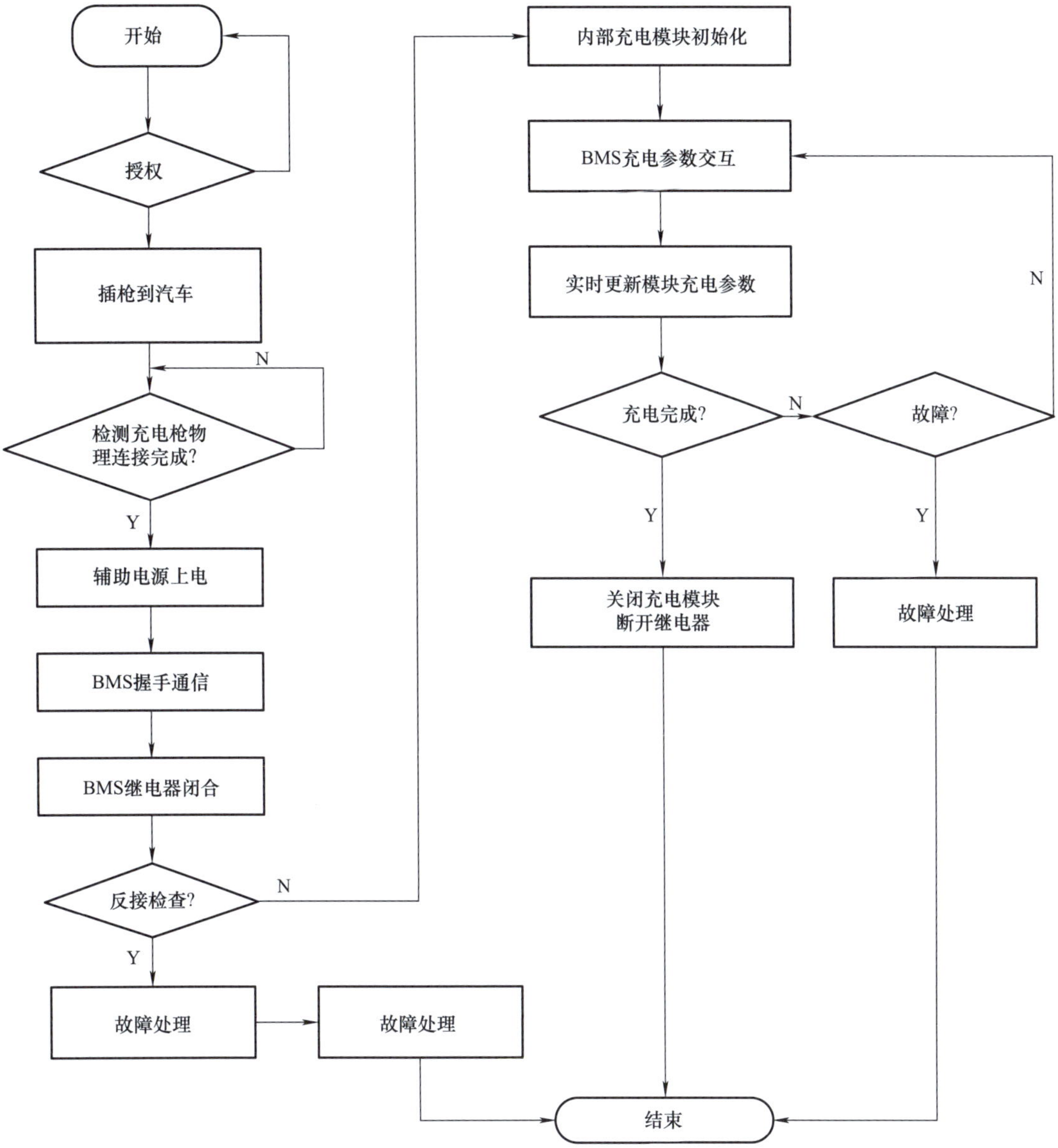

图 5-2-9　充电控制流程

2. 交流充电工作原理

使用交流供电设备对车辆充电，交流供电设备与车辆的典型电路原理图如图 5-2-10 所示。

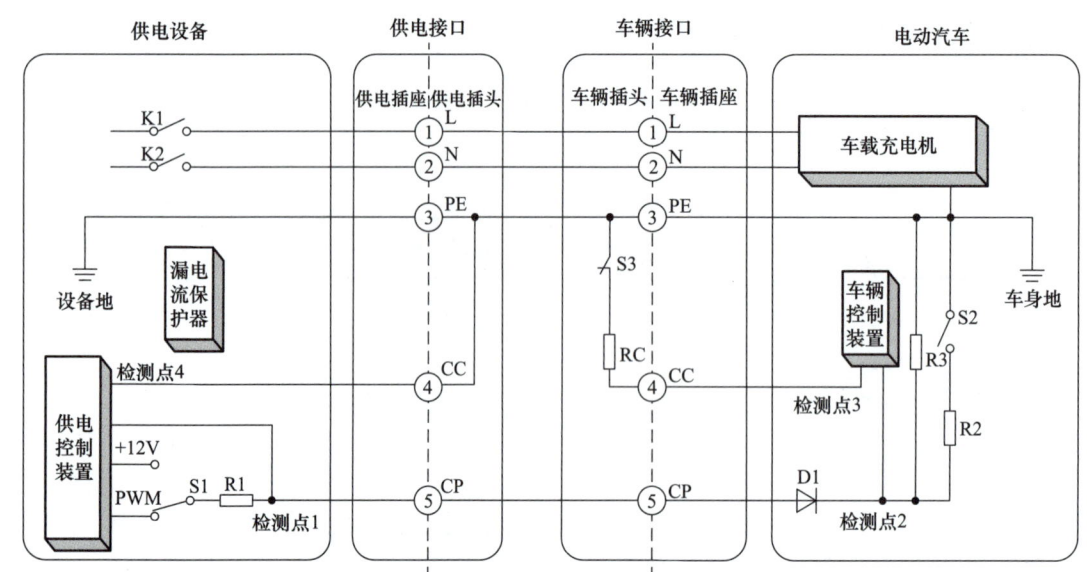

图 5-2-10 交流供电设备与车辆的典型电路原理图

利用车载充电器对电动汽车充电,典型充电过程如下:

(1) 确认连接状态

1)将车辆插头和插座插合后,车辆可以自动启动某种触发条件,通过互锁或者其他控制措施使车辆处于不可行驶状态。

2)电动汽车车辆控制装置通过测量相关部位的电阻值,判断车辆插头与车辆插座是否已完全连接。

3)在操作人员对供电设备完成充电启动设置后,如供电设备无故障,并且供电接口已完全连接,供电控制装置发出 PWM 信号,判断充电连接装置是否已完全连接。

(2) 设定参数

1)在电动汽车和供电设备建立电气连接及车载充电机完成自检后,确认充电额定电流值;车载充电机给电动汽车控制装置发送充电感应请求信号,同时或延时后给车辆控制装置供电。根据充电协议进行信息确认,若需充电,则电动汽车控制装置发送需充电报文并控制充电接触器闭合,车载充电机按所需功率输出。

2)车辆控制装置通过判断 PWM 信号占空比确认供电设备当前能提供的最大充电电流值。车辆控制装置对供电设备、充电连接装置及车载充电机的额定输入电流值进行比较,将其最小值设定为车载充电机当前最大允许输入电流。当判断充电连接装置已完全连接,并完成车载充电机最大允许输入电流设置后,车载充电机开始对电动汽车进行充电。

(3) 充电过程中

1)充电过程中,车辆控制装置可以对相关电压值及 PWM 信号占空比进行监测,供电控制装置可以对电压值进行监测。

2)在充电过程中,当充电完成或者因为其他原因不满足充电条件时,车辆控制装置发出充电停止信号给车载充电机,车载充电机停止直流输出、CAN 通信和低压辅助电源输出。

3. 直流充电工作原理

利用直流充电桩对电动汽车充电,典型充电过程如下:

1）将车辆插头和插座插合后，车辆的总体设计方案可以自动启动某种触发条件，通过互锁或者其他控制措施使车辆处于不可行驶状态。

2）操作人员对非车载充电机进行充电设置后，非车载充电机控制装置通过测盘检测电压值判断车辆插头与车辆插座是否已完全连接，如检测电压值合格，则判断车辆接口完全连接，非车载充电机控制电子锁锁止。

3）在车辆接口完全连接后，如非车载充电机完成自检，使低压辅助供电回路导通，同时开始周期发送充电机辨识报文；在得到非车载充电机提供的低压辅助电源供电后，车辆控制装置通过测量有关电压值判断车辆接口是否已完全连接；如检测电压值合格，则车辆控制装置开始周期发送车辆控制装置（或电池管理系统）辨识报文，该信号也可以作为车辆处于不可行驶状态的触发条件之一。

4）车辆控制装置与非车载充电机控制装置通过通信完成连接和配置后，车辆控制装置闭合接触器，使充电回路导通。

5）在整个充电阶段，车辆控制装置通过向非车载充电机控制装置实时发送充电级别需求来控制整个充电过程，非车载充电机控制装置根据电池充电级别需求来调整充电电压和充电电流以确保充电正常进行，此外，车辆控制装置和非车载充电机控制装置还相互发送各自的状态信息。

6）车辆控制装置根据电池系统是否达到满充状态或收到充电机中止充电电报文，来判断是否结束充电。在满足以上充电结束条件时，车辆控制装置开始周期发送车辆控制装置（或电池管理系统）中止充电报文，在一定时间后断开接触器。非车载充电机控制装置开始周期发送充电机中止充电报文，并控制充电机停止充电，之后断开接触器，然后电子锁解锁。

复 习 题

一、选择题

1）不属于电动汽车充电系统的部件的是（　　）。
A.动力电池　　　　B.车载充电器　　　C.高压控制盒　　　D.驱动电机

2）下面说法错误的是（　　）。
A.充电插口是指用于连接活动电缆和电动汽车的充电部件
B.在充电插口上，世界不同国家已经统一了标准
C.充电插口应具备合理的外形，方便执行插拔作业
D.充电插口应具备必要的通信功能

3）国家标准 GB/T 20234 规定了交流与直流接口的标准，其中交流接口采用的是（　　）针的设计。
A.3　　　　　　　B.5　　　　　　　C.7　　　　　　　D.9

4）充电指示用不同的颜色，通常是（　　）种颜色，来说明电量状态。
A.5　　　　　　　B.4　　　　　　　C.3　　　　　　　D.2

5）目前有（　　）大充电插口标准成为主要要标准。
A.2　　　　　　　B.3　　　　　　　C.4　　　　　　　D.5

二、判断题

1.电动汽车的高压控制盒都是集成在其他控制单元中。（　　）

2. 目前美、欧、中三大充电插口标准成为主要标准。（　　）
3. 充电指示灯用不同的颜色（通常是绿、红两种颜色）来说明电量状态。（　　）
4. 中国的国标 GB/T 20234 规定了直流接口的标准，直流接口采用的是七针的设计。（　　）
5. 高压配电箱是新能源汽车集中高压配电设备，是动力电池与各高压设备的电源和信号传递的桥梁。（　　）

任务三　无线充电技术

学习目标

经过该任务学习后，将能做到：
◆ 知道无线充电技术的类型。
◆ 理解静止式无线充电技术与移动式无线充电技术。

无线电力传输也称无线能量传输或无线功率传输，主要通过电磁感应、电磁共振、射频、微波、激光等方式实现非接触式的电力传输。

电动汽车无线充电技术通过埋于地面下的供电导轨以高频交变磁场的形式将电能传输给运行在地面上一定范围内的车辆接收端电能拾取机构，进而给车载储能设备供电。

一、无线充电技术

目前无线充电技术主要有电磁感应式（ICPT）、电磁共振式（ERPT）、无线电波式（MPT）、电场耦合式四种基本方式。这几种技术分别适用于近程、中短程与远程电力传送。无线充电方式的比较见表 5-3-1。

表 5-3-1　无线充电的类型

无线充电方式	电磁感应式	电磁共振式	无线电波式	电场耦合式
原理	电流通过线圈，线圈产生磁场，对附近的线圈产生感应电动势，产生电流	发送端能量遇到共振频率相同的接收端，由共振效应进行电能传输	将环境电磁波转换为电流，通过电路传输电流	利用通过沿垂直方向耦合两组非对称偶极子而产生的感应电场来传输电力
传输功率	5W 左右	几 kW	大于 100mW	1~10W
传输距离	几 mm~几 cm	几 cm~几 m	大于 10m	几 mm~几 cm
使用频率范围	22kHz	13.56MHz	2.45GHz	560~700kHz
充电效率	80%	50%	38%	70%~80%
优点	适合短距离充电，转换效率较高	适合远距离大功率充电，充电效率适中	适合远距离小功率充电，自动随时随地充电	适合短距离充电转化效率高，发热低，位置可认不固定
限制	特定摆放位置才能够精准充电；金属感应接触会发热	效率低，安全与健康问题	充电效率低，充电时间长	体积较大，功率较小

二、无线充电技术在汽车上的应用

目前，电磁感应电力传输（Inductively Coupled Power Transfer，ICPT）、磁谐振电力传输（Electromagnetic Resonance Power Transfer，ERPT）、微波电力传输三种无线充电技术中，因为ICPT和ERPT在中等距离的传输效率较高，更适合于电动汽车充电。

1. 静止式无线充电技术

（1）电磁感应电力传输（ICPT）

如图5-3-1所示，电动汽车上的ICPT由电源发射端、无接触变压器和电动汽车接收端组成。电源发射端和原边绕组安装在地面下，副边绕组和接收端安装在电动汽车上，从电网获取电能，在信号控制电路控制下，经过整流滤波、高频逆变电路、原边绕组，通过电磁感应将电能感应到副边绕组；电动汽车侧在信号控制电路控制下，经整流滤波、功率调节，最终实现为车载电池充电。

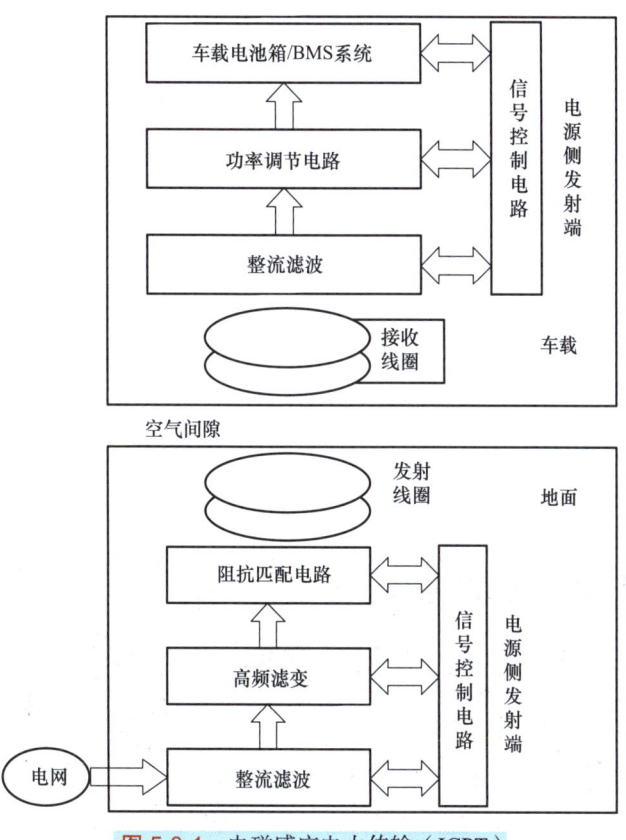

图5-3-1　电磁感应电力传输（ICPT）

（2）磁谐振电力传输（ERPT）

如图5-3-2所示，该系统主要由电源侧发射端、发射线圈、接收线圈和电动汽车侧接收端组成。ERPT是利用线圈及电容组成谐振电路，使发射端与接收端的谐振回路的固有频率与电源工作频率相同，从而引起发射和接收谐振电路发生谐振，实现能量的无线传输。

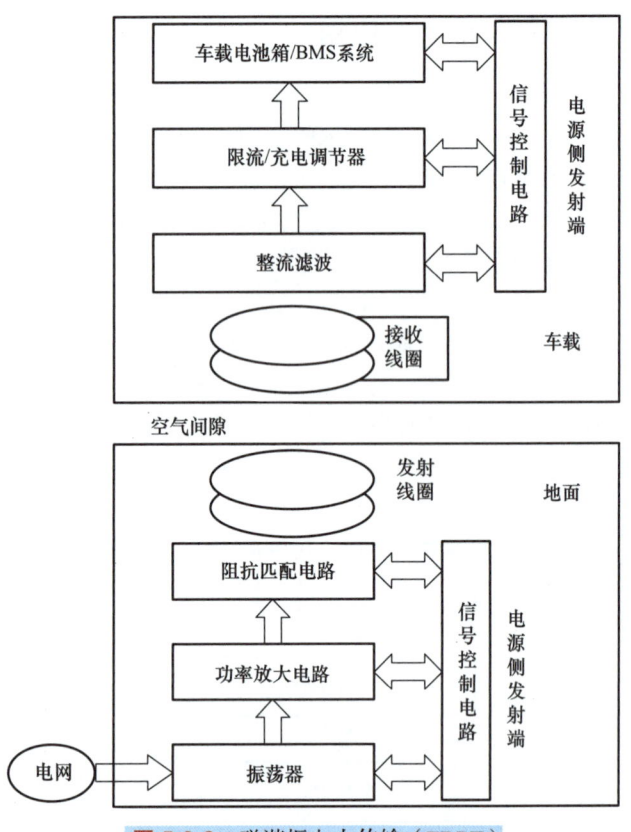

图 5-3-2　磁谐振电力传输（ERPT）

2. 移动式无线充电技术

电动汽车无线充电技术通过埋于地面下的供电导轨以高频交变磁场的形式将电能传输给运行在地面上一定范围内的车辆接收端电能拾取机构，进而给车载储能设备供电，可使电动汽车搭载少量电池组，延长其续航里程，同时电能补给变得更加安全、便捷，如图 5-3-3 所示。

图 5-3-3　高通公司移动式无线充电实验

（1）电动汽车无线充电系统导轨模式类型

电动汽车无线充电系统的导轨模式分为单级导轨模式和多级导轨模式。

1）单级导轨充电模式。对于单级导轨供电模式，系统工作时在初级回路中只有一条导轨和一套初级电能变换装置在工作，如图 5-3-4 所示。

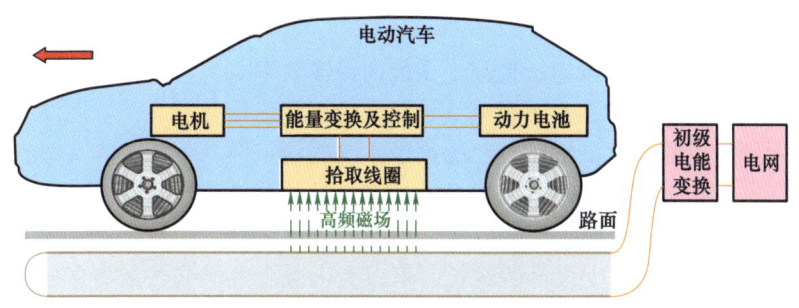

图 5-3-4 单级导轨充电模式

单级导轨供电模式结构简单，容易控制和维护。但是由于导轨结构是单根长导轨，它也存在以下这些缺点：

① 当导轨上行驶的汽车数量少时，系统的传输效率将会非常低。

② 系统非常不稳定，对参数的变化敏感，任何微小的参数变化都可能导致系统无法稳定运行。

2）多级导轨充电模式。对于多级导轨供电模式，系统工作时在初级线圈中有多段导轨和多套电能变换装置在工作，当电动汽车行驶到哪一条导轨上时就由该条导轨给电动汽车供电，其余导轨处于待机状态，如图 5-3-5 所示。当汽车行驶到下一段导轨时就关断上一段导轨并开启下一段导轨给电动汽车供电。

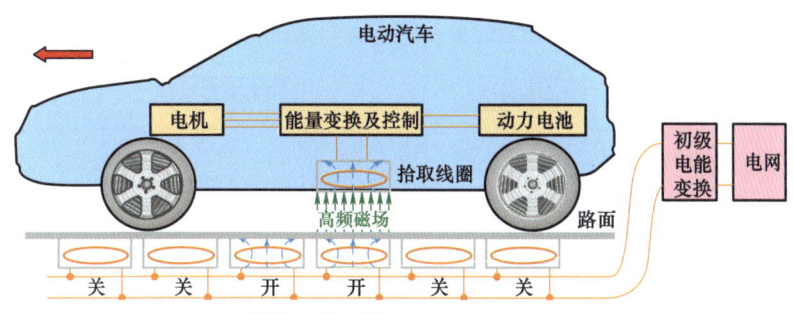

图 5-3-5 多级导轨充电模式

3）单层多级导轨模式。在单层多级导轨模式中，系统供电导轨被切分成 N 段导轨，每段供电导轨都配备有各自的电能变换装置、谐振补偿装置和换流开关，如图 5-3-6 所示。电能从电网输出，通过每段供电导轨各自的电能变换装置将工频交流电转换为高频交流电，在换流开关的控制下注入谐振补偿网络中，在每段供电导轨中产生高频激励电流，最后通过耦合机构将能量输送到系统次级回路。

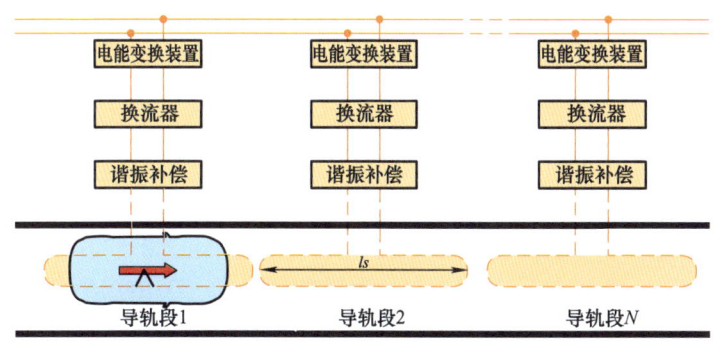

图 5-3-6 单层多级导轨模式

单层多级导轨模式具有以下优点：

① 实现了多级导轨的分时供电，提高了系统的传输效率。

② 某一段导轨出现故障时，并不影响其他导轨的正常工作。

③ 降低了系统对参数变化的敏感性，提高了系统的稳定性。

这种导轨模式也存在一些争论。如果导轨长度设计的非常短，可以大大减小系统损耗，提高系统传输效率。但是由于增加了许多电能变换装置，也增加了系统控制和维护的难度，降低了系统的稳定性。如果导轨长度设计的较长，可以大大减少电能变换装置的数量，但是电能变换装置的单机容量增大，对电子器件的要求更高。同时增加了系统对参数变化的敏感性，也降低了系统的稳定性。

4）双层多级导轨模式（图 5-3-7）。在单层多级导轨的基础上，将 N 个导轨段改为 N 个导轨组，在每个导轨组中只有一套电能变换装置将工频交流电转换为高频交变电后注入到供电导轨中。每个导轨组又被分为 n 个小的导轨段，这 n 个小的导轨段都配备有各自的谐振补偿装置和换流开关。它们根据自身的负载状况，自适应切换到导轨供电状态，即实现了对双层多级导轨的分级控制。

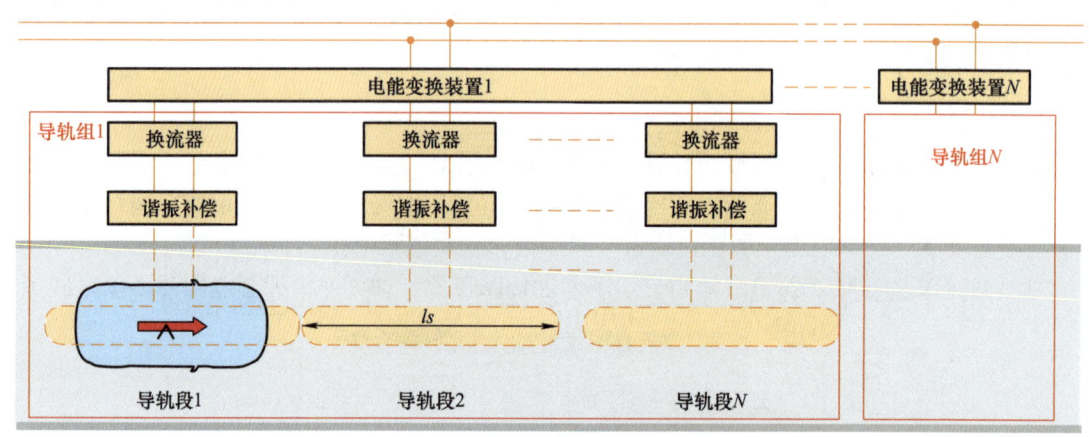

图 5-3-7　双层多级导轨模式

双层多级导轨模式具有以下优点：

① 实现了导轨的分时分段供电，减小系统损耗，提高系统传输效率。

② 电能变换装置数量少，易于控制和维护。

③ 电能变换装置的功率等级小，减小了对电子器件的要求。

④ 降低了系统对参数变化的敏感性，提高了系统的稳定性。

复习题

一、选择题

1. 目前无线充电技术主要有（　　）种基本方式。

A.5　　　　　　B.4　　　　　　C.3　　　　　　D.2

2. （　　）的无线充电的充电效率是最高。

A. 电磁感应式　　B. 磁共振式　　C. 无线电液式　　D. 电场耦合式

3. 在电动汽车上应用的无线充电技术主要有（　　）种。

A.5　　　　　　B.4　　　　　　C.3　　　　　　D.2

4. 下面说法有误的是（　　）。

A. 结构简单，容易控制和维护。

B. 当导轨上行驶的汽车数量少时，传输效率将会非常低。

C. 单级导轨充电模式的系统非常稳定，结构简单，可靠性好。

D. 多级导轨模式要比单级导轨的传输效率要高。

5. 关于双层多级导轨模式的说法，有误的一项是（　　）。

A. 双层多级导轨模式比单级导轨模式的结构复杂。

B. 双层多级导轨模式的传输效率较高。

C. 双层多级导轨模式的稳定性差。

D. 双层导轨模式的电能变换装置的功率等级小，减小了对电子器件的要求。

二、判断题

1. 目前无线充电技术主要有 5 种基本方式。（　　）

2. ICPT 和 ERPT 在中等距离的传输效率较高，更适合于电动汽车充电。（　　）

3. 电动汽车上的 ERPT 由电源发射端、无接触变压器和电动汽车接收端组成。（　　）

4. ERPT 是利用线圈及电容组成谐振电路，使发射端与接收端的谐振回路的固有频率与电源工作频率相同，从而引起发射和接收谐振电路发生谐振，实现能量的无线传输。（　　）

5. 电动汽车无线充电系统的导轨模式分为单级导轨模式和多级导轨模式。（　　）

项目六 新能源汽车高压安全与防护

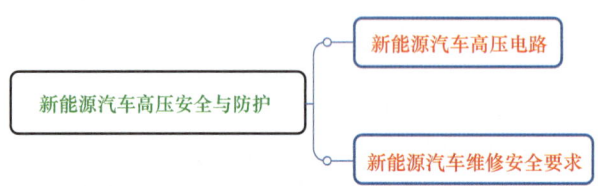

任务一 新能源汽车高压电路

学习目标

读者经过该任务学习后，将能做到：
◆ 能够描述新能源汽车高压电的类型。
◆ 能够描述新能源汽车高压电的标识。
◆ 能够描述新能源汽车高压安全设计。
◆ 能够识别新能源汽车的安全隐患。

一、新能源汽车高压电的类型

1. 新能源汽车电压安全级别

依据国家标准 GB/T 18384.3—2015《电动汽车 安全要求 第3部分：人员触电防护》要求，考虑到空气的湿度和人体在不同工作环境下的电阻，根据不同电压等级可能对人体产生的伤害和危险程度不同，在新能源汽车中将车辆电压按照类型和数值分为两个安全级别，见表6-1-1。

A级是较为安全的电压等级，在直流中，最大工作电压应小于或等于60V；在交流中，最大工作电压应低于30V，该电压下的维护人员不需要采取特殊的防电保护。

B级对人体会产生伤害，被认为是高压。在该电压下必须采取必要的防护设备对维护人员进行保护。

表 6-1-1 电压的安全级别

电压安全级别	最大工作电压 / V	
	DC（直流）	AC（交流）
A	$0 < U \leq 60$	$0 < U \leq 30$
B	$60 < U \leq 1500$	$30 < U \leq 1000$

2. 新能源汽车高压类型

纯电动汽车和混合动力汽车的高压系统均同时具有直流高压和交流高压，如图 6-1-1 所示。

图 6-1-1　高电压车辆的主要高压类型

直流高压主要分布在动力电池到各个驱动部件的位置，如动力电池到驱动逆变器之间连接的是直流高电压；动力电池到高压压缩机之间连接的是直流高电压。

交流高压主要分布在逆变器与驱动电机之间，以及充电接口与车载充电器之间。不同的是逆变器与驱动电机之间的交流高电压通常都在 300V 左右，而充电接口与车载充电器之间的交流高电压即为外部电网的 220V 的电压。

二、新能源汽车高压电的标识

为防止意外触及高压系统，新能源汽车对高压部件均采用特殊的标识或颜色，对维修人员或车主给予警示。新能源汽车通常采用两种形式进行高压的标识警示，这包括高压警示标识和高压警示颜色。

1. 高压警示标识

每个新能源汽车的高压组件壳体上都带有一个标识，售后服务人员或每位车主均可通过标识直观看出高压可能带来的危险，所用警示牌基于国际标准危险电压警告标识。

如图 6-1-2 所示，高压警示标识采用黄色底色或红色底色，图形上布置有高压触电国标。

图 6-1-2　高压警示标识

2. 高压警示颜色

由于高压导线可能有几米长,因此在一处或两处通过警示牌标记意义不大,售后服务人员可能会忽视这些标牌,因此,用橙色警示色标记出所有高压导线,高压导线的某些插头及高压安全插头也采用橙色设计,如图 6-1-3、图 6-1-4 所示。

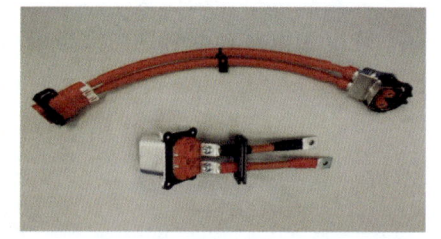

图 6-1-3　高压橙色导线及插接器

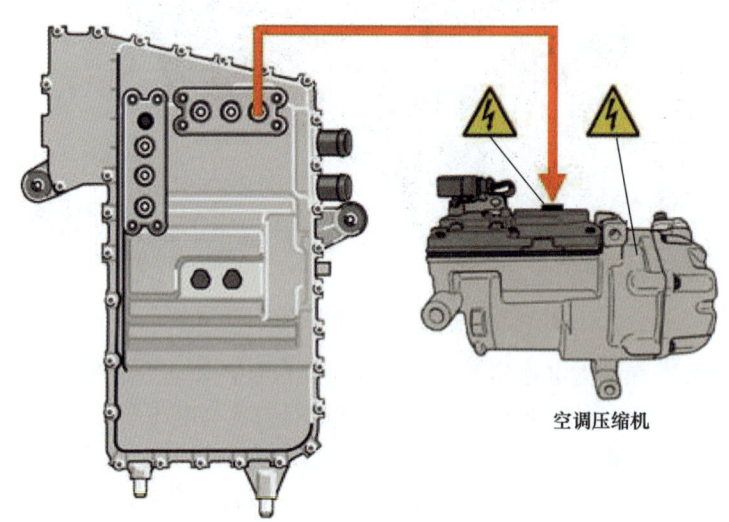

图 6-1-4　高压压缩机高压位置

三、新能源汽车高压安全设计

新能源汽车相比于传统内燃机汽车,由于驱动系统存在高电压,其安全系统设计更为复杂。如果车辆在充电及行驶过程中发生碰撞、翻车等事故,可能造成电力驱动系统的短路、漏电、燃烧、爆炸等,由此可能对乘员造成电伤害、化学伤害、燃烧伤害等。

1. 新能源汽车高压存在时间

新能源汽车的高压系统集中在车辆的驱动系统、空调与暖风系统、12V 电源系统及带有插电功能的充电系统。根据高压存在的时间进行分类,新能源汽车高压系统的高压主要有以下三种存在形式(图 6-1-5):持续存在、运行期间存在和充电期间存在。

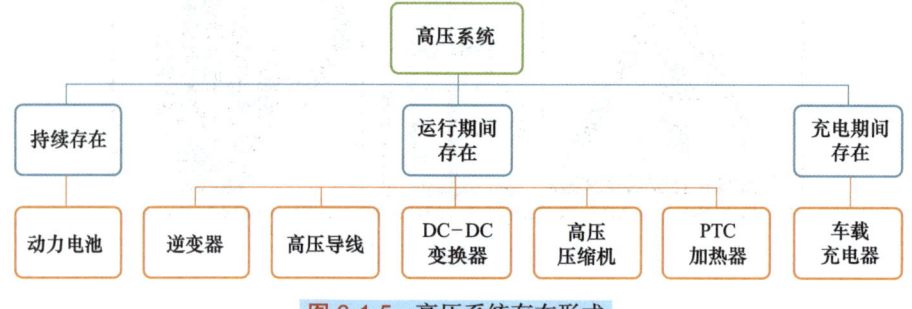

图 6-1-5　高压系统存在形式

（1）持续存在　新能源汽车的动力电池（图6-1-6）持续存在高电压，即使当车辆停止运行期间，由于动力电池始终存储有电能，因此当满足动力电池的放电条件后，该部件将继续对外放电。

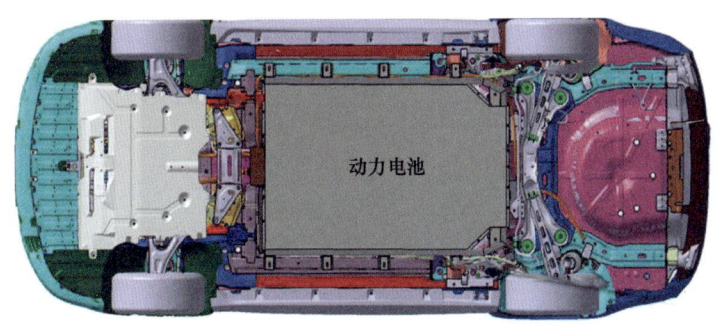

图 6-1-6　纯电动汽车动力电池

（2）运行期间存在　运行期间存在高压的部件，是指当点火开关处于ON、RUN或其他运行状态时，部件存在高电压。逆变器、高压压缩机、PTC加热器及DC－DC变换器部件只有在系统运行时，来自动力电池的高电压才会加载到这些部件上。

运行期间存在高电压的系统或部件有以下两种类型：

1）只要点火开关处于ON或RUN状态下就会存在高电压，这类部件包括逆变器（图6-1-7）、DC－DC变换器和连接的高压导线。

2）虽然点火开关处于ON位置，但是由于该系统所执行的功能没有被接通，此时相关的部件仍然不会接通有高电压。如图6-1-8所示，位于纯电动汽车中的高压压缩机和PTC加热器，该压缩机的特点是一半是涡卷压缩机，另一半是三相高压驱动的电机。在驾驶人没有运行车辆的空调或暖风功能时，这些部件上是不会存在高电压的。

图 6-1-7　奥迪混合动力汽车逆变器

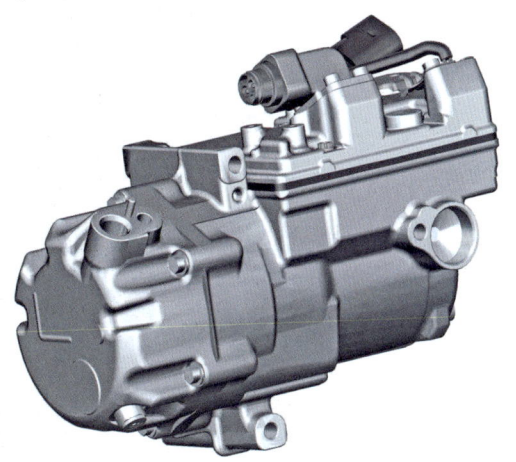

图 6-1-8　典型的高压涡卷压缩机

（3）充电期间存在　充电系统部件仅在车辆充电期间存在高电压，这包括来自外部电网的220 V交流高压，以及车载充电器与动力电池之间的直流高压，如图6-1-9所示。

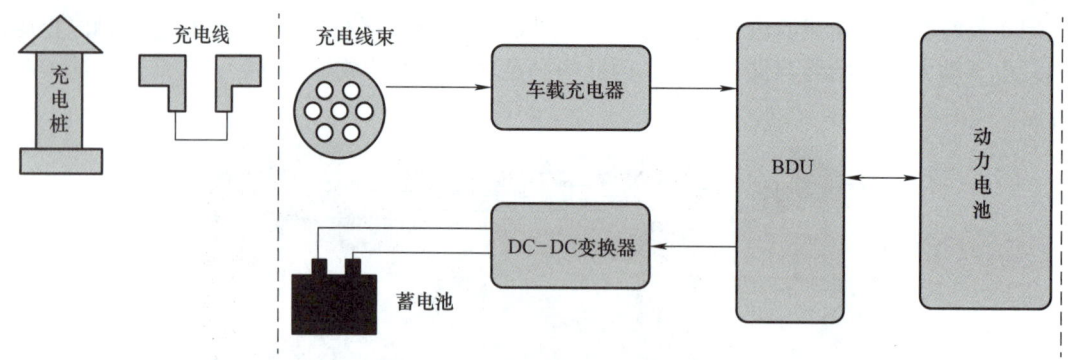

图 6-1-9　充电期间具有高电压的部件

注意：有些车辆的车载充电器和动力电池设计有独立的空调式冷却系统，在车辆充电期间，由于动力电池可能产生很高的热量，因此车载空调会运行以降低动力电池的温度，此时车辆的高压压缩机也会在充电期间运行，也存在有高电压。

2. 高电压的接通与关闭

在新能源汽车中，除动力电池外，其他部件都是由整车控制单元或混合动力控制单元通过接触器控制高电压的接通与关闭的，这种类型与家庭用的设备供电一样（图 6-1-10）。动力电池的电能提供形式与家里的外部来自电网的供电一样，无论家里的总闸是否打开与关闭，其总是有电的；而接触器所起的作用就是家里总电源的总闸，不同的是家里的总闸是由人来控制的，新能源汽车的接触器是由电脑来控制的。

图 6-1-10　家用电网供电配电箱与总闸

接触器即为一个大功率的继电器，它用于控制高压导线正负极之间的接通与断开。接触器通常被布置在动力电池组总成内部或者是独立在一个 BDU（配电箱）中，如图 6-1-11 所示，在丰田普锐斯动力电池总成端部布置有多个接触器，其内部接触器如果断开，整车仅动力电池上会存在高电压，位于接触器下游的高压系统部件将没有高电压。

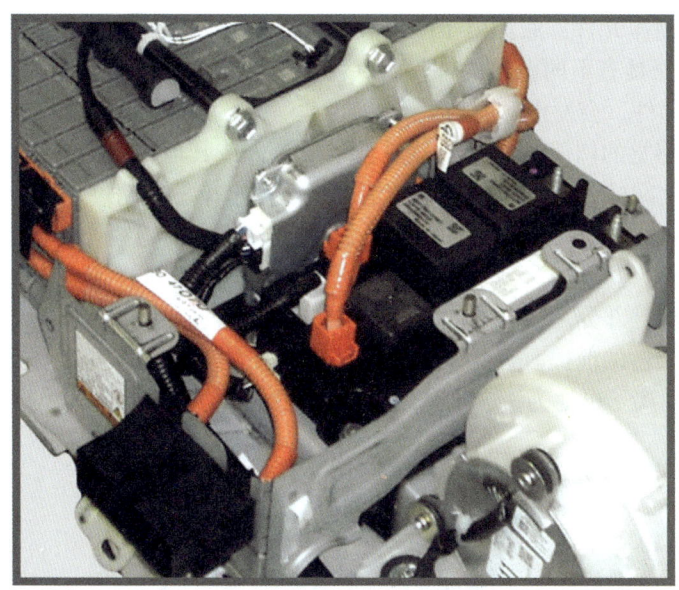

图 6-1-11 普锐斯内部接触器

四、新能源汽车的安全隐患

新能源汽车安全隐患包括高压触电、动力电池泄漏与燃烧,以及车辆在特殊情况下可能存在的其他风险等。

1. 高压触电安全

人体能承受的安全电压的高低取决于人体允许通过的电流和人体的电阻。人体电阻主要由体内电阻、体表电阻、体表电容组成。人体电阻随着条件的不同在很大范围内变化,但是一般不低于1kΩ。我国民用电网中的安全电压多采用36V,大体相当于人体允许电流30mA(以人体电阻为1200Ω)的情况,这就要求人体可接触的新能源汽车任意两个带电部位的电压要小于36V。

无论是纯电动汽车,还是高电压的混合动力汽车,其电压和电流等级都比较高。动力电池的电压一般为300~600V。正常工作时,电流可达几百安培。这已经远远超过人体能承受的极限。

新能源汽车存在高压电气系统部件如图6-1-12所示。

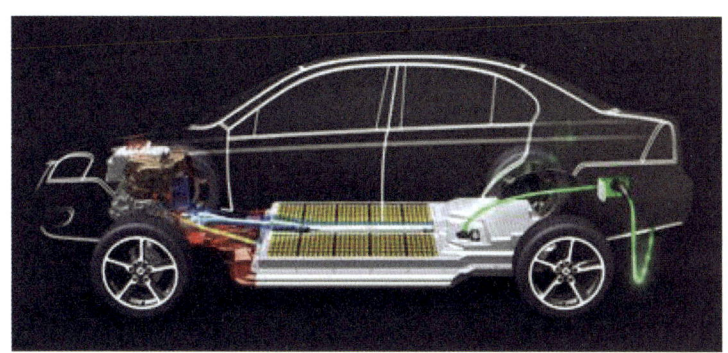

图 6-1-12 新能源汽车存在高压电气系统部件

对于系统中的高压元件，假如由于内部破损或者潮湿，有可能会传递给外壳一个电势。如果形成两个这样外壳具有不同电势的部件，在两个外壳之间会形成具有危险性的电压。此时，如果手触及这两个部件，会发生触电的危险。

人体没有任何感觉的阈值是 2mA。这就要求如果人或其他物体构成动力电池系统（或"高电压"电路）与地之间的外部电路，最坏的情况下泄漏电流不能超过 2mA，即人直接接触电气系统任一点的时候，流过人体的电流应当小于 2mA 才认为车辆绝缘合格。

2. 动力电池安全

新能源汽车的关键部分是动力电池（图 6-1-13），对于动力电池安全性的研究是分析高压电类型新能源汽车安全性的前提。近年来，锂离子电池在纯电动汽车和混合动力汽车上得到了广泛的应用。所以以锂离子电池为例，来介绍动力电池的安全性。

图 6-1-13　新能源汽车动力电池

锂离子电池在正常使用过程中不会出现安全问题，但电池的滥用会导致电池的热效应加剧，这是锂离子电池出现安全问题的导火索，最终表现为电池的"热失控"，从而引起安全事故。导致热失控有以下几种情况。

（1）过充电与过放电；

（2）过电流；

（3）电池过温。

3. 危险运行工况下的安全

新能源汽车由于存在高电压，因此在行驶中发生事故时，如果没有很好的安全设计，很容易发生安全隐患。这些安全隐患包括有：

（1）高压系统短路；

（2）发生碰撞或翻车；

（3）涉水或遭遇暴雨；

（4）充电时车辆的意外移动。

4. 新能源汽车的安全设计

从以上的叙述可以看出，新能源汽车存在的安全隐患包括高压系统短路、高压系统绝缘故障、高压系统脱落、高压充电风险等。根据这些安全隐患以及实际的工作状况，对新能源汽车主要从以下几个方面进行设计，如图 6-1-15 所示。

图 6-1-14　高压下产生的电弧

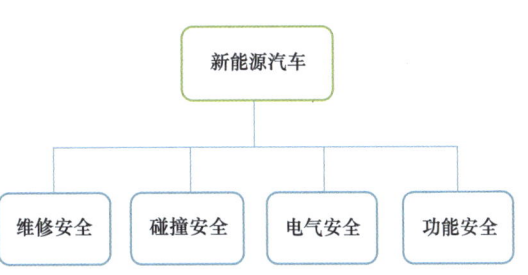

图 6-1-15　新能源汽车安全设计

（1）维修安全　维修安全主要包含两方面：传统内燃机汽车的维修安全和针对新能源汽车的特殊维修安全。新能源汽车的维修安全主要是防止高压触电。因此，维修人员在对高电压类型汽车进行操作之前应当保证不会有触电风险，为此大多数汽车在系统上设计有维修开关（图 6-1-16），当断开维修开关时，动力电池的动力输出立即中断。在操作上应当遵从以下流程：在断开电池的动力输出后，需等待 5min 才能接触高压部件。

（2）碰撞安全　当车辆发生碰撞时，车辆的安全系统应当满足以下要求：碰撞过程中以及碰撞后都要保证相关人员的人身安全。对于新能源汽车来说，除了传统汽车的相关保护要求之外，还应当满足以下要求：

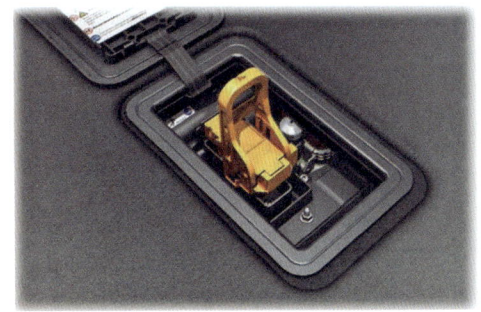

图 6-1-16　新能源汽车上的维修开关

1）碰撞过程中避免乘员和行人遭受触电风险，在保证人员安全的情况下尽量保护关键零部件不受损害。

2）碰撞后保证维护和救援人员没有触电风险。为此，有些车辆设计有如图 6-1-17 所示的电路，将惯性开关串联到高压接触器的供电回路中，当发生碰撞时惯性开关断开，从而切断高压接触器的供电电源，此时动力电池的高压输出便会被断开，保证了乘员、行人、维护和救援人员的高压安全。

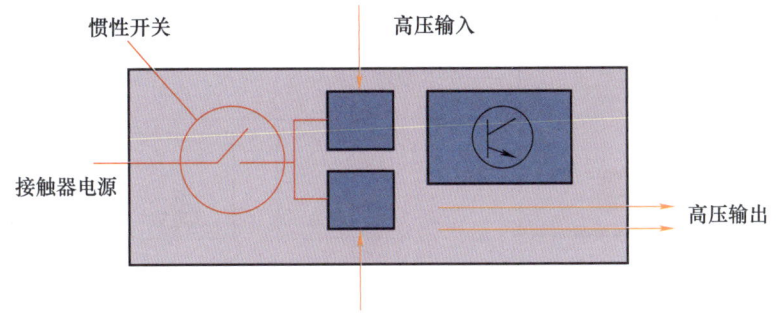

图 6-1-17　惯性开关在电路图中的位置

（3）电气安全　新能源汽车的电气安全主要包括以下几个方面：

1）防止人员接触到高压电。

2）电池能量的合理分配。

3）充电时的高压安全。
4）行驶过程中的高压安全。
5）碰撞时的电气安全。
6）维修时的电气安全。

为保证新能源汽车的电气安全，有些车辆会设计有以下安全装置：

1）高压零部件的接插件既可防止人员直接接触到高压，还可防水、防尘，减小高压系统绝缘出现问题的风险。高压插头的安全设计方式如图 6-1-18 所示。

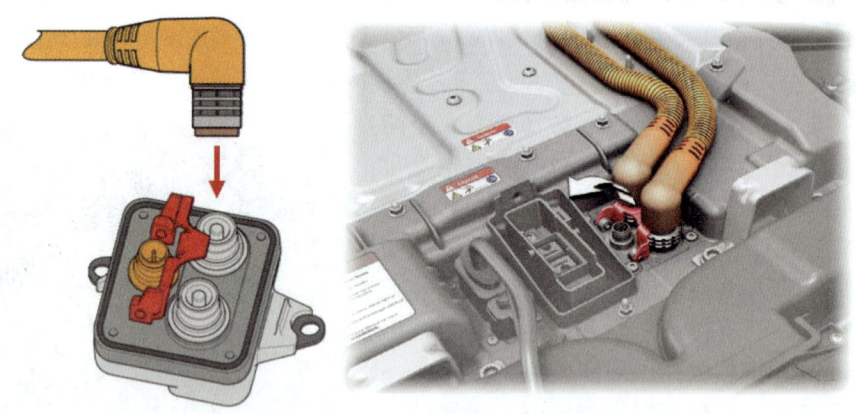

图 6-1-18　高压插头的安全设计方式

2）动力电池与外部高压回路之间设计有高压接触器（图 6-1-19），以保证在驾驶人无行驶意图或充电意图时，车辆除电池内部之外的高压系统是不带高压电的。只有当驾驶人将车辆钥匙打到"Start"档或对动力电池进行充电时，接触器才可能会闭合。

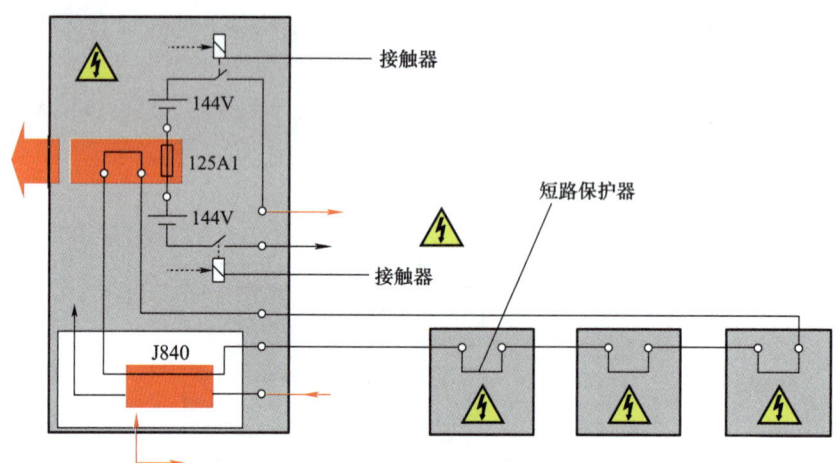

图 6-1-19　高压接触器设计方式

3）高压系统中应当设计预充电回路（图 6-1-19）。在动力电池输出高压电之前，先通过预充电回路对电池外部的高压系统进行预充电。预充电回路主要由预充电电阻构成。由于高压零部件的高压正、负极之间设计有补偿电容，如果没有预充电电阻，那么在高压回路导通瞬间，补偿电容将会由于瞬间电流过大而烧毁。

4)绝缘电阻检测系统。为保证人员免遭触电风险,高压系统应当进行绝缘电阻检测电路的设计。若绝缘电阻值过小,整车控制器应当发送接触器断开指令。

5)短路保护器。当高压系统出现短路等危险情况时,为保护乘员和关键零部件,需设计如图6-1-20所示的短路保护器。如果流过短路保护器的电流大于某个值,则该保护器便会被熔断。

6)高压互锁回路设计。当高压互锁回路断开时(表示某一高压部件的低压或高压连接断开),此时乘员或维修人员有可能会接触到高压电从而造成触电伤害,因此电池管理单元在检测到断开信号之后应当立即断开相应的高压接触器以切断高压输出。如图6-1-21所示,在橙色高压插接器上方设计的低压互锁开关,当该低压互锁开关断开时,系统将切断高电压。

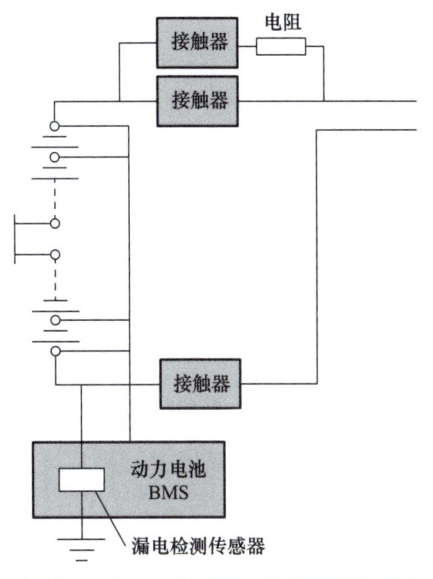

图6-1-20 高压预充电回路设计方式

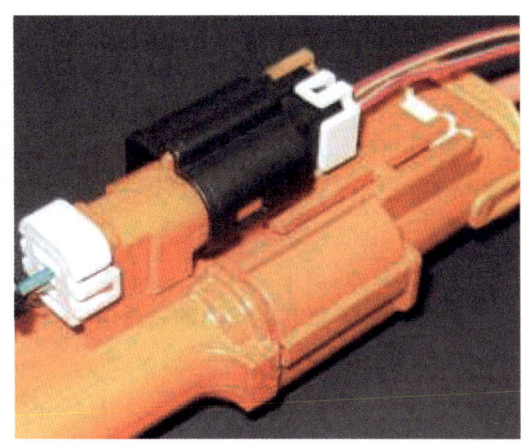

图6-1-21 短路保护器和高压互锁

(4)功能安全 电动类型的新能源汽车,需要从以下两个功能方面采取安全设计,避免安全隐患的发生。

1)转矩安全管理。为防止车辆出现不期望的运动,需要在整车控制器中加入转矩安全控制策略。具体转矩安全策略如下:

① 整车控制器负责计算整车的转矩需求,计算的转矩需求的差值大于某个标定值,则认为转矩输出存在安全风险,此时整车控制器会将车速限制在安全范围内。

② 若整车控制器的需求转矩与电机的实际转矩的差值大于某个标定值,则认为电机的转矩控制存在风险,此时整车控制器将会限制电机的转矩输出。若两者差值一直过大,则切断动力电池的动力输出。

2)充电安全。在充电时需要防止车辆移动,以及避免快充、慢充、行驶模式之间的冲突,为此进行以下设计:

① 只有档位放在P位时才允许充电。

② 在充电过程中,转矩需求及实际转矩输出都应当为0。

③ 当充电枪插上时,不允许闭合控制高压电输出的接触器。

④ 当充电回路绝缘电阻小于标准要求的阻值时，应当停止充电并断开高压接触器。

复 习 题

一、判断题

1. 纯电动汽车和混合动力汽车的高压系统均同时具有直流高压和交流高压。（   ）
2. 高压警示标识采用黄色底色或红色底色，图形上布置有高压触电国标。（   ）
3. 为了表示警告，高压导线的某些插头及高压安全插头采用红色设计。（   ）
4. 高压压缩机也会在充电期间运行，也可能存在高电压。（   ）
5. 人体能承受的安全电压取决于人体允许通过的电流和人体的电阻。（   ）

二、单项选择题

1. 安全的电压等级 A 级，标准数据是在直流中小于或等于（   ）。
   A. 30V B. 40V C. 50V D. 60V
2. 根据高压存在的时间进行分类，新能源汽车高压系统的高压主要有以下存在形式（   ）。
   A. 持续存在 B. 运行期间存在 C. 充电期间存在 D. 以上都是
3. 接触器接通条件是（   ）。
   A. 点火开关处于 Start 位置 B. 对动力电池进行充电
   C. A 和 B 同时 D. A 和 B 任一
4. 锂离子电池导致热失控情况包括（   ）。
   A. 过充电与过放电 B. 过电流 C. 电池过温 D. 以上都是
5. 逆变器与驱动电机之间的高压电主要存在形式为（   ）
   A. 直流高压 B. 交流高压
   C. 直流高压交流高压同时存在 D. 直流高压和交流高压任一

三、多项选择题

1. 纯电动汽车中，交流高压主要分布在（   ）。
   A. 动力电池 B. 逆变器与驱动电机之间 C. 充电接口与车载充电器之间
   D. 电动压缩机 E. 控制器接口
2. 高电压车辆的高压部件主要集中的系统是（   ）。
   A. 驱动系统 B. 电源系统 C. 充电系统
   D. 空调与加热系统 E. 用于连接高压部件之间的导线
3. 纯电动汽车只有运行期间才存在高压的部件有（   ）。
   A. 逆变器 B. 高压压缩机 C. PTC 加热器
   D. DC/DC 变换器 E. 动力电池
4. 新能源汽车高电压涉及的安全隐患包括（   ）。
   A. 高压系统短路 B. 发生碰撞或翻车 C. 涉水或遭遇暴雨
   D. 充电时车辆的意外移动 E. 盗抢车辆
5. 新能源汽车的安全设计内容包括（   ）。
   A. 维修安全 B. 碰撞安全 C. 电气安全
   D. 功能安全 E. 以上都不正确

任务二　新能源汽车维修安全要求

学习目标

读者经过该任务学习后，将能做到：
◆ 能够描述新能源汽车维修人员要求。
◆ 能够描述高压维修作业标准。

一、新能源汽车维修人员要求

在执行车辆维护与维修期间，必须同时有两名持有上岗证的人员，其中一名人员作为工作的监护人，工作职责为监督维修的全过程。当发生触电事故时，监护人应立即采取有效措施执行急救。

在电动汽车维修时必须严格按照流程进行，必须遵循高压安全操作规范和机动车维修操作规范。

1. 新能源汽车维修操作人员

1）新能源汽车维修操作人员必须持证上岗，具备国家安监局颁发的《特种作业操作证（低压电工证）》，如图 6-2-1 所示。

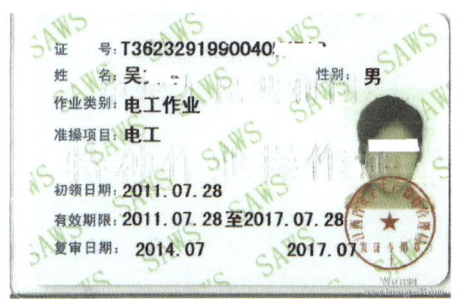
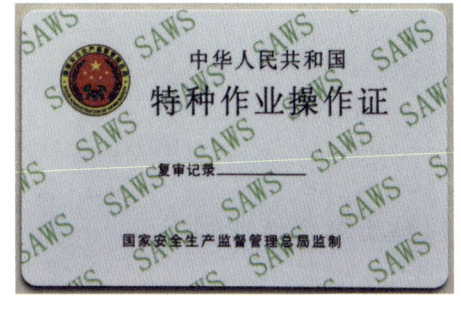

图 6-2-1　特种作业操作证

2）必须经过培训，并通过考核。
3）维修高压部件之前必须断开低压蓄电池负极，并进行高压切断。

2. 新能源汽车维修监护人

监护人的安全技术等级应高于操作人员，具有丰富的实际工作经验并熟悉现场及设备情况。其监护内容如下：

1）进行高压切断时，监护所有工作人员的活动范围，使其与带电设备保持规定的安全距离。
2）带电作业时，监护所有工作人员的活动范围，使其与高压部件保持规定的安全距离。
3）监护所有工作人员的工具使用是否正确，工作位置是否安全，以及操作方法是否正确等。
4）工作中监护人因故离开工作现场时，必须另指派了解有关安全措施的人员接替监护并告知工作人员，使监护工作不致间断。
5）监护人发现工作人员中有不正确的动作或违反规程的做法时，应及时提出纠正，必要时可令其停止工作,并立即向上级报告。

6)所有工作人员(包括工作负责人)不准单独留在维修保养中的新能源汽车专用工位区内,以免发生意外触电或电弧灼伤。

7)监护人应自始至终不间断地进行监护,在执行监护时,不应兼做其他工作。但在动力电池与新能源汽车断开的情况下,监护人可参加班组的工作,如图6-2-2所示。

图6-2-2 维修时必须设专职监护人

二、高压维修作业标准

电动汽车(包括混合动力汽车)涉及高压电,只有在维修过程中保证按照工作流程进行,才能保护我们自身安全和车辆、设备安全。

1. 新能源汽车维修流程

新能源汽车(高电压车辆)维修时必须严格按照流程进行,高电压车辆维修风险分析如图6-2-3所示。

2. 新能源汽车维修规范

维修高电压车辆时,必须遵循高电压安全操作规范和机动车维修操作规范。

在高电压安全操作规范中要求:

1)对于车辆维修过程中的高压配件必须立即标识明显的高压勿动警示,并禁止将带有高压电的部件放置在无人看管的环境下。

2)高电压维修与维护过程中,维护人员禁止带有手表、金属笔等金属物品在身上。

3)严禁非专业人员对高压部件进行移除及安装。

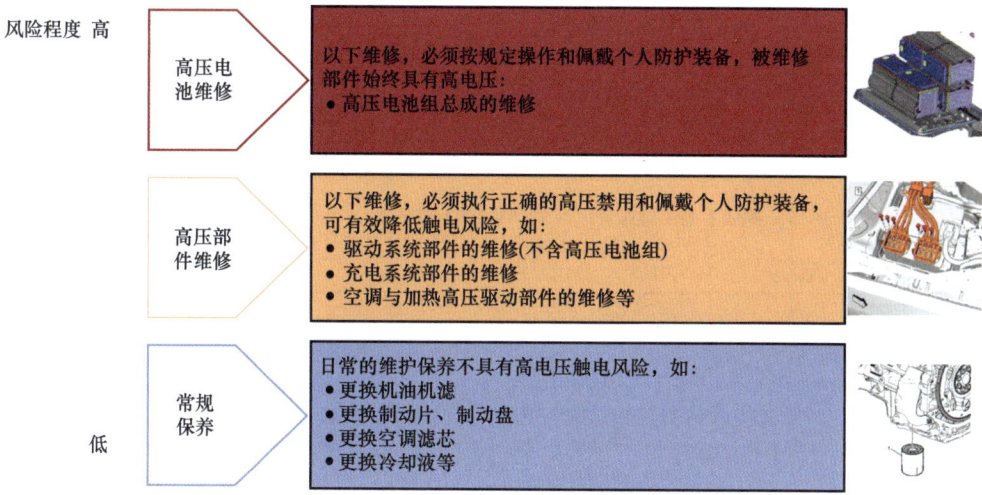

图 6-2-3 高电压车辆维修风险分析

4）未经过高压安全培训的维修人员，不允许对高压部件进行维修等操作。

5）车辆在充电过程中不允许对高压部件进行拆装、维修等工作。

6）维修前必须进行高电压禁用操作。

7）维修完毕后上电前，确认车辆无人操作。

8）更换高压部件后，测量搭铁是否良好。

9）电缆接口必须按照标准力矩拧紧。

10）在执行车辆维护与维修期间，必须同时有两名持有上岗证的人员进行工作，其中一名人员作为工作的监护人，工作职责为监督维修的全过程。当发生触电事故时，监护人应立即采取有效措施执行急救。专业的急救流程如图 6-2-4 所示。

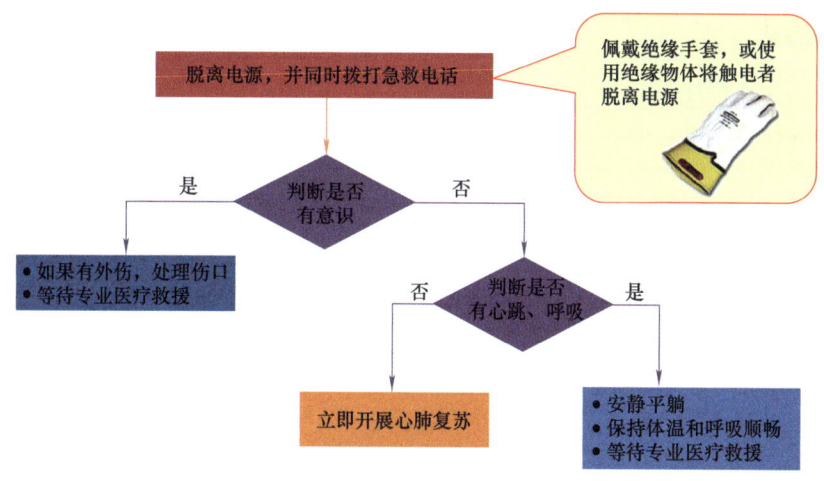

图 6-2-4 专业的急救流程

3. 高压安全操作必备防护措施及工具

高压安全操作必备防护措施及工具见表 6-2-1。

表 6-2-1　高压安全操作必备防护措施及工具

图示	说明
	警示牌 • 在地面或车辆附近明显位置放置
	绝缘手套（绝缘等级为 1000V/300A 以上） • 拆除及安装高压部件使用
	皮手套 • 拆除及安装高压部件使用（保护绝缘手套）
	绝缘鞋 • 拆除及安装高压部件使用
	防护眼镜 • 拆除及安装高压部件使用
	绝缘帽 • 拆除及安装高压部件使用
	绝缘表 • 测试高压部件绝缘阻值
	绝缘工具 • 拆除及安装高压部件使用

4. 高压禁用操作程序

拆解维修高压系统前，必须首先执行高压禁用流程。

高压禁用操作程序如下：

1）移：移除车辆上所有外部电源，包括 12V 蓄电池充电器。

2）拔：拔出充电枪（仅针对插电式混合动力汽车或电动汽车）。

3）关：关闭点火开关，把钥匙放到安全区域。

4）断：断开 12V 蓄电池负极，并远离负极区域。

5）取：取下 MSD（手动维修开关），将其放到安全区域。

6）等：等待 5min，以保证高压能量全部释放。

7）查：佩戴个人安全防护装备，拆卸高压插接器，开始下一步的电压验证。

5. 电动汽车外出救援注意事项

外出救援抛锚的电动汽车时，应注意以下事项：

1）在车辆能动的情况下，将车移到不影响其他车辆通行的安全地带。

2）在条件许可的情况下，打开危险警告灯（夜间也可以用发光体代替）。

3）立即按照规定的距离正确放置三角警示牌。

4）如果在现场不能维修，请采用硬连接将车辆拖回维修点。

5）如果确定无法移动，请联系救援车辆。

6）等待救援时，所有人员请勿待在车内。

复 习 题

一、判断题

1. 新能源汽车维修车间有高压安全风险，必须加强安全管理，杜绝高压安全事故的发生。（　　）

2. 维修高压部件之前必须断开低压蓄电池负极，并进行高压切断。（　　）

3. 对于车辆维修过程中的高压配件必须立即标识明显的高压勿动警示，允许将带有高压电的部件放置在无人看管的环境下。（　　）

4. 新能源车辆维护与维修期间，必须同时有两名持有上岗证的人员进行工作。（　　）

5. 高电压车辆维修与维护过程中，维护人员可以带有手表、金属笔等金属物品在身上。（　　）

二、单项选择题

1. 电动汽车维修操作人员必须持证上岗，《特种作业操作证（低压电工证）》发证单位是（　　）。

　　A. 交警　　　　　　B. 汽车维修行业管理处

　　C. 交通运输管理局　D. 安监局

2. 新能源汽车维修监护人的安全技术等级应（　　）操作人。

　　A. 低于　　　　B. 等于　　　　C. 高于　　　　D. 不需要

3. 以下属于电动汽车外出救援注意事项的是（　　）。

　　A. 在车辆能动的情况下，将车移到不影响其他车辆通行的安全地带

　　B. 在条件许可的情况下，打开危险警告灯（夜间也可以用发光体代替）

　　C. 等待救援时，所有人员请勿待在车内

　　D. 以上都是

参 考 文 献

[1] 王刚. 新能源汽车 [M]. 北京：清华大学出版社，2015.
[2] 赵振宁，王慧怡. 新能源汽车技术 [M]. 北京：人民交通出版社，2013.
[3] 崔胜民. 新能源汽车技术解析 [M]. 北京：化学工业出版社，2016.
[4] 孙旭. 新能源汽车技术概论 [M]. 北京：国防工业出版社，2017.
[5] 崔胜民. 新能源汽车技术 [M]. 2版. 北京：北京大学出版社，2015.
[6] 邹政耀，王若平. 新能源汽车技术 [M]. 北京：国防工业出版社，2012.
[7] 何泽刚. 新能源汽车认知与使用安全 [M]. 北京：机械工业出版社，2017.
[8] 尹力卉. 新能源汽车技术 [M]. 北京：机械工业出版社，2017.